高校英语情感教学艺术研究

马荣琴　同银萍　著

辽宁科学技术出版社

·沈阳·

图书在版编目（CIP）数据

高校英语情感教学艺术研究 / 马荣琴，同银萍著. —
沈阳：辽宁科学技术出版社，2023.7（2024.6重印）
ISBN 978-7-5591-3063-1

Ⅰ.①高…　Ⅱ.①马…　②同…　Ⅲ.①英语—教学研
究—高等学校　Ⅳ.①H319.3

中国国家版本馆 CIP 数据核字（2023）第 105401 号

出版发行：辽宁科学技术出版社
　　　　　（地址：沈阳市和平区十一纬路 25 号　邮编：110003）
印　刷　者：沈阳丰泽彩色包装印刷有限公司
经　销　者：各地新华书店
幅面尺寸：185mm×260mm
印　张：15.25
字　数：320千字
出版时间：2023 年 7 月第 1 版
印刷时间：2024 年 6 月第 2 次印刷
责任编辑：孙　东　李　红
封面设计：王誉钢
责任校对：鄢　格

书　号：ISBN 978-7-5591-3063-1
定　价：68.00元

前　言

高校英语教学改革一直是教育界讨论的热门话题,外语界对中国的高校英语教学的讨论从来没有停止过。教材、教学方法、教学设备、考试体制、师资培训等是讨论的主要话题,特别是高校英语教学方法的讨论更是重中之重。例如,某一种教学方法(争论最多的是交际法)是否适合中国的英语课堂教学,应如何组织课堂活动,应如何进行词汇、语法、阅读等方面的教学,等等。

近年来具备时代气息和创新特色的教材不断涌现,许多学校增加了对教学设备的投入,全国高校英语四、六级考试改革不断推陈出新,以学生为中心的课堂教学模式在一些教师的英语教学中受到了推崇。不可否认这些措施都大大地促进了我国的高校英语教学。然而高校英语教学过程不仅仅是一个认知过程。美国人本主义心理学家罗杰斯(Rogers)认为,人的认知活动总是伴随着一定的情感因素,任何创造性的活动都是认知和情感的统一。当这种情感因素受到压抑甚至是抹杀时,人的自我创造潜能就得不到发展和实现。只有当真实的、对个人的尊重和理解学生的内心世界等态度涌现时,才能激发起学生的学习热情,增强他们的自信心。毫无疑问,高校英语教学作为一种认知活动,是认知和情感的统一,情感因素对高校英语学习效果产生极其重要的影响。

本书对高校英语教师情感投入教学策略进行系统研究。全书共八章内容:第一章概述高校英语教学的基本内涵及现状;第二章介绍高校英语教学的理论基础,包括哲学理论、语言学理论、心理学理论及情感艺术理论;第三章对高校英语教学中的情感因素进行系统分析;第四章分析了当前高校英语教师情感投入教学的现状及策略;第五章至第八章分别对高校英语教学内容、高校英语教学组织、高校英语教学环境和高校英语教学评价的教师情感投入处理策略进行探究。以此促进高校英语教学方法的改革与发展。

前　言

目　录

第一章　高校英语教学概述

英语教学作为一种教育实践活动，是一个兼具复杂性、综合性特点的概念。对英语教学内涵有一个全面的、系统的理解和把握非常关键，有利于在具体的教学实践中有的放矢。本章将对英语教学的内涵进行解读，分析英语教学基本现状，探究英语教学的双重目标，探讨英语教学原则体系的构建。

第一节　高校英语教学的内涵

一、英语教学的定位

对英语教学定位的了解对教学的实施有着根本性的决定作用。只有定位得当，英语教学才能发挥其社会需求的作用。如果定位不当，人才培养就不能紧跟时代步伐，人才的实用性差，必然会被社会淘汰，整个高校英语教学的意义也难以突出。

英语教学是我国外语教育的重要组成部分，因此在整体上也带有传统英语教学的共性，主要包括以下几个方面。

（1）教学规模大。

（2）教学多元化。

（3）教学规划不足，布局不够合理。

这种模式下的英语教学出现了费时低效、哑巴英语等问题，所培养出来的学生不足以应对跨文化交际中的语言问题。

鉴于此，英语教学在进行教学定位过程中应该注意以下几个问题。

（1）注重教学的地域性与学科性。

（2）注重教学的需求性与前瞻性。

（3）注重教学中的师资建设。

在教学改革的背景下，英语教学需要提升人才的语言应用能力，注重教学与社会的联系。我国学者戴炜栋指出，高校英语教学应该建设具有中国特色的"一条龙"英语教学体系，使教学贯穿起来。[①] 在连接教学和基本社会情况的前提下，力求建立一种多元的英语教学模式。

英语教学是师生共同作用的教育活动，需要教师对学生进行引导，也需要学生进行主动的学习。检验英语教学的成果需要以教学目标的实现为标准。总体上说，英语教学是师生共同完成预定任务的双向统一活动。

二、英语教学的属性

（一）英语教学的语言属性

英语是世界通用语言，对其的教学是一种语言教学，这是英语教学的本质属性。语言教学，顾名思义，就是为了培养和提高学习者的语言能力而进行的教学。英语教学是我国重要的外语教学。进行外语教育，需要对外语基础知识进行教学，从而夯实学生语言学习的根基，对语言应用能力的提高也大有裨益。高校英语教学作为重要的语言教育方式，其本质也应该是提高学生的英语语言综合应用能力。

需要特别说明的一点是，一部分专门进行语言知识研究的语言教学工作并不是以语言应用为目的，因此其并不属于语言教学的范畴。例如，古希腊语研究、古汉语研究、古英语研究等。这些语言在当今社会不再广泛使用，对英语教学的理解需要和语言的研究与学习进行区分。

（二）英语教学的文化属性

文化孕育语言，语言反映文化。[②] 语言和文化有着密切的关系。在英语教学的过程中，培养学习者的文化思维也十分重要。英语教学的文化属性启示教学者应该重视文化的影响作用，从而便于学习者跨文化交际能力的提升。

三、英语教学的多维内涵

（一）英语教学的基本内涵

英语教学是一种非常常见的教育活动。从教师的角度来看，它是教师引导学生学习的教育活动。从学生的角度来看，它是学生在教师的引导下的学习活动。学生能否得到真正、全面的发展是教学目标能否实现的关键。同时，教学本身也是一个师生互动的过程，不仅是教师教的过程，也是学生学习并在学习过程中全面发展的过程。基

---

① 薛燕. 基于教学改革的高校英语教学实践 [M]. 延吉：延边大学出版社，2018：3.

② 周晓娴. 多元化文化理念与当代英语教学策略研究 [M]. 天津：天津科学技术出版社，2017：75.

于此，可将当代英语教学的基本内涵归纳为如下几点。

第一，英语教学是有目的的活动，在各个不同学段、学年、学期，不同的教材、单元、课文、活动有着不同的教学目的与教学目标，而教学目标又可分为不同的领域或层次。

第二，英语教学具有一定的系统性和计划性，这种系统的计划主要是由教育行政机构、学校和教师制定的。

第三，英语教学需要具体的内容，即英语词汇、语法、语音、写作、阅读等具体知识和技能的传递。教学需要采用一定的教学方法和教育技术，教学有着深厚的历史积淀，形成了大量有效的方法。现代科学技术，尤其是信息技术的发展，为教学提供了可以借助的多种多样的教育技术。

在上述对英语教学内涵进行分析的基础上，可对英语教学界定如下：在有计划的系统性教学过程中，依据一定的内容，按照一定的目的，借助一定的方法和技术，教师引导学生认识世界、学习和掌握知识与技能，进而使其得到全面发展的活动。

（二）英语教学的人文内涵

在当代英语课堂教学中，英语教师通常更为关注的是语言工具的技能性，却往往容易忽视对语言、文化等人文内涵的渗透，进而使当代英语课堂的人文内涵意识相对薄弱。事实上，英语教学是借助于听、说、读、写、译这五大项目的教学使接受培养的对象（即学习者）具备并能够熟练地运用英语这一语言工具进行交流的素养和能力。因而，人文教育在当代英语教学中所发挥的作用不容小觑。

任何一种语言都不是独立存在的，都往往同当地的历史内涵以及文化背景等存在着密切的联系。要想对一门语言有很好的掌握并能熟练运用，通常也需要对其历史内涵以及文化背景有充分的认识和把握。那么，在当代英语教学中，不仅应高度重视培养学习者的语言能力，还应注重人文内涵的渗透，应着眼于培养兼具语言应用和文化涵养的综合型人才。

英语教学的人文内涵有着非常宽泛的范围，具体包括对英语语言国家历史、习俗，以及民族文化等的使用等。这一内涵也是民族长期以来的变迁和发展慢慢积淀的精华。作为当代的英语教师，也应具备从多个角度来认识英语人文内涵的基本素质。不仅应在具体的教学实践中贯彻以学生为本，注重学习者全面发展的教育理念，兼顾学习者智力因素和非智力因素的全方位发展，应将学习者视为动态发展着的个体，具有不可估量的发展潜能和极大的可塑性。

英语教师还应在具体使用教材的过程中，注重人文内涵方面的分析和阐述，尤其应适当融入一些礼仪、历史、艺术等方面的内容，或者开展一些具有生活性、现实性特点的语言教学活动。只有教师具备了较高的人文素质，并且能够将人文内涵的教学内涵切实、认真地贯彻于英语教学实践中，才能更有利于其教学内容的丰富、全面和完善。

总体来说，根据人文主义教育的核心价值观念，教育以实现人性的完美为终极目标。在英语课堂内外所开展的任何与英语语言相关的讨论和活动，所做的任何教育实践都是人文主义的强化教育，也都是旨在实现学习者各项语言技能的提升，进而让学习者成为品格高尚、个性突出、感情丰富并适应社会发展的新时代的人才。

（三）英语教学的通识教育内涵

通识教育是高等教育的重要组成部分，英语教学也是高等教育的重要组成部分。英国著名的教育学家纽曼（John Henry Newman）提道："通识教育的目的是打开心灵，纠正它、净化它，让它能认识、消化、掌握、统治、使用其知识，给予它控制其才能的力量，具有应用性、灵活性、方法性、批评的准确性，以及聪慧、谋略、举止、流利的口才。"[①]通过对这一看法进行分析不难发现，通识教育将"全人"教育作为追求的理念，其实就是借助于学习这一途径使受教育者能够充分发掘自我的潜能，使学习者的自身价值能得以实现，并能在身心、智力以及品格等方方面面实现协调、全方位的发展，进而成为社会所需并能在社会发展中发挥积极作用的人才。

从性质方面来看，作为高等教育的重要组成部分，通识教育是所有的学生都理应接受的非专业方向的教育。从目的方面来看，通识教育主要是培养积极参与社会生活的、具有强烈社会责任感的、全方位发展的国家公民。从内容方面来看，通识教育属于一种具有广泛性、非专业性、非功利性的基本知识、技能与态度的教育。这种教育覆盖面非常广泛，通常涉及社会科学、人文科学以及自然科学与技术这三大方面。

"通识教育"这一概念中的"通"就是融会贯通的"通"，就是指不同学科间的知识能够相互融通，在遇到比较复杂的问题时也能够以跨学科的、开阔的视角进行思索和资料的收集，并且能够在与不同学科背景的人们进行沟通和交流的过程中实现不同文化、专业间的沟通。

同时，根据教育生态学的观点，英语教学体系也可以被看作围绕英语教学活动这一中心而建构的生态系统。该生态系统通常也是由教师、学生等教学主体以及与之相应的教学环境构成的。其中的教学环境主要涉及社会环境、自然环境以及规范环境这三大类型。社会环境以自然环境为基础，同时社会环境又是在自然环境的基础上发展而来的。

教学的规范环境具体包括以下方面的内容。

（1）教学的规范环境指的是能够被社会广为接受的、与教学全体的需求期望相

---

① 丁丽红，韩强．当代高校英语教学的认知研究［M］．北京：中国书籍出版社，2018：29．

符合的教学态度、教学规范以及价值观等。

（2）教学的规范环境指的是教学要求、教学理念、评估标准、教师和学生的认知观以及课程的设置目标等。

学生和教师这些教学主体以及非生物因素范畴的教学环境在相互影响、相互作用下共同构成了一个统一的、兼具"物质—能量—信息传递"功能的整体，这就是所谓的英语教学生态系统。这一系统其实还蕴含着深刻的通识教育的内涵，围绕语言基础课程这一中心，并将自然知识、社会知识以及世界文化知识的普及作为目标的半自然、半人工的生态系统。

英语生态教学系统的运行目标及功能说明了英语教学属于高校通识教育人才培养模式中必不可少的组成部分。这一生态教学系统的运行也是以实现学生综合应用能力、综合文化素养以及自主学习能力的提升为主要目标。在该理念的指引下，当代的英语教学也不仅是一门语言基础课程，同时还涵盖社会知识、自然知识以及世界文化等几方面的综合教学体系。

四、英语教学易混淆的相关概念

要想更深入、细致、透彻地理解英语教学的内涵，还应对"英语教学""专业英语教学""双语教学""公共英语教学"几个非常容易混淆的概念进行明确区分。英语教学旨在培养学生的英语交际能力，即语言使用者借助于各种语言手段和非语言手段来实现某一交际目的的能力。这种交际能力恰恰是对学生整体素质的有效体现，具体到英语教学实践本身就是听、说、读、写、译几大方面的英语语言综合运用能力。下面就对几个容易同英语教学混淆的概念分别进行分析。

（一）专业英语教学

要想培养英语和专业能力都很强的复合型人才，单纯地依靠英语教学很难完全实现。在社会对复合型人才需求越来越旺盛这一大背景下，专业英语应运而生。专业英语又称为学科专业英语，具体指的是同某一特定学科专业相关的英语。例如，"计算机专业英语""旅游专业英语"等。

专业英语具有专业性很强的特点，最为明显的体现就是单词和词组的专业化。专业英语中存在着很多词、词组同基础英语中的含义相差悬殊。专业英语的另一个显著特征就是其仍旧是围绕某专业的英语开展教学的，而不是专业本身，因而专业英语依然属于语言教学的一种。英语教学是专业英语教学的基础，专业英语是英语教学的延伸和扩展，是培养学生的英语基础能力向培养学生的应用技能的过渡。

（二）双语教学

从实质来看，英语双语教学并不属于语言教学，它属于一种教学形式。这种教学形式的最终目的是借助教学来促进学生的发展，但是这种教学形式是以相应的学科知识和英语基础为基本条件的。对于双语教学，不同的学者和权威出版物也对其进行了界定。

《朗曼应用语言学词典》对英语双语教学进行如下界定："The use of a second or foreign language in school for the teaching of content subjects." 具体是说"能在学校里使用第二语言或外语进行各门学科的教学"。此处所说的"双语"具体指的是汉语和英语。

国内还有一些学者对"双语教学"进行如下界定："在教学过程中使用两种语言，而不仅仅是把某一种语言作为一个单独的学科来组织、安排、实施教学的活动。"[①] 简而言之，双语教学具体就是指同时将两种不同的语言作为媒介的教学活动。在所用到的两种语言中，其中一种为学习者的母语，另外一种为学习者在入学之后才开始学习的另外一门语言。

就我国当前阶段的高等教育体系来看，双语教学通常是指作为母语的汉语同作为第二语言的英语交替进行的专业教学模式。通常是想借助这种教学形式来使学生能够运用两种语言掌握相关的学科概念、方法和理论等，同时还能运用两种语言进行思考和表达。

然而，我国当代英语教学中的双语教学也应建立在基础英语教学与学科专业教学的基础之上，并且学生的英语水平对双语教学的成败起着非常关键的作用。当然，双语教学还应结合具体的教学实际采用切实有效的教学方法，不能照搬或机械地模仿基础英语教学和专业英语教学的做法。

（三）公共英语教学

公共英语教学就是人们通常所说的基础英语教学。很长一段时间，我国高校的公共英语教学通常都是由外语部负责的。外语部的英语教师通常将公共英语教学作为其重点工作，同时还将侧重点放在夯实语言基础方面。为了更加便于将英语教学同公共英语教学明显地区分开，下面就结合公共英语教学的特征进行具体分析。

第一，公共英语教学的教学模式是将语言教学作为对象，其所面向的对象也比较多，包括所有的非英语专业的学生。

第二，公共英语教学的教学目的是提升学习者的英语水平，并为学习者的研究和学习打基础。

第三，按照英语教学大纲的规定，公共英语教学的主要教学内容是掌握英语语言

---

① 丁丽红，韩强. 当代高校英语教学的认知研究 [M]. 北京：中国书籍出版社，2018：33.

共核。此处的语言共核是诸多语言学家在研究语言功能意念的过程中逐渐形成的一个概念。具体指的是讲某一语言的人群中，大多数人所使用的那部分语言，该部分的语言并不受教育程度、地域差异、话题、社会地位等的制约，并且在词汇层面、语法层面以及意念功能方面存在的差异也不是特别明显。语言共核的这一显著特点要求语言教学中的教学对象，不管其学习目的如何，将来会从事怎样的工作，都应掌握这一部分语言和相应的表达方式。公共英语教学的课程内容主要是服务于其目标的，都是为了提高学生的听、说、读、写、译这几项技能而精心挑选的，这种类型教学的课程内容通常比较广泛，题材也倾向于多样化。

第四，公共英语教学还是一门承担部分通识教育内容的课程。按照通识教育的要求，公共英语教学通常在内容上提供比较均衡、广博的多学科的知识。

第五，国内的公共英语教学实施的时间相对比较长，并且积累了很多的教学经验。

第六，公共英语教学的特征还表现在这一教学类型还担负着让受教育对象在掌握知识、技能的同时树立正确的文化价值观这一重任，以及将学习者培养成高素质人才的职责。

总之，应将上述几个英语教学的相关概念明确区分开来，根据各自的特点展开相应的教学活动。

第二节　高校英语教学的基本现状

从 20 世纪 80 年代开始，中国的英语教学伴随着改革开放的步伐进入了一个新的阶段，各种教学理论被大量引入国内，许多关于英语教学的文章相继发表，为我国的英语教学注入了新鲜的气息和改革的动力。但是我国英语教学仍存在许多并不乐观的现象。

一、过分重视应试能力

英语是我国学校教育中历时长、学时多的学科之一。从小学到大学，学生们一直都在投入大量的时间和精力学习英语，可见我们国家和社会对英语教育的重视。但是，许多学生在花费大量时间、精力学了那么多单词和语法后，依然没有真正掌握语言的运用技巧，不会用、听不懂、说不出。这是因为传统英语教学模式以应试教育为目标，在这一目标之下，人们只看重考试的选拔功能，以考试结果评价学校、教师的教学效果和学生的学习效果，从而制约了英语教学的发展。

为了检验学生对英语学习的掌握程度，我国每年举行的大大小小的英语考试种类繁多，既包括小学到大学的各种期中考试、期末考试、升学考试，又包括各种托福、GRE 等出国必备的考试，还包括各种英语证书考试，其中最著名的是全国高校英语四、六级考试。

以英语四、六级为例，虽然这一考试的设置为提高大学生的英语水平和能力做出了很大贡献，推动了我国的英语学习，也使我国英语教学走上了正轨。但是，英语四、六级考试主要是考查学生对大纲规定的英语单词、语法等的掌握程度，标准化的测试方法主要是让学生做选择题，而且通过率的高低是评价学校及教师好坏的一个主要标准，这在某种程度上助长了应试教育的风气，使其失去了原本意在改进英语教学的作用。

在应试教育的影响之下，教师将重点放到了应付考试上，忙于完成教学进度，认为课堂时间紧，很少抽出时间进行语言实践。大多数学生学习英语只是为了应付考试，考试过后就把英语抛到脑后，许多学生考试成绩不错，但是听、说、读、写的能力却很差，英语应用能力提高的目标得不到落实。英语的学习，需要大量的听、说、读、写练习，尤其是需要通过大量的背诵取得"语感"。而我国当前的考试以选择题为主，教师上课时在讲解语法和词汇上花费了大量时间，学生则在做大量的模拟试题上花了大量的时间和精力。

在应试教育之下，学生在英语学习过程中，追求标准的、唯一的答案，过度相信、依赖教师讲解知识，并且排斥课堂讨论、交流等交际活动，认为这类活动无法提供准确的答案，从而逐渐丧失了自主思考的能力，失去了质疑教师提供的答案的信心，失去了创新的能力，最终导致了学生应试技能较强，而交际素质却很低。

在应试教育的指挥棒之下，英语教学重视应试能力却忽视实际运用能力。虽然近年来各高校英语教学条件、设备得到了相当大的改善，学校领导、教师及学生都付出了很大的努力。但是，教师的教学效果却依然令人失望，学生的听、说、读、写的能力依然不强，特别是听、说、写的能力较差。教师与学生付出的代价与收到的成果不太相称，英语教学没有真正达到学习语言的目的。这是我国英语教学亟须解决的问题。

二、忽视学生兴趣的重要性

兴趣在学习中十分重要，兴趣往往是推动学生乐于刻苦钻研、勇于攻克难点的强大动力。当一个人做自己感兴趣的事情时，会投入全部精力，专心致志。但是，传统的英语教学忽视了对学生学习语言的兴趣的培养。数量繁多的单词，复杂的语法规则，让学生望而生畏，乏味的填鸭式教学，使学生兴趣全无。

现在，学生被各种考试，比如高校英语四、六级考试，压得喘不过气来，疲于应付，成天埋首于题海中无法脱身。这种考试方式，使学生把学习语言当作任务和沉重的负担，而不是需要和享受，英语成了学生害怕、讨厌的课程。这样，不要说学习兴趣，学生连想把语言学好的想法也没有。

因此，教师在教学中应当想办法激发、培养学生的兴趣，激发学生兴趣时应当注意以下几个方面。

（1）学生的年龄、认知水平和生活经历。例如，选取的话题是否与学生的生活经历有联系？话题是否能够激发学生的想象力或好奇心？学生就这个话题是否有与同学交流的想法？学生通过这个话题是否能够获得他们想了解的信息？

（2）创设情境，尽可能为学生提供视觉物体，如图片、幻灯片。这些形象生动的方法容易激发学生的学习兴趣。

（3）增加教学活动的形式。如可以采用英语故事比赛、英语话剧表演等活动形式。

教师激发学生兴趣可以采用的方式有很多种。比如，适当地播放英文歌曲，用英语歌曲优美的旋律、脍炙人口的歌词调动学生的学习兴趣和学习热情。或者通过讲述一个英语故事将学生的热情和兴趣调动起来，然后让学生分组讨论，每组选派代表用英语把本组的讨论结果向全班同学汇报，教师不断地提问题，学生表现出了浓厚的兴趣，课堂气氛生动活泼，学生在不知不觉中学会了表达、思考。更重要的是学生对英语学习产生了浓厚的兴趣，自己想学，自己爱学，自己巧学。学生对英语感兴趣，就为学好语言提供了前提。多媒体授课也是激发学生学习激情、培养学生学习兴趣的方法。

英语教学过程是教师引导学生利用语言这种交际工具进行交际的过程。教师应该以自己满腔的热情、充沛的精力以及认真细致的备课感染学生，让学生以积极的态度参与教师设计的各种各样的训练。

总而言之，教师在教学中应该自始至终地关注学生的兴趣，不断改进教学方法，增加新的教学内容，用多样化的方法、直观的教具激发学生的兴趣，调动学生的学习积极性。

三、缺乏科学的教学方法

随着时代的发展，社会对英语人才的需求会有所变化。因此，学校培养英语人才的模式也会有所变化，教师的教学方法也应该有所变化。但是，目前我国大多数学校的教学模式仍是黑板、粉笔、书、教师加课堂的方式，有的教师也用一点多媒体技术，但总的教学模式变化不大。

由于资金、师资有限，我国学校的班级一般规模比较大，学生数量多，在这种情况之下，只能采取教师讲、学生记的教学模式，也就是教师讲讲单词、语法、翻译、课文，再让学生进行一些笔头练习，基本上没有给学生提供口语练习机会的可能，学生则专注于听教师讲课、记笔记、课后背笔记。这种已经沿用了一百多年的教学模式似乎很难改变。

在这种大规模的班级之中，学生的基础差别大，教学内容众口难调，教师很难照顾到不同类型的学生。即使是有条件实施小班教学的学校，大多数教师仍然倾向于采取传统的讲授方式，师生之间缺乏互动，学生之间缺乏交流，单调的授课方式无法调动学生的学习积极性，无法有效提高教学质量和教学效果。

语言技能的掌握不是仅仅通过老师讲解实现的，而是通过不断运用、练习而提高、掌握的。如果不运用，即使学了很多东西，也会很快遗忘。培养学生的英语交际能力是一种习惯的培养过程，学生使用英语交际的习惯并非通过一两节课就可以培养起来，而是需要长期坚持不懈地学习、运用，需要主动地、有意识地操练。然而，我国传统的教学方法，无法向学生提供运用英语实践的机会，这是导致大多数学生空有语言知识却没有语言交际能力的主要原因。

虽然我国已经引进了多种英语教学方法，但是这些方法大部分在我国的教学中并没有得到广泛应用。并且，这些并非源于我国的方法并不是很适合我国英语教学情况，因此应用效果并不是十分理想。虽然我国的教学大纲对教法的选择有宏观的导向，但是具体实施方法却是由教师选择的。

因此，教师应当认真研究教学理论，理解教学方法。总结自己的教学实践经验，研究出满足教学需要的教学方法，并在实践中根据学生的具体情况、自己的教学特点、教学内容等具体情况，适当改变教学方法、技巧等。比如，根据听、说、读、写各项技能要求的不同，以及教学的侧重点不同，可以采取不同的教学方法。

四、教材与教学需求不适配

教材在很大程度上决定课程的教学目的和教学方法。因此，对于任何一门课程而言，教材的设计和选择十分重要，甚至决定了这一门课程教学的成功与否，英语也不例外。我国非英语专业英语教材在内容选择上重文学、重政论，忽视了现代的实用型内容。

改革开放以来，我国社会各方面发展迅速，变化很大，但是英语教学的变化不大。就教材而言，有的已经连续使用了十几年，甚至几十年，教材内容已经与现代社会发展脱节，教材设置目的已经远不能满足现代英语教学的要求。其中最突出的是，传统教材的教学对学生的口语部分要求非常低，鲜见实用性较高的口语练习。可见，落后的教材设计和模式已经不能适应学生充分交际的要求。

20 世纪 90 年代以来，我国开发了和英美国家合编的英语教材，而且引进了原版英语教材。如《走遍美国》《剑桥英语》《展望未来》《新概念英语》等名目繁多的教材，另外，我国本土教材的设计也已经有了很大的变化，已经较好地解决了原有教材的诸多问题。但是由于教材编写与内容挑选基本属于英美文学方向，其中不少选文出自名家，是久经考验，读者喜爱的经典著作，这些选自经典名家的教学内容只追求可教性与可学性，而忽视了最重要的实用性，学生从课本上学到的内容与现代英语相差甚远，难免使学生感到英语缺乏实用性，从而对英语失去兴趣。

总而言之，尽管我国不断引进国外的教材，并且国内的相关机构、学者也设计出了多种教材，但是始终没有一本教材能够达到人们所期待的自由交际的目的。

一本好的教材应该包括以下几个方面。

（1）好的教学指导思想。

（2）体现先进的教学方法。

（3）内容的安排和选择符合教学目标。

（4）教材的组成完整，即由学生用书、教师用书、练习册、录音带或录像带或多媒体光盘等组成的立体化教材。

（5）教材的设计合理，即教材的篇幅、版面安排、图文比例和色彩等。

（6）教材语言的素材真实、地道。

教师是教材的直接使用者，在使用教材的过程中，可以结合以上好教材的因素发现现存教材存在的问题，还可以向学生征求意见，从而为教材的设计提出建议，有助于开发出适合我国学生的科学的教材，促进我国英语教学的发展。

五、没有重视文化的渗透作用

各国文化内涵深厚，有很多方面要学习，而教师、学生的精力有限，不可能将存在文化差异的所有内容全部学习，只能有所取舍。对我国学生而言，主要是以下三方面的差异影响交际能力。

（1）语言的文化内涵。

（2）中西文化习俗、行文规范等方面的异同。

（3）中西文化价值观的异同。

然而，我国教师和学生普遍认为，学好英语就是学好语音、语调、语法和词汇，但是实际上，即使掌握了完美的语音语调、精确的语法、巨大的词汇量，如果不了解中西文化的差异，就容易在跨文化交际中出现误解、误会，甚至是不得体的行为。

我国教师和学生对英语学习的误解，导致教师的教学和学生的学习都把重点放在了语言知识上，而忽视了英语的文化背景。在这种观念影响下培养出来的学生，尽管掌握了大量的英语词汇，也十分熟悉语法知识，但是常常在听、说、读、写等方面受到很大限制。比如，由于对英语词汇内涵的不了解，将"soldier's heart（军人病）"误解为"铁石心肠"，将"black bird（画眉鸟）"误解为"乌鸦"，将"She prefers dry bread.（她喜欢无奶油的面包）"误解为"她喜欢干面包"等。

再如，有些学生用姓称呼外籍教师，导致外籍教师的不满。因为，在英语国家用姓做称谓的情况只限于几种少数情况，如：监狱看守对囚犯的称呼，教练对球员的称呼，小学里教师对学生的称呼。而称呼教授一般是"Professor+姓"。学生的错误称呼，是因为不了解西方文化习俗、行为规范而造成的。我国学生对中西方文化基本价值观的差异缺乏了解，就容易误解西方人的某些行为方式，进而影响英语交际活动的顺利进行。

王佐良先生曾说："不了解语言当中的社会文化，谁也无法真正掌握语言。"[1]语言是交际工具，如果不了解语言所承载的文化，不了解文化差异，就难以顺利地进行沟通，那么语言的学习就失去了意义。文化差异的存在，往往容易导致跨文化交际的失败。教师在英语教学过程中，除了要强调听、说、读、写四要素之外，还要帮助学生了解西方文化，让学生了解文化的差异，从而学会跨文化交际。

六、英语教师的水平参差不齐

英语教师作为英语教学的主导者，肩负着重大责任。教师素质的高低关系到学生对英语学习的积极性，关系到教学质量的高低。可以说，教师素质的高低关系到英语教学的成功与否。

随着我国对教育的重视，以及我国教育事业的不断发展，特别是近几年来，高等教育的招生规模不断扩大，无疑将大大提高我国人民素质。但是，随着招生规模的扩大，出现了英语师资不足的现象。一些大学，甚至请研究生来担任公共英语课教师。另外，师资不足使英语教师工作繁重，没有足够的时间进行自我学习、提高教学水平。在这样的状况下，英语教师的教学水平参差不齐。不少英语教师在发音、语法、教学方法、运用水平、文化修养等方面都存在不足，有待提高。

教师的角色是如此重要，国家应该加快、加强师资培养，教师自身也应该不断提高自我素质，改进教学方法，以更好地将自己掌握的专业知识和技能有效地转换为学生的能力。教师在树立创新教学观念的同时，还要更新教学方式，重新调整知识结构，把教学重点由传授语言知识转变为培养语用能力。

---

[1] 方梦之. 应用翻译研究［M］. 上海：上海外语教育出版社，2019：110.

第三节 高校英语教学的双重目标

一、以阅读技能为主的英语教学目标

20 世纪 80 年代以来,"国际交往日趋频繁,外语在四化建设中的重要性日益显著,因此旧大纲无论在起点上,还是在培养目标或教学要求上都过低,有必要对大纲进行修订,使之更符合我国经济建设发展的需要"[①]。英语教学的目标是"培养学生具有较强的阅读能力;一定的听和译的能力;初步的写和说的能力;使学生具有以英语为工具获取专业所需信息的能力"[②]。编写教学大纲的基本出发点是,既重视发展语言能力,又重视发展交际能力。英语教学大纲的培养目标把各项语言技能要求分成三个层次:较强的阅读能力,一定的听和译的能力,初步的写和说的能力。

由于 1985 年制定大纲时,我国仍处于教学资源相对匮乏的时期,教学层次相对较低,语言输入的主要途径就是阅读,英语教学的主要目的就是满足经济建设和科技发展的需要,因此将读懂英语作为英语教学的首要目标是符合当时的客观实际的。但随着社会经济的不断发展,对英语人才的要求也在不断提高,人们认为大纲应使学生听、说、读、写、译的能力处于同一层次,而不是单独突出阅读能力。

社会和学习者对英语的重视,导致新生的英语水平比以前有很大的提升,大纲的指导作用慢慢变弱。此外,随着国际国内形势的不断变化,高科技的发展,网络技术的普及,社会对学生的英语水平及语言应用能力又有了更高、更具体的要求。因此,原国家教委高教司组织高等学校英语教学指导委员会成立项目组,研究制定新的教学大纲。

项目组立足于 21 世纪人才的培养规格,确定英语教学的培养目标,进行了广泛的、多层次的社会需求调查,主要包括:大学毕业生英语水平及使用英语现状的调查;用人单位对大学毕业生英语能力的评估及期望;专家、学者、教授对大学生英语水平及培养目标的描述;英语教师的意见;高校新生的英语词汇量;高校新生的英语应用能力等。

修订后的大纲对教学目标做了明确阐述:培养学生具有较强的阅读能力和一定的听、说、写、译能力,使他们能以英语为工具交流信息;帮助学生掌握良好的语言学

[①] 王淑花,李海英,孙静波,等.高校英语教学模式改革与发展研究 [M].北京:知识产权出版社,2018:6.

[②] 郝建君.高校英语教学改革及教师发展研究与探索 [M].大连:东北财经大学出版社,2015:13.

习方法，打下扎实的语言基础，提高文化素养。这比之前"以英语为工具获取专业所需要的信息"①的要求提高了，首先是内容拓宽了，其次是提出了双向交流。不仅要求顺利阅读和听懂英语以便获取专业所需的信息，同时还要求用英语进行口头或笔头表达。这使大纲对学生语言能力的要求从原来的三个层次变为两个层次。

二、以听说技能为主的英语教学目标

为了顺应时代发展的需要，教育部开始了新一轮的英语教学改革。由教育部高等教育司"高校英语教学基本要求"项目组编写的《高校英语课程教学要求》颁布试行。该要求把英语教学的目标描述为：培养学生的英语综合应用能力，特别是听说能力，使他们在今后工作和社会交往中能用英语有效地进行口头和书面的信息交流，同时增强其自主学习能力，提高综合文化素养，以适应我国社会发展和国际交流的需要。②该要求与以往的教学大纲相比，英语教学目标中的重点从阅读能力转到了听说能力。

研究者对该教学指导文件的评价褒贬不一。有人认为，对照之前的英语教学大纲，英语教学从注重语言基础过渡到有效交际，从注重阅读能力转移到培养学生的英语综合应用能力，尤其是听说能力，这在方向上是正确的。也有人认为其积极意义在于，和以往制定的教学目标相比，它突出了英语交际能力、自主学习能力和文化意识的重要性，这是一个不小的进步，十分符合我国社会发展迅速和国际交流日益增多的国情，对我国的英语教学有一定的宏观指导作用。

研究者认为其突出的不足体现在五个方面。

（1）没有明确解释什么是综合应用能力，对这一关键概念缺乏明确界定，有可能使教学走进误区。英语要以英语语言知识与应用技能、跨文化交际和学习策略为主要内容，但从教学要求的具体描述来看，核心内容是语言技能（听说读写译）和语言知识（推荐词汇量）。虽然英语也是一门素质教育课程，兼具工具性和人文性，但对有关文化素质的要求缺乏明确描述。

（2）笼统、抽象，顾此失彼，失于片面。该要求把英语教学分为一般要求、较高要求和更高要求三个等级，但各个教学阶段如每个学期缺乏具体的可用于操作的评价目标。

（3）忽略了认知、情感和策略在英语教学中的作用。我们很有必要借鉴国外教育学、教育心理学和第二语言教学的成果来建立一个适合我国国情的多元化的英语教学目标体系。

（4）该目标过于理想化，没有考虑学习者的客观需求，既要对不同地区、不同

---

① 蔡基刚. 中国高校英语教学路在何方 [M]. 上海：上海交通大学出版社，2012：107.

② 辜向东. 高校英语四、六级考试反拨效应历时研究：下 [M]. 成都：四川大学出版社，2014：92.

高校的不同需要不同对待，更要考虑经济成本，考虑学生学以致用的原则。此外，由于社会对英语五项技能的需要越来越呈专业化趋势，没有必要规定所有的学生必须以阅读或听、说为主。

（5）矫枉难免过正，过分强调听说能力的结果可能是忽视对其他语用能力的培养，正如当初强调阅读能力而忽视对听说能力的培养一样。最终，对学生英语综合应用能力的培养将成为纸上谈兵。

第四节　高校英语教学的原则体系

根据普通教育学的理论，教学的真正含义是教会学生学习。[①]这一理论原则同样适合于英语教育。英语教师从学生是学习的主人这一教育思想出发，把教学重点从以"教"为中心转移到以"学"为中心，指导学生掌握学习英语的科学方法，培养学生独立学习英语的能力，使其充分发挥主人作用，主动地克服学习英语过程中的种种困难，掌握英语的语言知识和语言技能，在有限的时间内获得最佳学习效果。

一、启发诱导原则

个性教育的核心之一是体现学生在教学中的主体性，而落实学生主体地位的条件和根本保证是实施启发式教学。"启"和"发"即为心智的开启、潜能的显发。我国教育史上教学论著《学记》对教学启发方法与技巧做了精辟的论述，认为教师教学的基本特点是善于启发诱导，只有善于多方面启发诱导的人才能当教师。可见《学记》把启发性原则提到了很高的高度。

在以教师为中心的英语教学模式中，学生只是以听代思、机械模仿，其独立思考、富于想象和创新精神均被抑制了。这种支配与从属的教与学的关系，无法形成学生良好的学习个性。在启发式教学中，教师作为诱导者，要帮助学生在自主探索和合作交流的过程中，感受和体验教学内容，真正理解和融会贯通地掌握英语语言文化知识和语言技能。

教师只有使学生处于主体地位，他们才会自主、能动、创造性地学习，这种学习就是学生良好学习个性的体现。教师还应为学生提供真实的语言情境，因为真正的、完整的语言知识只有在真实的语言学习情境中获得，才能有效培养学生运用语言的能力，才能充分调动学生独立而积极的思维，使学生充分施展他们学习的强点和闪光点。

---

a 夏鹏铮. 英语教学语言艺术 [M]. 长春：吉林大学出版社，2017：152.

学生是知识建构和知识生成的主体。[①]"平衡活动法"强调，语言教学必须引导学生通过各种输出活动和反复操练所输入的语言知识才能使其进入已有的知识结构之中，形成自己的语言生成系统。教师必须诱导学生独立地进行思考和实践，从而不断提高其认知水平，超越自我。这才是开发智慧的教学，才是真正意义的建构过程。

二、灵活多样原则

（一）灵活多样的课程设置

长期以来，由于忽视学生的个性差异，漠视学生的个体需求，造成英语必修课一统天下的局面。英语教学应将综合英语类、语言技能类、语言应用类、语言文化类和专业英语类等必修课程和选修课程有机结合，以确保不同层次的学生在英语应用能力方面得到充分的训练和提高。

据此，应在所有年级开设英语选修课，诸如英美社会与文化、英文报刊选读、英美文学选读等课程。选修课程以任务型教学为主要教学模式，以多种形式、多种渠道为学生提供一个了解英美国家英语文化背景知识的平台。学生可以根据自己的兴趣、爱好与特长进行选择，以满足各自不同的发展需要。

多样性选修课的开设，不仅有利于拓宽学生的知识面，也有利于发展学生兴趣爱好和特长。与必修课相比，选修课的教学内容更具实践性、操作性、动态性和探索性，各种课程相互结合，相互补充，形成合力，有助于提高学生的英语语言应用能力，开发学生的创造潜力和培养学生的创造品质。

（二）灵活多样的教学模式

高校应采用英语多媒体教学模式，改革以教师授课为主的单一课型，将网络学习与教师面授相结合，尝试基于计算机的英语个性化教学模式的探索。该模式拓展了教学空间，丰富了学习形式和学习内容，根据学生不同的语言程度和自学能力，制定不同的学习计划，为学生提供了丰富的、多层次的学习资源，为学生营造了一个集文字、声音、图像、动画为一体的多维语言教学环境，使学生能够在教师的指导下，根据自己的特点、水平和时间，自主选择学习内容、学习进度进行学习。既可以照顾起点较低的学生，又给基础较好的学生以施展的空间，充分发挥了学生的学习自主性，为实现真正意义上的个性化学习创造了最佳条件。

新教学模式中，学生是自身学习任务的设计者，学习活动的参与者、合作者和学习效果的评估者。在整个教学过程中，教师不仅传授知识、给予指导，更重要的是引导学生"学会如何学习"，培养他们自主学习的能力和学习个性，从而发挥他们的自

---

① 夏鹏铮 . 英语教学语言艺术［M］. 长春：吉林大学出版社，2017：152.

主性和创造性。实验结果证明，新的教学模式有助于提高学生的主体意识、自主学习能力和语言综合能力。学生学习的积极性、主动性提高了，创新意识增强了，学习个性也张扬了。

（三）灵活多样的课堂活动

克拉申（Krashen）的可理解输入假说和协商互动理论强调了英语课堂上的交互活动。教师必须根据学生自身的优势及学习方式来安排教学活动，使课堂教学活动呈现多姿多态的情景。作为一门实践课的英语课堂教学，应将语言知识的掌握服务于语言的交际性、实践性和使用语言知识的综合性。因此，要让学生从"课堂听课"走向"课堂实践"。

课堂活动形式可以是大班、小组或对子等，使学生把已输入的语言知识在课堂实践活动中得以输出，实现"输入"与"输出"的统一，提高学生运用英语进行交际的能力。这样融听、说、读、写为一体，学生在课堂上能得到丰富的心理体验，不仅有利于学生全面地掌握语言技能，而且还有利于他们的发散和聚合思维，提高他们分析和解决问题的能力及学习创新能力。

（四）灵活多样的评价方式

英语课堂教学应提倡多元评价，评价重点是语言文化知识与技能在特定情境中的灵活运用，将形成性评价和终结性评价相结合，从学生学习过程到结果进行整体评价。评价是多层面的、开放的，不仅来自教师，也来自其他同学或小组，以及学生的自我评价。通过自评互评，学生学会了如何自我评价。多样化、层次化的评价方式为学生学习和发展提供了良好的、宽松的民主氛围。

考核形式也应多样化，开卷与闭卷，笔试与面试相结合，面试更符合语言的特点。基于考核形式有较大的灵活变通性，可采取个人陈述、两人对话、多人对话或讨论的形式，也可采取答辩的形式，评价者可由单个或多个教师担任，也可由教师与学生共同担任。

此外，命题也要灵活多样，题型应多种多样，加大主观题的比例，考查的内容和范围要丰富而广泛，某些试题给学生留有充分发挥的空间，有助于培养学生的综合能力和创造能力。这种灵活多样的课程设置、教学模式、教学内容、课堂活动和评价考核，充分体现了英语教学多样性的特征，对培养学生学习个性的多样性有着重要的作用。

三、探索研究原则

从宏观的角度看，语言教学的目标不仅是教授抽象的语言能力规则，还要让学生在合适的语境里使用这些规则来成功地理解和产出语言，同时，还应注重培养学生的创造思维。应用语言学家都把思维活动看成是一个"问题求解"的过程。教学过程中应把学生置于问题之中，当学生面对教师提出的思考题、讨论题、辩论题时，他们便进入多向求解的阶段，力求获得新的解答问题的方案与办法。这一阶段实际上是创造新答案的迫切需要与原有的知识、经验、方法、原理等之间产生矛盾的过程。此时的学生希望突破陈旧的观点和思维定式的束缚，创造性地提出新的观点，并用新的观念将已有的相关知识组织起来，使之系统化、条理化，从而形成解决问题的新办法。

构建主义理论认为教育就是要赋予受教育者独立思考的能力，把英语当作一种培养学生能力的手段，强调学习者将自身经验带进学习过程，学生应把学习和使用英语知识与个人的经验和能力的培养有机结合起来，自主积极地建构和解决问题。英语课堂应给学生提供真实的语言情境，为学生提供富有个性的学习经验。罗杰斯（Rogers）认为，真正有意义的学习只有发生在所学内容具有个人相关性和学习者能主动参与之时。[①]

因而教师在教学中可以有意识地设计学生感兴趣的、与他们个人相关的话题，使他们畅所欲言，在参与讨论的过程中张扬学习个性。此时，学生运用英语，凭借自己的知识、经验、思考、灵感、兴趣等参与专题讨论，使学生的语言学习生活呈现出较高程度的丰富性、多样性。

同时，学生在互相争辩、互相启发和碰撞中，提出更新颖的观点。这种探索研究式的教学，能唤醒学生的学习创造意识。创造能力是生命所蕴含的、潜在的、可能发展的倾向，是现实生命发展的源泉。有相应的条件出现，就会全面激活沉睡的潜在能力，使学生学习中的个性潜能优势得到自由的发展。

主题讨论和课堂演讲展现了语言的"真交际"功能，有效激发了学生使用语汇和话语系统的潜能。在真实的语境中，学生带入课堂的知识、信息、观点和态度也是真实的，这就创造性地赋予了课堂活动以真实性，促使学生的语言学习与学生的生活和谐统一，并在潜移默化中领悟和提高了英语语言应用的技能。这些活动要求学生广泛阅读，搜集资料，写出文稿，既提高了阅读能力，也提高了他们的写作能力，更重要的是这类语言活动拓宽了学生思路，激活了学生的创造思维。同时，生生之间获得了"信息共享"，学生体味到了运用英语的乐趣，学习在意义上得到了升华，从而充分释放了他们学习英语的潜能，使学生有机会通过实际活动来运用英语表达思想，习得语言。

通过以上课堂活动，加强了学生的学习主动性，而且深化了对单元主题的理解，学习已不是仅仅停留在片面地对语言的认知上，同时也开拓了学生自身的创造性思维。学生经过自己的独立思考、发现、探索和研究，结合情景，得出自己的结论，在很大程度上展示了学生的亮点、闪光点。正是这种探索研究式的英语课堂教学，才使语言

---

① 王钰. 二语习得与外语教学 [M]. 天津：天津大学出版社，2014：144.

学习过程富有生机。

　　教师在课堂活动中游动于各小组和学生之间，时而进行一些点拨、疏导，为他们提供必要的语言或信息帮助，或参与学生的讨论，加入与学生平等对话的合作互动中。教师与学生都为彼此新颖的思想、独到的见解所触动和启迪，显示了课堂环境真正意义上的"共生"。

　　通过启发诱导、灵活多样、探索研究等英语教学原则的实施，不仅使学生经历了语言知识内化的完整过程，同时培养了学生良好的学习个性，还有助于学生学业的成功，而学业上的成功又能增强学生的信心，进而促进良好学习个性的发展。

第二章 高校英语教学的理论支撑

语言教学的理论，一方面需要从以人为本、以学定教、以教导学、多学、精教、不教自学，以及过程、效率和结果有机融合的角度进行科学理论指导，另一方面也需要从哲学理论、语言学理论及心理学理论方面进行研究。

第一节 高校英语教学的哲学理论

英语教学的建设、生存、发展、创新和实施，一方面需要多视角地进行分析研究，另一方面也需要多元的科学理论指导，而哲学是其中首要的指导理论基础。哲学是自然科学、社会科学和思维、人文科学知识的高度概括和总和，是自然科学、社会科学和思维、人文科学知识的最高规律。自然科学研究自然客观事物发展的规律，社会科学研究社会发展的规律，思维、人文科学研究以人为本、人类与现实社会文化生活关系和人类思维及其发展的规律，唯独哲学研究和揭示的是整个人类和客观物质世界关系的本质特征和普遍思维认知发展规律。哲学一方面紧密联系自然、社会和思维、人文科学，另一方面又对其具有世界观和方法论上的指导意义。人们不仅要质疑、探索、诠释和认识客观物质世界，还要改造和发展外在物质世界，改造和发展人类自身，从而创造人类社会的物质文明和精神文明。世界观一方面极力支撑和协助人类探索、诠释、认识、把握客观事物发展的规律，另一方面也制约着人类对客观事物发展规律的认识。方法论是人认识、把握世界和改造世界的根本方法。

一、以人为本的英语教学

英语教育、课程与教学的主导思想是要充分体现以人为本、以人的发展为本的思想。英语教学以人的发展为本的思想，根植于马克思主义哲学对人的本质，人与客观世界、社会文化的关系，人的主观意识，思维与外在世界、社会思想化的关系，以及人的生命活动与语言的关系等问题的恰当且深邃的论述。

（一）人的本质

人的本质，首先体现为物质世界中的现实人，现实人是自然人，更是社会人。其次体现在人们与社会和思想文化的关系之中，人与人的关系是一切社会关系的总和。在人与人的社会关系和社会交往过程中，人们运用语言表达自己，记录传承人类积累的物质文明和精神文明成果的精华，因而逐渐超越自然人，优越于自然人，最后成为社会人。人之所以能超越和优越于自然人，成为社会人，根本原因就在于人与人在社会中使用了语言这个最常用且最有效的信息交流和沟通的工具。人的本质不是单个人所固有的抽象物，在其现实性上，它是一切社会关系的总和。人的本质不是个人的天赋属性，也不是人类抽象的共性。在现实中，人总是生活在特定的物质世界情境、社会关系之中。人在物质自然界中产生，又存在于物质自然界之中，而且人也只有在物质世界和现实社会中，特别是在人与人使用语言作为工具交流和沟通信息的过程中，才能成长和发展成为能动地、创造性地改造世界，改善人自身和推动社会发展的人。因此，英语教学的建设、发展和实现必须面向全体学生，面向每个学生个体，面向具有终身学习能力的、推动社会发展的人，并以此充分体现以人的本质特征为根本的价值观取向。

（二）人与社会紧密相连

课程与教学的本质是教书育人，既能促进学生德、智、体、美、劳综合素质的全面发展，又能使其个性化获得充分的发展。人是社会的人。一方面，人的发展需要以社会为依托，人脱离了社会就不成为社会人，就难以生存和发展；另一方面，社会的发展也离不开人，社会是由人组成的，是人群的社会，社会脱离了人也就不复存在。这种人与社会关系相互依存和互促发展性还表现在：一方面，客观世界和社会发展制约着人的发展规律；另一方面，人充分发展的目的又在于认识世界和社会及其发展的客观规律，并根据其内在逻辑发展规律能动地、创造性地改造世界和社会，并不断推动世界和社会的物质文明和精神文明的发展，而世界和社会的发展又反作用于人自己，不断促进人的充分全面发展和个性自由解放。英语教学发展和实施的目的也在于促进学生综合素质的充分发展，并使其个性得到自主、自觉和自由发展。这不仅是学生发展的需要，同时也是社会物质文明和精神文明共同发展的需要，更是创建和完善中国特色社会主义外语教育教学体系的需要。因此，英语教学务必紧密联系人与社会的发展，并在人与社会生活情境发展的进程中求得自身的发展、创新、完善和有效的实施。

（三）人的意识和思维活动

人的意识和思维活动既有客观性的一面，也有主观性的一面，但客观性更是其本真性的一面。人的意识和思维活动的基础是外在的客观世界和现实社会。外在世界客观存在于人的意识和思维活动之外，不依赖于人的意识和思维活动，不以人的意志为转移。外在世界的第一性是本原，意识和思维活动是第二性的，是被决定的。

物质世界是人的观念、意识和思维形成的基础，观念、意识和思维具有客观现实性，这就是对意识和思维客观性实质的诠释。而意识和思维活动又是人的主观性的心理活动，外在世界和现实社会的客观存在，需要通过人的主观意识和思维活动才能被证实和阐释。诚然，人的意识和思维活动并不是外在世界和现实社会的本原或第一性。人的意识和思维活动的对象，即外在世界和现实社会，也不是绝对观念，不是精神的自我认识和理念的自我建构，而是客观物质世界和社会生活现实在人的意识、观念和思维活动中的反映。

但是，人并不是被动地对物质世界和现实社会生活做出反应，而是通过劳动实践活动和日常社会生活实践活动，使自身的意识、观念和思维与物质世界、现实社会生活相联系，并对物质世界和现实社会生活做出能动的和创造性的反应。由于个人的劳动实践活动和日常现实社会生活目标、内容、过程、方法、时空等方面具有差异性，人们就自然会对同一物质现象和现实社会事件产生和形成不同的思想意识、价值观念和思维方式。这就是对意识、观念、经验和知识是人的心理表征，是人们自我认识和构建，并存在于人的内在心灵之中的相关阐释。

意识观念的本质正是人对外在世界、社会现实能动和创造性的反映。深邃和思辨的理论问题，往往可以用最简单的事实和身边的实例进行表征和论证。英语单词（如 book），或词组（如 an English book），或句子（如 The English book is on the desk），或语篇和文本，都是使用英语的民族对客观存在事实和事件约定俗成的符号，而语言符号又是意识、观念、思想的物质外壳。倘若在外在世界中不存在"书"，或"一本英语书"，或"英语书在桌子上"等现实事物和事件，那么上述英语单词、词组、句子，以至于语篇和文本就难以产生、存在、发展和创新，也更难以显示。在回答英语教育如何能使学生理解并运用英语单词、词语、句子、语篇和文本等语言知识这个问题时，仍需依靠学生自主自觉、积极主动地在人与外在世界社会关系和特定的现实世界社会生活情境中通过理解和运用英语交际、沟通的实践活动才能解决，语言知识和交际运用能力才能学得和习得。而大多建构主义者（社会建构主义者除外）认为，脱离和割裂了人与外在客观世界社会生活的关系和特定的现实世界社会生活情境的联系，单凭个人的主观意识、观念、思维的自我认识和自我建构，就能创新、达到理解和交际运用语言知识的观点是不现实的。这正是由外在物质世界、现实社会生活的本原性所决定的，同时受意识观念、思想——其直接反映的第二性和被决定性制约。

（四）人的生命活动与语言

在现实社会中，人的生命活动与语言息息相关。人之所以成为社会人，人与人之间交往、人与社会之间的关系和人的日常生命活动无不是借助语言这个交往载体和交际工具来实现的，人的一切日常生命活动也无不存在于特定物质世界和现实生活与语言交际行为的联系之中。

语言是人的主观意识、观念和思维的物质外壳，是意识、观念、思维内容的物质载体。因此，不仅物质世界表现于语言之中，语言的内涵也是意识、观念、思维反映物质世界的内容，而且意识、观念、思维的内容也寓于语言之中。语言是意识、观念与物质世界存在关系之间的中介、媒体和桥梁，正是由于两者之间存在着语言这个媒介和桥梁，才使得这种联系成为可能，并获得不断的巩固和发展。其实，人的意识、观念和思维最初也是与人的物质活动、人类物质交往、现实生命活动和社会生活活动中的语言交往融合在一起的，人类的意识、观念、思维和语言本身也都是人的物质活动、人类物质交往活动、现实生命活动、社会生活活动和使用语言交流信息需要的直接产物。因此，英语教学建设、发展、创新和实施的目的、内容、方法都应彰显出语言与学生现实社会生命活动的息息相关性，从而尽量设计成在贴近甚至回归学生的现实社会生活的生动情境之中讲解、操练和运用，进而促进英语教学能获得更为理想或良好的发展、创新的实施效果。

二、英语教学的教学理念

英语教学的教育是对人的教育，核心是要重视人的因素，在教育领域中人的因素就是学生和教师。因此，教育需重视学生学习的主体作用和教师教学的指导作用，以发挥师生双主体互动生成的主观能动性和创造性。这在英语教育教学过程中具体体现在以学定教、以教导学、多学精教、不教自学的原理之中。显然，这种英语教育教学原理充分体现了以学生为主体，以教师为主导，发挥师生双主体的互动、生成作用，也对以学生为中心或以教师为中心的理念做出重新评判。

（一）以学定教的教学理念

长期以来，我国传统的英语教学理念是以教定学为主，把学生当作接受教育的对象和吸纳知识的容器，而学校则是生产这些产品的工厂，只注重这些产品的学习成绩，却忽视了学生个性的发展。正确的学习理论和学习理念，则倡导以学定教，以教导学，把学生看作学习的主人，学生是在教师的指导下积极主动地学习知识、掌握技能、提高能力，让学生的个性充分发挥出来，真正做到以学定教、以教导学和教师的指导性相统一。以学定教不但根据学生已有的知识、经验、需求，遵循学生学习知识、发展能力的规律，确定教学目标、内容、策略方法和评价措施，也立足于激励学生能够积极主动地学习、能主动地思考和运用知识的过程，既立足于学生群体，也立足于学生个体。由于每个学生的潜在能力和创造力都存在一定的差异，因此要注意学思结合，倡导启发式、探究式、讨论式、参与式教学，注重知行统一，注重因材施教，使每一个学生都能获得进步。

（二）以教导学的教学理念

英语教育教学不仅要以学定教，还要有以教导学的理念，以学定教与以教导学是一对对立的统一体。以教导学理念认为，学生不只是知识的被动接受者和使用者，而且也是在教师的指导下能更积极地获取知识的学习者。有效的英语学习就是学生在教师的指导下，根据自己已经掌握的英语知识，不断接受和理解新的英语知识。因此，学习英语不是一味地接受知识，更何况学生本身也不是一个接收知识的机器。学习应该是学生在教师的指导下，根据自己的兴趣和能力，积极主动地去学习。以师生互动的形式来接受知识，这样，学生才能更好地理解并掌握知识。

（三）多学精教的教学理念

高校英语教育不仅是以学定教、以教导学，而且还须多学精教。英语教学不仅是师生之间的互动过程，还是师生之间和外界环境之间的互动过程，更是师生之间情景交融的多向互动的过程。多学精教的教学理念是指在师、生、情境、英语、情意互动的过程中，学生要积极主动地多学、多用，而教师则充分利用具体、客观的情境在学生已有知识、经验的基础上精教知识的重点和难点，以便腾出更多的时间让学生多学、多用。英语教育教学只有在具体的情境中，在学生已有的知识、经验基础上进行教学，才能达到精教知识的重点和难点的目标，并更易于为学生理解和掌握。因为环境是语言现实的体现，如果没有客观的语言环境，那么语言就缺少了存在感，也难以理解和掌握。在学生已有知识和经验的基础上精教新知识，既能节约教的时间，又便于学生理解和吸收，而且新旧知识融合所形成的新知识结构网络也有利于记忆和快速提取运用。在具体的情境中，在学生已有知识、记忆的基础上精教，自然就能腾出更多的时间给学生学习。

（四）不教自学的教学理念

英语教育教学不仅是以学定教、以教导学、多学精教，其最终的目标是不教自学。教是为了不教，不教是为了能自学。终身享受自学的乐趣是学生学习的最终目标，也是学生学习最理想的结果。语言沟通的本质特征是具有双向或多向的交流性和沟通性，而且双方或多方都是不依赖于他人的独立、自主的个体，这就是不教自学的自然境界。

中国特色社会主义外语教育体系强调以学生的发展为本、为重点。除学生以外，教师是一个重要的角色。教育大计，教师为本；教育教学改革，关键在于教师；只有有了好的教师，才可能有好的教育。因此，以学定教和以教导学两者之间具有内在的逻辑关系。教师不只是知识的载体、来源，也是传道、解惑的人。教学不但不能以教定学，把教师作为主体，也不能排斥以教导学，仅仅把学生作为主体。教师应该教会学生学习和运用知识的方法，所谓"师傅领进门，修行在个人"，但这并不是否定教师的作用，而是更多地强调教师对学生的引导作用。因此，师生之间应该互敬互爱，教师应该尊重学生的人格，学生应该尊重教师的付出。

尤为重要的是，英语教育教学不能止步于以学定教、以教导学，还需要通过多学精教才能最终通达不教自学的最高境界。因此，以学定教、以教导学、多学精教、不教自学是一个蕴含内在逻辑联系的统一体，四个方面互动才能达到英语教育教学理想的目标。教师的职责就是教书育人，促进学生的发展。教师把全部的精力投入教书育人中，无论是一件细小的事情还是一堂微不足道的课，都是为了有效激励学生的思想情感，激发学生的求知欲望，促进学生独立学习的能力，同时也体现自身的价值。它更直接地体现在不教自学的最高境界之中。根据辩证法理论，对于学生来说，学习是内因，教师教学是外因。内因是起决定性作用的，外因通过内因起作用，这是以学定教的哲学基础；但是外因能起强大的反作用，因而激励、推动内因的发展，这是以教导学的哲学基础。

三、过程、效率和结果的有机融合

学科教育教学是发展文化知识和人文精神的主要渠道，其中作为主要学科的英语教育教学更是落实发展英语，了解扩展外国文化视野、意识的主要学科。提升英语素养和培养人文精神的场所是课堂，因此，英语课堂教学不仅要注重提升英语素养，同时也要培养学生的人文精神。而英语教育、课程的实施和课堂教学是一个过程，人文精神务必体现在整个英语教育教学过程之中，并使学生在掌握英语的过程中潜移默化地接受人文精神的熏陶。鉴于此，英语教育、课程与教学既要重视学习结果，更要关心学生学习英语知识、发展交际运用英语的能力，以及陶冶情志、扩展世界文化意识、学会学习和形成人格的学习过程。英语教育要遵循学习过程，探索学习规律，不能只强调结果，凭成绩、考试来作为教学质量的好坏。英语教学要重视效率，不能让学生花费大量的时间和精力去评比考试成绩。学习英语的关键还在于减负增效，让学生能花费最少的时间和精力去取得最大化的效果。所以，要把教学过程、工作效率和考察结果很好地结合起来，充分发挥学生的个性，发展学生的情志、潜力、创新精神、创造能力与实践能力。

综上，辩证唯物论和科学发展观的指导意义，既具体体现在以人的发展为本，英语素养与人文精神的整合发展，以学定教、以教导学、多学精教、不教自学，英语素养与积极的学习态度协调发展，过程、效率与结果的有机融合方面，还全面体现在学生的全面发展与个性发展，英语的学与思、知与行，英语知识、技能与交际运用英语的能力，英语与母语、思维与英语、听说读写交际运用英语的能力，学习与习得、交际运用语言能力与综合运用语言能力，输入量与吸收量及输出量之间的关系处理等方面。

四、积极的学习态度

传统的英语教育分离了英语素养与人文精神之间的关系，和英语素养与积极的学习态度之间的联系。学习成了压得学生喘不过气来的重担，从而也造成耗时多、收效微的学与教的不良后果。学生学习英语时，只有以积极的学习态度，自觉主动地动脑、动耳、动眼、动手等多感官多渠道地学习和运用英语知识、发展英语技能和交际运用英语的能力，才能快捷、有效地提升英语素养。积极主动的学习态度是人文精神的重要体现。

积极有效的学习倡导的是学生作为学习英语的主人翁和创造者，关注个性自由发展，积极调动学生学习的主动性，才能使英语学习达到事半功倍的效果。提升英语素养，学生就能逐步树立学习的信心，从而产生学习兴趣，这是学习英语的成就感赋予学生对学习的信心和兴趣。对于学生来说，英语不仅成了他们学习的一门重要学科，更成了生命中一个积极的、富有乐趣的、不可或缺的部分。学有信心、学有兴趣能促进学习、提高学习效率、加速提高英语素养，即使在学习和运用知识的过程中遇到困难和挫折，学生也能主动地去克服困难，而每次经过努力克服困难后，成功的喜悦进而又能促使其学习取得成功，这也能转化为一种成就感。

第二节　高校英语教学的语言学理论

一、语言的本质

语言是人体大脑内在的一种结构，是说话者的智能部分，是大脑的一种创造性的能力。人们能运用有限的语言手段创造出无限的语言行为。语言是一种外显行为。法语区分了语言（langue）和言语（parole）这两个既不同又相对应的核心概念，这种区分方式得到了高度的评价，区分语言和言语两个相对应的术语，对语言学研究语言本质特征做出了重大的历史贡献。因为区分语言和言语这两个既有区别而又有联系的概念，是最能体现语言本质特征的。

语言等同于语言体系（language system）。作为代代相传的一种体系（language as a system），语言包含语音、词汇、语法结构规则，是一种在人的头脑中（或语言社团中）共有的抽象和稳定的体系，是内在于大脑中的一种语法系统或一套普遍规则。因此，语言具有社会性的特征，它决定每个人听、说、读、写的具体形式。

言语是指语言运用（language as used），是指语言"运用"的范畴（as the "executive" aspect of language），是人们说出和听到的话，是人们写出和理解的内容。言语是人们说话表达内容时的内在心智符号和心理生理机制相组合的外化结果。因此也可以说，言语是语句的产出、表达和运用。言语就是运用语言或语言运用，是表现出来的具体内容。它反映讲话人的个人特点，并总是与具体的情境或环境、语境和情意紧密相连的。因此，其经常因时因地而无限动态地变化。相对于语言来说，言语具有个人性、具体性和变化性等特点。

语言和言语既有区别，又有联系。语言是语言的形式，是语音、词汇和语法结构的系统；言语是语言表达的内容，是听到和说出的话语，是运用语言表达自己。这是语言与言语的区别特征。但语言与言语又是紧密联系的两个方面：言语，是一个言语社团说出的话和内容；语言，是从言语中归纳出来的结构形式。一个言语社团说出话的总和，就是该言语社团的语言。

二、语言结构和实际话语

对美洲印第安人百来种土著语言的描写，开创了描写语言学和结构语言学的先河。20 世纪 30 年代初至 50 年代末，结构主义语言学成为世界上占统治地位的语言学流派。根据把语言区分为语言和言语两个方面的观点，可以把语言区分成语言结构和实际话语两个因素。

（一）语言结构因素

语言结构的特征对社团全体说话者来说都是一样的，是语音、语法范畴和词汇等组成的一个严格系统。语言系统是一个语音、词汇、语法习惯的稳定结构，是一个语言社团可能说出的话的总和。

（二）实际话语因素

实际话语（言语）是语言系统未固定的方面，各方面都不相同，而且在系统的特征上都是因时因地和因具体情境无限变化的。实际上，布龙菲尔德描述习惯的、稳定的和严格的语言结构系统与实际话语的区别特点，与索绪尔的语言与言语的内涵完全一致。

三、语言与言语行为

说出的语句可以分成三种言语行为：①说出语句行为（locutionary act），主要是指用语言组成的声音构成符合语法的句子，或用表达某些事物意义的综合体来完成的行为；②用语言做事行为（illocutionary act），是指在特定的语境中、特定的条件下，抱有特定的意向说出语句来完成的行为；③用语言取效行为（perlocutionary act），主要是指用语句完成事件并取得效果的行为。在此基础上又补充了第四种行为：命题行为（prepositional act）。用语言做事包含着命题和言外之力（illocutionary force）。词面、句面意义和言外之间是紧密联系的。所以，说出语句时，四种行为，即说出语句行为、用语言做事行为、命题行为和用语言取效行为是同时实现的。

根据用语言做事行为的四个条件或四条标准，进一步对用语言做事行为进行了分类。这四条标准，一是基本条件：说出语句的意向（目的）；二是真诚条件：呈现出的心态；三是先决条件：合适的方向，即语句与世界的关系；四是命题条件：命题。根据这四条标准能够把用语言做事行为分成五类：

第一，断言行为（representatives），指描述世界上的状况或事件的言语行为，如assert，state，affirm，deny，report 和 conclude 等。

第二，指示行为（directives），指具有使听话者做某些事的功能的言语行为，如suggest，order，request，command，demand，ask 和 insist 等。

第三，承诺行为（commissives），指说话者将承担做某些事的言语行为，如promise，swear，threat，guarantee，offer 和 pledge 等。

第四，表达行为（expressives），指说话者表达对某事的情感和态度的言语行为，如 apologize，congratulate，complain，welcome 和 deplore 等。

第五，宣告行为（declartions），指改变某事的状况的言语行为，如 name，define，declare，resign 和 nominate 等。

四、语言和交际能力

使用语言是为了交际（Language is for communication），作为语言知识的语言能力则是交际能力的一个组成部分。一个具有交际能力的人，必须既具备语言知识，又拥有使用语言的能力。他运用所掌握的语言知识造出了符合语法规则的句子，还运用所掌握的语言规则非常得体地使用语言。因此，如果不懂得使用规则，只是单纯地掌握语法规则，也是没有用的。交际能力的四个特征表现如下：①能分辨并组造出符合语法等规则的句子；②能判断语言的形式环境，并在其中得体地使用语言；③能在实际的语言环境中非常恰当地使用语言；④能清楚语言在实际交往中是常用的和受限定的。因此，交际能力主要蕴含语言知识和语言运用两大因素。第一，语言知识即语言能力，是指语言的语音、词汇、语法结构和使用语言规则的知识，以及用语言做事的功能等知识。第二，语言运用即社会语言能力和语用能力，是指运用语言实现交际功能的能力。

第三节　高校英语教学的心理学理论

心理学原属哲学范畴，直到19世纪下半叶，它才脱离哲学成为一门独立的学科。在短短的100多年时间里，心理学获得了飞速的发展。心理学从成为独立学科起，它就对课程与教学产生了越来越重要的影响，并成为外语教育、课程和教学的主要理论基础。回顾外语教育、课程与教学的历史，它们的变换、更替、发展和创新无不打上了心理学理论的烙印。先后对外语课程产生影响的心理学理论主要有官能心理学、联想主义心理学、行为主义心理学、认知心理学和人本主义心理学。

一、官能心理学理论

官能心理学起源于灵魂官能说和心灵实体论的哲学观，它在一定程度上影响了欧洲文艺复兴时期的拉丁语外语教育、课程与教学。从17~19世纪，西方学校教育以官能心理学为理论基础，始终把拉丁语、希腊语、阿拉伯语等古典语言作为训练心灵的最佳学科。官能心理学认为，人的心灵可划分为不同的官能，它们是可以单独加以训练发展的。而繁杂的古典语言拉丁语的文法是训练学生的记忆能力和提高逻辑思维能力的理想材料，通过讲解、操练语法规则，阅读、翻译课文和原著可以达到发展学生智慧的目的。外语课程的翻译结构形态及后来教育中流行的形式训练说，都是在官能心理学的理论基础上发展起来的。

二、联想主义心理学理论

早期的联想主义心理学认为，人类是通过经验获得知识和观念的，学习是由观念联想构成的。用在迷津状态下的猫进行的动物学习的实验，揭示了动物式学习的过程。人与动物的学习方式无异，都是刺激和反应联结的加强，无须意识的参与，不过人类的学习方式可能要复杂一些。根据实验的结果，准备律、效果律、练习律等学习定律被提出。直接法主张外语的词语与实物、行动之间建立联想关系，这与联想主义心理学相关。外语课程中的直接和情境结构形态的联结也深受联想主义心理学的影响。语言的整个学习过程是形成联想的过程。条件反射是在非条件反射基础上形成的暂时性神经联系，是动物生活适应环境的变化。如果神经联系获得进一步巩固，就会形成动力定型，养成自动化的习惯。后来还出现了两种信号系统学说，即第一信号系统学说（以具体事物为条件刺激）和第二信号系统学说（以词语为条件刺激），引起动物的条件反射。两种信号系统学说认为，词语第二信号系统与具体事物第一信号系统一样都能引起动物条件反射。外语自觉对比法依靠本族语的原则就是建立在已有的母语第二信号系统的理论基础之上的。

三、行为主义心理学理论

行为主义心理学是20世纪上半叶在北美乃至世界各地占统治地位的心理学流派。行为主义心理学把行为而不是意识当作研究的客观对象，否定人的意识作用，认为人的学习行为，包括情绪反应，是"刺激反应联结（S-R bond）"的结果。

行为主义心理学在20世纪20年代有了新的发展，认为在刺激与反应之间存在着中介变量，而以新行为主义为代表的影响最大。用白鼠和斯金纳箱做实验，除了证明经典条件作用应答性行为学习之外，还提出了操作性条件作用的原理，而操作性条件作用模式则又可用来解释基于操作性行为的学习行为。其被称为"强化类条件作用"，并用公式表示为刺激（S）—反应（R）—强化（R）。在行为主义心理学看来，言语行为同非言语行为一样，也是由一连串S-R联结和获得强化而形成的习惯行为。

联想和刺激、反应、强化是学习和记忆的基础，它们是听说法的理论基础。听说法认为，外语学习是形成一个习惯的过程，而习惯是通过刺激—反应—强化来形成和巩固的。

四、认知心理学理论

认知心理学是理性主义猛烈抨击语言学习经验主义的行为主义理论。转换生成语法理论认为，语言是受规则系统支配的，人类的绝大多数语言运用不是行为模仿，而是从隐含着的抽象规则中创造出新的句子，句子不是模仿和重复所得的，而是由学习者的语言能力（内在的语言知识结构）转换而成的。与此同时，认知心理学也反对刺激、反应二元说，认为在刺激和反应之间还存在有机体的思维活动（S-O-R），强调人的心理认识过程。新旧知识同化成新的结构（S-AT-R）理论，个体同化（A）与认知结构（T）之中的观点，掌握知识的基本结构观点和发现法，有意义学习等，都成了外语课程认知结构形态、交际结构形态和教学法体系的认知心理学的基础理论。

五、人本主义心理学理论

人本主义心理学产生于 20 世纪 60 年代的美国。人本主义心理学是当时盛行的行为主义心理学派和精神分析学派这两股思潮相对抗的结果。由于它不同于两股心理学思潮，所以称之为"第三思潮"或"第三力量"（third-force psychology）。它认为行为主义是机械的，忽视人的情感反应，而精神分析学则过分强调人的无意识情绪，怀疑个人动机。与此两股思潮相反，人本主义心理学强调人的主观活动，第一次把"自我实现"和"人的潜能"引入心理学。以人本主义心理学为基础的教育是以"人的能力的发展"为目的的，期盼把人培养成自由的人，达到自我实现的价值，这意味着人格其他部分的发展成长与智力发展同等重要。这样的人才是知情合一的人，是完整的人。学生是作为完整的人而存在的。人本主义心理学强调认知与情志的统一，形成自我实现的人格。由此可见，学校教育要以学生的发展为中心，强调学生的实践，防止抑制学生学习中的身体活动、认知能力和语言活动，并且发扬学生之间、师生之间的探究合作，打造良好的人际关系，来营造一种宽松的心理氛围。这些学说无疑给传统的教育思想带来极大的冲击，也向教师提出了严峻的挑战。

人本主义心理学的思想影响了 20 世纪 70 年代的外语教育，使之先后出现了一系列外语课程结构形态，如社团学习、沉默、暗示、全身反应、自然和合作学习结构形态和方法体系等。

第四节　高校英语教学中的情感艺术理论

一、高校教学的移情艺术

从特定意义上来说，教师的教与学生的学所组成的教学过程实质上就是一系列的情感过程。在实际教学活动中，缺少情感参与的教学是不存在的，如果说情感是教学活动中不可或缺的重要因素的话，那么移情则是这种情感得以显现的存在方式。没有移情参与的教学，是不完整的教学，是教师与学生相互离弃却又在形式上相契合的单边活动。生活中的移情能够使人感受到生活之美，人与社会、自然的和谐，感受到"万物与我一体，天地与我并生"的豪情壮志；艺术中的移情能够使人忘乎所以、酣畅淋漓以至"念天地之悠悠，独怆然而涕下"；人际交往中的移情能使人洞察人心之道，博览世态万象而左右逢源。从时间上来看，在原始社会的原初形态，人类活动的伊始，移情的情感心理就相伴而生了，"万物有灵""图腾崇拜"无一不是这一心理特性的直接体现。从空间上来说，从原始的无文字部落、人群或地域到高度发展的现代文明，都存在着移情现象，人们借此以慰藉干涸的心田和乏味的生活。可以断定，移情就是一种生活常态，缺少移情参与的生活，是不完整的生活。在教学活动中，移情这种情感方式有意识地参与，对提高教学效率、改善教学有效性有着极其重要的方法论意义。如能用适当的形式将移情融入教学活动中，必然能对教师、学生的教学活动产生重要影响。事实上，无论教师有没有意识到自己情感的"移"或是否在课堂教学中保持一种绝对的情感自主权，移情始终以这样或那样的现实方式存在于教学活动中。因此，对教学中的移情现象加以有效控制和操作，形成一种新的教学情感艺术融于课堂不仅是一项新的尝试，也是一个很有意义的开端。

（一）移情艺术概述

对移情现象的理论探讨有着漫长的历史，但成体系的移情理论的形成却是近代以来的事情。20 世纪中期以来，很多国家在浪漫主义和人文主义浪潮的影响下进行了很多富有成效的教育改革，开始注重人的主体性地位和人的情感要素在教学中的重要作用，涌现出了一大批教育实验典型，力图从不同的层面来探讨教育的基本理论问题，探索新教育的出路，强调人的主体性发挥和人格的全面发展。在这一时期，教师和学生的情感问题进入教育理论工作者的研究视野。研究者将心理学与教育学相结合，强调人的个性因素与非智力因素在人发展中的重要作用，并力图将人的情感性要素融入各种教学方法中，借此实现教学方法的创新与人的身心全面发展。在这样一个背景下，移情在笼统而混杂的情感教学法中委屈潜行，在各种鱼龙混杂的情感情境中被冠之"异名"，失去本我。在以往的教学活动中，并不是缺少移情艺术的参与，而是这种移情艺术参与的方式过于"传统"，以至于感受不到其存在；在以往的情感教学艺术探讨中，也并不缺少对移情艺术的探究以及对理论根据的寻求，而是这种理论的萌芽未能将移情艺术作为一种单独的教学情感方法分离出来，天马行空的宏大叙事遮蔽了移情所应有的理论价值和地位。一旦将移情作为一个单独的范畴在教学方法中予以考虑，这种具有流变且动态、沟通主客二体的情感因素便显示出其强大的生命力。

1. 移情概念的源起以及教学中的移情概念

移情概念最早出现在德国美学理论中。1873 年，罗伯特·费肖尔（Robert Visher）在其名篇《视觉的形式感》中，将移情术语第一次引入了美学理论，用来描述视觉对审美心理及情感的作用。费肖尔认为人对自然及自身的外在之物所表达出来的各种形式的关注是一种无意识的行为。在这一关注过程中，作为主体的人将属于人类本能的重要情感要素赋予了自然形式，这种情感赋予的活动便被费肖尔称为"移情"。在《视觉的形式感》一文中，费肖尔实际上是把"审美的象征作用"发展成了移情作用的概念，即将"情感渗进里面去"。移情在费肖尔这里是一个审美感知心理学概念，包含了主体对审美对象的情感投射与渗透的含义，这样就为移情论奠定了基本的理论框架。在费肖尔提出移情概念前后，虽然很多美学家也意识到审美过程中的移情现象，但是都没有用移情这一概念来表述，尽管他们所表述的内容和费肖尔的移情现象非常相似。应该指出，将移情这一概念系统化使之成为一个表达特定意义并在一定程度上成为一个专门的理论范畴，应该归功于德国美学家、心理学家特奥尔多·立普斯（Theodor Lipps）。后来移情这一概念不仅在心理学领域被广泛使用，并且也被当作一种心理技术被广泛应用于教育学、美学等很多领域。在立普斯的《空间美学》一书中，他提出了美感体验中的移情作用，认为审美快感源于审美主体对物的"生命注灌"。至此，移情论广泛传播，从19世纪的哲学到当代的心理学，移情概念始终被看作是一个核心概念。

值得指出的是，"移情（empathy）"概念是一个近代发明，它的前身是"同情（sympathy）"概念，立普斯在早期著作中也未采用"移情"而采用"同情"来表达审美过程中情感的转移或注入现象，由此可见两个词之间有着深厚的渊源。同情是与主体之外的他者共同感受，移情则是进入他者感受。两者的区别显而易见。"进入他者"显然是移情概念最为根本的含义。但是，历史上不同的哲学家、美学家对移情都有自己的解释，并且在探讨移情问题时大都相互批评借鉴，移情论也正是在这样的不断争辩中发展的。那么，如何来理解移情呢？我们从移情的本意入手，将移情定义为在一定背景或特定的情境下发生的主体对客体或主体对主体的情感摄入的单向或双向过程，主体的直接体验是移情发生的必要条件。在教学活动中，移情是指教师与学生之间、教师与教学内容之间以及学生与教学内容之间的一种情感共鸣反应。

根据以上分析以及对移情所下的一般定义，将移情运用到教学活动中便成了可能。教学是教师的教与学生的学所组成的双边活动，实质上是一种以促进学生发展为目的的师生交往过程。需要明确的是，这种师生间的交往，不仅是人与人的直接交往——主体与主体的直接互动与双向交流，还是一种以教学资源为媒介或背景的间接交往。同时，教学还是一种依据"共同经验"的生活。那么，移情在这种交往活动或生活中便具有了多种形式与类型。教学中的移情现象主要表现在以下几个方面。

（1）在教学活动中教师对学生的"生活情感"移入。这种移情以生活经验为基础，是师生在日常生活交往中教师对学生形成的情感在课堂教学中的摄入。

（2）仅存于课堂教学活动中师生"工作情感"的移入。这种移情以课堂教学为背景条件。失去课堂教学的特定情境，就没有这种移情现象的发生。如教师在教学中的主导地位和权威性所产生的情绪情感对学生的影响，或是学生依赖心理所产生的依赖感的摄入。

（3）教师对教学内容的移情，即教师主体对"物"的情感移入。表现为教师以真情实感去体会教学内容，使自己的体验与教学内容一致，以便完成教学任务。

（4）学生对教学内容的移情，即学生主体对"物"的情感移入。表现为学生对教学内容赋予真情实感，将自己投身于教学内容所表达的场景中，从而产生虚拟的情感体验。

2. 教学移情艺术的基本内涵

教学活动并不缺少情感的参与，也不缺少知识的灌输。在知识至上的年代，情感的移入与摄取或多或少地被忽略掉了。知识在教师与学生之间相互转移，在教学内容与学生之间单向移入。"课堂教学过程是一个纷繁复杂的心灵感应场，既有信息知识的传送，思想的交流，又有情感的沟通，师生之间，学生之间，师生与环境之间相互作用，多侧面、多层次，瞬息万变，立体交叉。[①]"虽然，教学中复杂的移情现象仍然在发挥着应有的作用，然而却没有基本的界限来划归移情现象，缺少必要的内涵加以统筹。结合以上分析，我们把将教学中的移情现象加以人为控制，探讨符合教学移情规律的教学方法技艺，将移情运用于实际的课堂教学，由此产生出新的教学手段称作教学移情艺术。教学移情艺术是一种实际的、可操作的方法和技巧，是一种将移情理论条理化、操作化的具体的情感艺术方法。教学活动是由教师、学生以及教学材料共同参与互动的一个交往过程。我们将教师与学生之间发生的移情现象称作教学中的主体间移情；将教师、学生对教学材料的情感摄入或摄取现象称作主客间移情；教师以教学目标为导向，先将自己的情感注入教学材料，感受其情感意境，再将此情感意境传递给学生，引导学生的移情活动，从而使教师与学生形成共同移情体验，将这种移情称作目标导向移情。

对教学移情艺术内涵的理解，不能仅仅停留在以上层面。在上述对教学移情艺术的讨论中，隐含着下述基本认识。其一，移情艺术不仅是一种理论，而且是一种实践化的具体方法。其二，教师是移情艺术的主要承担者，但是不能忽视学生的主体地位。其三，移情艺术在特定的教学情境中展开，并不是所有的教学活动都适合移情艺术的发挥。其四，移情艺术主要涉及的教学要素是：教师、学生、教学内容、课堂教学氛围。在这些基本认识中，蕴含着教学活动与移情理论结合而形成的主客二体互动的移情机制。

3. 移情艺术在课堂教学中的作用

移情艺术是教师根据一定的教学内容，有意识地控制教学过程中的移情现象，把教师与学生的目的、看法和情感联系起来，在教育情境中建立起一个经验共同体，使师生之间亲近和睦、情通礼达。人们在社会中能和平共处，移情起着重要作用。

---

① 陈虹. 中小学心理健康与心理咨询［M］. 北京：中国人事出版社，2005：95.

移情并不是要放弃自己的情感，也不是必须同意他人的观点。移情产生的前提是了解和认识自己的情感。教师只有把握住自己的情感，才能在与学生的交往中体现移情特征。事实上，移情艺术作为一项辅助教学任务的重要情感艺术之一，在教学中同样具有重要作用。我们知道，教学既是一种认知过程，也是一个情感交流的过程。认知与情感既是教学的目标，同时也是教学的手段。因此，事实上，认知与情感在教学过程中是一个相互融合又相互影响的两个重要因素。移情作为教学活动中的重要情感形式，以移情为核心的移情情感艺术必然对教学活动的目标达成、教学过程、学生学习以及教师的教有着显而易见的影响。具体而言，移情艺术在课堂教学中的作用有如下几个方面。

（1）移情艺术有助于教学的情感目标达成。在新课程背景下的课堂教学中，教学目标分类有一个重大的变化，即将原来单一目标（知识与技能）的课堂教学转变为三维目标（知识与技能、过程与方法、情感态度价值观）的课堂。教师通过移情艺术的实际运用，了解学生，设身处地地为学生着想，通过移情感知教学材料的情感意境，再由此将共同经验的情感摄入学生的情感意识中。教师知情达意，学生情由心生。在课堂教学中，移情艺术的有效运用，能够激发学生的情感意识，形成教师与学生、教师与教学材料、学生与学习材料之间的知识交流网络，促成教学情感目标的达成。

（2）移情艺术的合理运用有助于提高教学中的认知活动效率。认知从广义上来说，即认识，是指个体认识事物的完整的心理历程，包括感知、记忆、思维、想象等一系列的具体过程。狭义上的认知即再认，是记忆过程的一个环节。事实上，教学过程中的认知活动，是就广义而言的，用信息加工的术语来说，就是一个信息加工的过程。因此，在教学中的认知是综合多种心理要素共同参与下的一系列的综合过程。移情艺术通过教师有意识地控制教学中的感情投射等移情现象，强调共同态度体验的获得，调动学生积极愉快的情感，为学生的元认知发展提供适宜的内部激活状态，从而提高学生的认知效率。

（3）移情艺术的有效展开有助于学生人格的和谐发展。在课堂教学中运用移情艺术，一方面强调了教学过程是一个情感参与的动态过程，另一方面也使得教学的认知活动有了动力保障，使教学过程不仅是一个获得真知的过程，更是一个令师生身心愉悦的情感过程。在课堂教学中融贯体能、智力、情绪和伦理等各方面的因素，有助于学生成为一个丰富、和谐、完善、健康的人。

（二）移情艺术的原则和要求

应该指出，移情艺术是一种具有深刻情感参与以及具有个性化特征的教学技能艺术。在教育教学实践中，由于教师和学生有着不同的生活经历、思维水平、文化知识背景、态度以及个性特点，两者心理活动的具体过程也具有明显差异。移情在这两个主体间的展开并不容易，一些教师容易曲解移情艺术的特定内涵，或是曲解学生的意图以及行为动机，误解学生的困惑或忧虑，即便教学经验极其丰富的教师也难免会出现这样的情况。假使一个教师缺少对学生的情感体验以及思维意图的揣摩，仅凭自身的经验或感受对学生的行为态度进行臆断，武断地认为学生可能会这样、可能会那样或一定会这样去做、肯定不会做等等，就有可能伤害学生，影响到师生关系的和谐、教学活动的顺利开展以及移情艺术运用的效果等。不仅如此，如果将移情艺术视为放之四海而皆准的普遍原则和方法艺术，不顾教学资源的实际情况随意运用，也达不到更好地促进学生发展的目的。

1. 移情艺术应该根据教学的具体内容予以选择

移情艺术是教师根据一定的教学内容，有意识地控制教学过程中的移情现象，把教师与学生的目的、看法和情感联系起来，在教育情境中建立起一个经验共同体，使师生之间亲近和睦、情通礼达。

教学过程中移情艺术的运用是受一定教学内容制约的，并不是所有的教学活动都适合采用移情艺术。比如，纯理论的教学内容就不利于移情艺术的开展，数学教学的课堂移情艺术在很多时候都没有用武之地。在一般情况下，虽然教师的移情可以在与学生主体间的交往中直接发生，但是如果忽略教学内容单纯地强调教师与学生之间的移情活动，忽略教学目标的实现是以教学内容为现实载体这一实际的话，那么这种教学就很难被认为是真正意义上为了学生发展的教学活动。因此，移情艺术实际上不得不考虑教学内容的具体情况，就目前的实际来看，语言类教学（如语文教学、英语教学）以及思想政治课的教学活动能够为教师移情艺术的运用提供操作空间。例如，在语文的阅读教学课堂中，教师要领会作者蕴藏在文章中的真情实感，将作者用文字表达出来的诗情画意以及情意景象转化成自身情感能感知到的意境，阅读文章材料，驱使自己想象，在教学中引导学生在头脑中创造性地描绘出生动的、具体的、细致的画面，产生一种"登山则情满于山，观海则意溢于海"的移情现象，从而利于教学目标的达成。但是，在这里也有一个显而易见的问题，即如何判断移情艺术在以某类知识为内容的课堂教学中能够有效运用呢？事实上，我们知道，教学活动的完成是一个复杂的过程，不仅涉及到教师的教育教学经验、能力、知识程度以及对学生的了解程度，还涉及到学生的知识背景、经历以及主动性等多样性因素。移情实际上也是无时无刻不在发生的，只是在不同的情境中有着不同的作用及表现形式，即使在不便于运用移情艺术的教学活动中也有着不同的移情现象，差别只在于是否有意控制移情以及是否将其作为主要的教学策略加以运用。因此，我们在教学活动中，应该根据教学的实际内容选择移情艺术运用的范围，以及应该发挥作用的大小，而不应该机械地、照搬照套地运用移情艺术。

2.教师要自我塑造利于移情艺术运用的人格特征

人格又称个性，是一个人的全部行为，包括行为认知方面和情感认知方面的因素，如态度、需要、兴趣、价值以及习惯、信念等[1]。教师的人格特征对学生的成长具有重要影响，并且在教学活动中直接影响着教学的效果和质量。移情是个体内心真实或想象中的他人的情绪状态引起的并与之相一致的情绪体验，教师的人格特征影响着移情的发生、发展、高潮、结束等各个环节。因此，移情能力的高低与教师个人的人格特征有着极为密切的关系。例如，一个武断、主观、冷漠、粗暴的教师常常会误解学生，委屈学生，致使教学中的移情艺术难以施展。如果一个教师对职业和自己的人生具有乐观、积极的态度，乐于帮助学生，理解学生，具有开朗、豁达、善良、敏感、细致、耐心、谦和、宽容等人格特征，就容易达到较高层次的移情。我们认为，教师应该自我塑造诸如宽容、细致、谦和等人格品质，并将其作为一生的目标去追求。

（1）宽容。宽容体现了人格的魅力，凝缩了友爱、体贴、理解和修养。儒家的仁义，墨家的兼爱非攻，道家的静心无为，佛学的慈悲为怀、普度众生，都包含了宽容哲学的基本精神。教师的宽容实质上就是指教师要坚信学生的本性是善良的，每一个学生都有完成学习任务的能力，孩子的问题不过是镜子上沾染的灰尘，拭去了灰尘，镜子依然光彩照人。宽容要求教师接纳孩子的弱点，视学生犯错误为必然。

（2）细致。教育本身就是一项培养人的、细致的实践活动。苏霍姆林斯基曾这样描述道："在每个孩子心中最隐秘的一角，都有一根独特的琴弦，拨动它就会发出特有的音响，要使孩子的心同我讲的话发生共鸣，老师自身就需要同孩子的心弦对准音调。""我每天见到孩子们的时候，都会细看他们的面庞。孩子忧伤的眼睛可能是教育的复杂过程中最难捉摸的东西。如果孩子心里难过，他好像一根绷得紧紧的琴弦：只要不小心轻轻地触动一下便会招致痛苦。"[2] 如果教师在教学过程中，缺少对学生细心、细致的情感关怀，对待教学马马虎虎，备课不认真，上课随意拖沓，不注意自身形象等，在教学中必然与学生产生难以消除的隔阂与鸿沟。移情艺术需要教师的细致工作以及学生的积极参与。因此，教师细致的个性品质的养成，对移情艺术的有效开展至关重要。

（3）谦和。教师傲慢、骄横的态度必然会引起学生的不满，一个具有亲和力的教师才是学生心目中理想的形象。教师的谦和态度意味着教师能够弯下腰去和学生平等对话，能够关注学生与自己的心理距离并适当做出调整，学生对教师的信任往往也是来自教师对自己的谦和态度。事实上，教师的谦和是移情展开的重要保障，教师如

---

① 伯格.人格心理学.陈会昌，等，译.北京：中国轻工业出版社，2004：4.

② 苏霍姆林斯基.教育的艺术 [M].肖勇，译.长沙：湖南教育出版社，1983：21、35.

果没有谦和的态度，就很难静下心来体会、感悟学生的感情以及教学材料所传达的意境。

3. 教师要关注学生课堂教学外的情感世界

教师不仅要关注学生在教学中的情感活动，还要关注学生在课堂教学之外的情感世界。教学活动并不是孤立于生活世界封闭的独立活动，而是从社会生活中分离出来的一项相对独立的、以传授生产生活经验为主的师生经验交往过程。我们知道，教学中的情感活动与情感性行为和课堂教学外的情感活动具有密切联系，教学中的情感甚至是学生课堂外情感活动的延续和集中体现。一旦忽视了学生教学外的生活世界，不了解他们在生活中的实际情感活动，必然不能对课堂教学中学生的情感活动有较为深刻的把握。

（1）校园文化是了解学生情感世界的基本途径。校园是学生生活的主要环境，校园文化汇集着学生的各种行为方式以及思想倾向，还是一所学校独特风格的重要内容。实际上，校园文化是包含了人际关系、纪律要求、活动规范、校园建筑风格以及学生间的彼此关系等的一个大杂烩。校园里的各种物质景观积淀着历史、传统、文化和社会的价值。如走廊上的名人警句，时刻启发、鼓励学生在知识的海洋中奋力拼搏，激励着学生奋发向上的情感；教室里粘贴的校训校规、班训班规,时刻提醒、激励学生；教室内的评比栏、奖状、流动红旗等都无时无刻不对学生的情感产生影响。尤其是学生在课堂教学外的交往活动、游戏形式、共同的兴趣爱好，以及处理师生、生生之间关系的方式，对学生的情感世界具有重要影响。因此，教师要经常地深入学生的日常生活世界，去体会、感悟学生的生活情感。

（2）关注学生普遍的价值观念和思想动态。我们知道，每一代人都有属于其特定时代特征的行为方式和特点，尤其是中小学生的经验世界以及他们的内心世界不易被成人所感知、体会，虽然每一个成年人都有着童年的经验。因此，在师生交往中容易产生一种倾向，即教师凭借着自己的经验去理所当然地认为学生会这样去做，会那样去做，他们在平时会做些什么，会与哪种类型的人成为朋友，如此等等。事实上，虽然教师有可能判断正确，但是很多时候这样的臆断与主观猜测往往是有问题的，以至于我们在看到或听到很多孩子表现出我们所不能理解的行为、做法的时候，经常会有"吾已老矣"或者"世界变化太快"的感慨。由此可见，关注学生普遍的价值观念和思想动态是了解学生的主要途径，也是最行之有效的方法。

4. 教师要有一颗真诚的心

教师不仅是一种职业，还意味着一种资格。显然，移情艺术的合理运用需要教师具备精湛的教学技艺以及一定的教育教学理论知识，这是教师在教学活动中将移情艺术发挥得淋漓尽致的必备条件。但是，缺少"师爱""师心"参与的教学，移情艺术也只能发挥有限的作用,甚至适得其反。教师对学生有一颗真诚的心,是学生产生自尊、自爱、自信的重要精神力量;学生对教师的信念与支持,则是移情艺术得以发挥的重要精神保障。学生期望教师的爱和真诚,教师在付出真心与爱的同时,也不能失去原则,一味地溺爱、宠爱学生。教师要做到宽容有度、严慈相济,理解和尊重学生,对待学生要友好、和善和亲切,不能粗暴、压制、体罚或变相体罚学生,不能动不动训斥、辱骂、讽刺学生。教师对学生的真诚,是一种催人向上的力量,是激励学生心灵的钥匙。教师对学生的爱不是对少数学生的爱,必须是对每一个学生的爱,尤其要多给差生一点爱。喜欢好生、讨厌差生的这种主观偏见与移情是不相容的。

(三)移情艺术的步骤和策略

1. 实施步骤

(1)备课时入情、倾情。

教师在备课时要以景入情、以情入境,入情、倾情,酝酿移情。我们知道,课程内容(教材)自身就是情感发生的源泉,在课堂教学中要充分挖掘教材中的情感因素,并运用恰当的手段、方法移情于学生。只有在备课中入情、倾情,才能在教学中生情、移情。正所谓"缀文者情动而辞发,观文者披文以入情"。需要指出的是,教师在备课时不能仅仅停留在入情或者体验课程内容中的情感,还应将自身的情感倾注教材、教法上,做到"情动辞发",才能取得好的效果。

(2)授课时动情、抒情。

第一,讲解要动情。在课堂教学中,教师自己动情,才能让学生动情、生情。教师在对课程内容、环境充分且深刻把握的基础上,辅之以动情的表达,才能让学生在潜移默化中融入教师所创设的情境中,也能通过自己的情绪体验与情感因素让学生产生共鸣,使移情在不知不觉中发生。

第二,表达要抒情。在课堂教学中,教师要把所体验到的"胸中之情"用外显的方式准确表达出来,把自己体验到的情感以艺术的形式抒发出来,与学生的情绪情感体验产生共鸣。需要指出的是,教师仅仅运用逻辑性、哲理性的语言是远远不够的,通俗易懂、生动形象、幽默、具有趣味性、情感化的语言更容易使学生产生移情的心理体验。无论是教师的独白,还是师生的对话,无论是说明论证,还是叙述抒情,都离不开情感的交流,都应该体现语言的达情功能。高明的教师在动情、抒情时,应实现语言表达与非语言表达的完美结合,从而取得最好的移情效果。

(3)评价时理解、尊重。

第一,移情性理解学生。所谓移情性理解学生是指教师在情绪、情感和理智上都处于学生的角度,而不是以成人的眼光和心态来考虑问题,变换角色来处理问题。

一是要充分了解学生。这是移情的前提，要对学生的年龄特征、时代特点、能力、气质、性格、需要、兴趣、价值观、人生观等个别差异性有所认识，还要了解学生的行为动机，特别是学习的动机。二是要充分尊重学生。尊重学生首先要尊重学生的人格，把学生作为与自己平等的人来对待，允许学生在思想、感情和行为中表现出一定的独立性，给他们提供更大的独立的活动空间，还要尊重他们的自尊心，尊重他们的意愿，尊重师生的情谊。三是要与学生分享自己的经验和情感。在课堂教学中，教师如果能够以"较真实的我"而不是"教师角色"出现在学生面前，能使教学过程更加轻松、自由和富有个性，会收到意想不到的效果。

第二，移情性评价学生。移情性评价，就是教师以平等的身份和同情的态度，设身处地地结合学生所处的客观环境及其内心想法和感受来评价。进行移情性评价，应该从学生的角度来分析、评价学生的言行，不要忽视具体情景，作简单归因推论，凭主观判断事件的性质。不要混淆事实与谣传，作主观臆断，要进行调查研究，以事实为依据，不能以感情或个人的好恶取代评价事实。

2. 移情艺术的基本策略

（1）情绪追忆。情绪追忆是教师运用言语提示，启发、诱导学生回忆自己在过去生活中亲身感受到的最强烈的情绪、情感体验，引导他们对情感体验产生的情景、原因和事件的联想，加强情感体验与特定社会情景之间的联系，从而使学生能更好地辨别和区分各种情感，如高兴、快乐、生气、害怕、难过、伤心、着急等，从而为移情教学提供必要的感情基础。

（2）言语唤醒。言语唤醒即通过教师的语言活动（提示、描述、讲解、分析等），引导学生进入教材所营造的特定情感氛围，理解不同的人在不同的社会情景中的想法、观点和感情，促使学生觉知、辨别他人的观点及发展进入他人角色的能力，从而提高他们的认知水平和理解力。在此过程中，教师要注意在教材所包含的情感内涵、空间与学生原有认知、情感水平间寻找最佳契合点，这是言语唤醒成功的关键。当然，这对教师本身的言语水平和审美素养也有较高的要求。

（3）角色扮演。角色扮演即教学中组织学生在学习理解教材或相关材料的基础上，营造特定的情景，让学生分角色进行表演，通过对话、独白和形体动作、面部表情等形象地展示教材内容。让学生在角色扮演中体验不同的情感，加强学生觉知、识别、理解和评价不同的情绪、情感的能力。教师要鼓励情感反应，肯定、强化学生正确的情绪、情感反应。在此过程中，教师要做好叙述言语的引导，让学生在表演与观察中评价辨别各种情绪、情感反应，进而实现情感换位。

（4）作品深化。作品深化是对上述活动的引申，它提出"人，应当设身处地、将心比心"的概括性主题，并让学生记录自己的真情实感，其作用在于把学生引向更高的社会认知层次，使他们不再拘泥于具体情景，而能够掌握抽象的普遍性原理和规范。所有这些课堂移情性操作，最终要使师生双方获得和谐的移情体验，形成师生之间、生生之间的同步共振、同声相应、同气相求的情感共鸣，推动课堂教学质量的进一步提高，实现教学效果最优化。

二、高校教学的体验艺术

教育的终极目标是追求人的全面和谐的发展，即学生主体人生的整体丰富与完善。学生的主体体验性，则是人的主体性在教育活动中的哲学延伸与细化。作为教育对象的学生，以感官觉察为基础，在课堂教学中进行更为复杂高效的认知建构。学生是感性与理性相结合的个体，具有自主、自为、能动、能为的特征。从哲学角度讲，参与教育活动的学生，既是本体论的认识主体，又是认识论的能动本体，集生理与心理、感性与理性、情感与思想、历史与社会交融的复杂状态，而这一切状态，都是以学习者参与活动现场的体验性为基础。因此，全面深刻地认识教学中的体验现象，并加以有效的控制和操作，对形成一种新的教学情感艺术，具有重要作用。

（一）体验艺术概述

1.教学中体验的概念

体验，直观地说，即心灵在场，它是主体在历时性的知、情、意、行的亲历、体认与验证[①]。体验既是一种活动，也是一种过程，是生理和心理、感性和理性、情感和思想、社会和历史等方面的复合交织的整体系统运动。体验的过程正好内在地吻合于教育过程中学生主体对外在世界的接受与内化的过程。教育学意义上的体验既是一种活动过程，又是一种活动的结果。作为活动过程，指学生在亲身经历后获得相应的认识、情感和个性发展。作为活动结果，指学生从其亲身经历中获得的认识结果、情感体验和发展状态。

体验作为一种主体心灵在场和感性经历，是一种概念与理论在学生心理结构中的转换、演变和实验，是一种情感的体味，有着自由创造性、自主选择性、情感通融性、形象直观性和操作实践性等特征。因此，将体验运用到教学中，就具有现实的价值和意义。一般来说，教育学视野中的体验，可以从以下几个方面进行理解。

（1）体验本身是教育要达到的目标。教育不仅要让学生获得各种知识的滋养，而且要让他们对世界的感受和体验更加丰富，发展他们对生命意义的深切感悟。教育最根本的目的是培养人不断地体验和感悟世界的意义和人本身存在的意义，是充分关注人的生命体验，关注人的全面发展，使学习者成为自我生命的体验者和创造者。

（2）体验是教育的过程之一。教育过程不只是一种对客观世界认识的过程，而

---

① 沈健.体验性：作为学生主体参与的一个重要维度［J］.人大报刊复印资料，2001（8）.

且是学生在教育情境中不断体验的过程，是学生体验生命成长的过程。学生的学习活动是学生主体知情意地全身心投入，是他们生命的全面开展。知识、经验以及其他教育影响只有通过学生自己去体验才能走进他们的内在精神世界，成为他们生命的一部分。

（3）体验是达到教育目标的方式和手段。借助体验这种方式能更好地达到素质教育、审美教育、学科教育的目标。课程教学应通过创设开放的、个性化的情境，让学生通过多种渠道发挥自己的潜力，使学生的心灵得到充分的发展。

2. 体验艺术的基本内涵

体验式教学是以体验为基本特征的一种教学形式。教学范畴的体验分为实践体验和心理体验①。体验艺术主要指在教学中教师积极创设各种情境，引导学生由被动到主动、由依赖到自主、由接受性到创造性地对教育情境进行体验，在体验中化解消极情感，纠正不当认知，引导学生充分感受体验的快乐和成就，从而达到促进学生自主发展的目的。体验艺术不仅是一种教学形态，也是一种有助于学生主体性发展的教学思想，体现了素质教育的教学价值观。体验艺术有利于确保学生的主体地位，有利于加快知识经验的转换，有利于促进情感的生成，有利于培养学生的创新意识和创新思维。其内涵可以从以下几个方面加以理解。

（1）教学的体验艺术以"在体验中发展"为指导思想。学生的主体发展是教学的出发点和归宿。教学的关键是创造条件和机会，让学生作为学习的主体去体验，在体验中完成学习对象和自我的双向建构。

（2）教学的体验艺术以体验作为主要途径。借助体验来真正确立学生在教学过程中的主体性，使学生享有更充分的思想和行为的自由发展及选择的机会，最大程度地获得身体和心灵的解放，使学习主体化、主动化。

（3）教学的体验艺术特别关注教学的情感体验。将教学目的蕴含于过程之中，关注体验过程本身对学生的学习态度与行为方式具有一定的指导价值。

（4）教学的体验艺术中的师生关系是"我—你"关系。教师是面向学生的说话者，更是体谅学生的倾听者。在教学过程中，教师自己也获得发展。师生通过教学中的交往、对话、理解，达成"我—你"的关系，在对话中共同享有已有的经验，共同体验着新知的形成，感悟着生命的意义与价值。

3. 体验艺术的基本特点

体验艺术作为一种主体心灵和感性经历，是一种概念与理论在学生心理结构中的转换、演示和实验，有着自主能动性、具体形象性、行为实践性和情感通融性等特征。

（1）自主能动性。体验是学生的自主活动，即自主选择、自主判断、自主内化

---

① 肖海平，付波华. 体验式教学：素质教育的理想选择 [J]. 教育实践与研究，2004（1）.

的活动。通过丰富具体的感性体验，学生内在的道德需要在人文趋向中逐渐生成一种自我意识，进而转化为一种主体的自我约束、自我教育和自我发展的能力。

（2）具体形象性。体验作为学生的感性活动，是具体情境中学生各种心理活动由外而内的能动反馈。在这个动态过程中，学生心理结构中语言化、意念化了的内容，大都具有直观、形象、具体等特征，这对学生整体心理要素的发展、提高和完善有重要的作用。

（3）行为实践性。体验作为主体由外而内聚焦的过程，最终会以主体再度外化的行为而表现出来。同时，体验过程本身需要借助具体的实践实体，人内心的知、情、意与表层行为具有共时性，二者互为表里，双向推动，进一步彰显体验性的作用。

（4）情感通融性。情感是人对客观事物的态度体验，本身具有强体验性。情感有积极和消极之分，我们应该倡导的是积极、健康、充满活力的情感体验。即教师通过一定的教育策略，创设个性化的情景，立足于学生内在的动机与需要，激发学生的情感体验倾向。同时，情景具有的通融性，可以沟通学科鸿沟，避免惰性知识的学习；还可以培养学生的人文合作精神，以博大无私的人文情怀，建立人与社会、自然的协调共存的精神秩序。

（二）体验艺术的原则和要求

1. 体验艺术要关注学生生命的完整性

学生作为一个独特的生命体，是理性与非理性的统一，散发着感性与理性的魅力。体验艺术关注情感、理智、直觉、意志、信念，是多种要素的和谐统一。没有感性的理性，是缺乏人文气息的、死板而僵硬的；没有理性的感性，是盲目冲动、缺乏预见性的。因而在人的生存状态中，生命的情感活动和理智活动是互相补充的关系，正是在情感和理智活动的互相影响和互相补偿中，人的本质才得以实现，人的存在才有了完整的形象。这就要求体验艺术必须基于人的完整生命的成长，使学生能在体验和反省的基础上，将学习内容引入内心世界，再对特定的学习内容认知加工，与自己的生活境遇和人生经验融合在一起，进而体验知识的生命价值和意义。

2. 体验艺术要做到尊重学生的个性化与独特性

从哲学的角度讲，存在先于本质，也就意味着学生首先是一个独立的存在，然后才具备各种时代性和社会性本质，表现为每个学生都是独一无二、不可复制和替换的，都散发着明显的个性与独特性。可以说，每个个体都以自身的独特个性与周围世界发生着千丝万缕的互动，创造着属于自己的内在生命世界。因此，教学的体验艺术要求教师要能做到尊重每一个学生的个性与独特性，研究把握每个学生独特的学习风格，引导学生在体验中生成自我价值的成功体验，最终能够做到让学生在社会化过程中，成为具有鲜明个性的社会人，也就是能在社会生活中"做自己"。体验艺术要能够提供适合学生个性与独特性的教的方法与学的方式，这样的教学，才具备完整的生命意义。

3. 体验艺术要尊重学生生命的生成性

从哲学的观点看，人的生命存在具有鲜明的未完成性与非特定化，也就是一种衍生性与不完善性。带有发展的不确定性的学生，总是处于不断的变动与生成中，这也意味着无限的可能性，这个可能性给予学生个体更大平台的创造性。因此，体验艺术不能忽略学生生命状态的应然与实然，用预先设定的目标僵硬地规束、限定学生，只注重成人世界预设的未来，而是要能做到关注学生的生成创造空间，为学生提供各种生命体验，为其各种可能性搭建情境平台，引导出学生内在的力量，使得教学本身的预设作用成为学生个体生命生成的独特保障。

4. 体验艺术要引导学生的自主性

人是作为独特的生命存在与周围世界互动生成，完成生命的成长的，其本质就是具有社会存在所彰显的时代性与社会文化性。但是，作为独特生命个体的人，并不是被动的存在与生成，而是具有浓厚的个性特征的自主性，主动积极地与周围世界发生建构。可以说，人天生具有自我认识与自我发展的本能，在此基础上，力图对自己的存在进行自我认识并作出解释。从这个角度讲，作为自主的学生个体，本身具有自我发展的本能，对周围世界有着浓厚兴趣，喜欢去探究外界环境，并在这个过程中实现自我生命的成长。因此，教学必须要能够引导出学生与教学活动之间的积极互动，保护学生内在的自主性与积极性。如果教学忽略学生与生俱来的求知探索欲，消极地灌输知识给学生，那么学生最终会厌学，将学习看成是外在的、与之无关的束缚与压力，因为学生从中感受不到自我生命的力量和自我存在的价值。体验艺术要求教师关注学生的内在自主性，承认学生具有自我教育的欲求与能力，让学生在学习过程中体验主动探究的乐趣，在体验中认识自我、提升自我。

（三）体验艺术的步骤和策略

1. 体验艺术的实施步骤

教与学是不可分割的整体，两者必然是和谐、同步前进的。体验式教学的各个环节都突出了学生体验的地位和作用。

（1）备课时鼓励学生参与体验。教师在备课时，已了解和掌握了学生的学习水平和思维能力，以此为基础，精心设计教学，充分考虑如何激发每个学生开动思维机器。在上课的起始阶段，鼓励学生主动积极地参加体验，创造良好的课堂气氛，并贯穿于课堂教学全过程。教师要培养学生课前预习的习惯，在教学前，让学生好好体验课文内容。这一体验不仅是要读懂课文内容，而且要求学生在体验课文时进入主体角色。

（2）课堂教学中引导学生体验。当教师踏上讲台之后，首先要使学生的注意力高度集中，尽快进入状态。教师可先不必考虑如何将学生的思维纳入自己的轨道，而是要致力于让每个学生都开动思维机器，不怕学生想偏，甚至进入思维的误区，只怕个别学生对教师的点拨无动于衷，处于思维静止状态。一般来说，在上课起始阶段，同一个班级的学生群体，体验的方式和程度是不可能达到一致的。这就是说学生群体处于思维震荡阶段，也是体验的最初阶段，教师要善于引导学生进行体验。

（3）在练习或实践中强化体验。为了使学生进入体验的高级阶段，就要使学生再次体验。这需要学生通过亲身实践活动来完成。教师根据自己学科的特点和实际需要，或让学生动手实践操作，或进入开放式的练习。开放式练习不是简单的模仿性作业，而是对书上的练习适当改良，或另行设计，让学生在练习过程中，有一种"为什么要这样做"的体验，也就是进入再次体验阶段。

（4）评价体验的质量和效果。教学评估是教学中的重要环节，体现在两个方面。一是评估的双向性，评估不仅是教师检测学生的学习过程中知识和能力的掌握情况的手段，而且也是检测教师的教学效果和存在问题的手段；二是评估的公开和公平。对学生来说，评估不能只关心分数，而要通过评估来体验错误，认真总结错误究竟有哪些，各类错误之间有什么联系，其产生的主要原因以及怎样矫正。同样的，教师也要做相应的反思，并帮助学生矫正学习误差。

（5）在总结复习中让体验升华。教学在一个单元或一个学期结束之后，需进行总结和复习。体验式教学法和传统教学法相比，主要的区别就在于教学过程中的总结和复习，是否成为学生再体验以致达到认识飞跃的过程。教师的主要责任在于引导学生概括，也就是指导学生自己完成对学校的知识内容的高度概括，让知识概念化、系统化、综合化，真正成为学习的主人。学生在这一过程中，实现了认识的飞跃，体验了学习的成功，增强了学习的动力和信心。

2.体验艺术的策略

（1）学习是"体验—认识—再体验—再认识"循环渐进的过程。体验艺术以学生动手操作、直观感受、模拟真实等活动方式，引导学生获取感性材料，进而认识抽象的概念。学生可以在活动之前先接受在生活中早已有的概念并在活动中加以运用，用"试一试""比一比""做一做"等体验方法，将"抽象"演绎到"具体"的再现，使之成为丰富思维的活动。学生正是在这种"体验—认识—再体验—再认识"的创造性活动中，通过"体验"与"认识"的交互作用，促成自己行为和认知的统一。

（2）倡导独立思考，在学习的主体体验活动中，学生是主体。要通过教师的引导把学生活动的积极性最充分地调动起来，多给学生自由活动和展示自己的机会，使他们处于主动实践、积极思考的探索状态，独立地观察、比较、联想、归纳。在实践活动中，去感受、去发现、去评价，从而建构属于自己的知识，逐步发展体验学习的能力。

（3）突出教学实践性，体现动手动脑相结合教学的体验艺术主张。让学生"做中学""学中做"，在实践中体验，而不是简单地用耳朵听，动手做，更要动脑想，用心去体会。要调动全部感官系统和思维机器，全身心地投入，会动手、会观察、会思考、会倾听、会表达、会批评、会创造。

（4）突出教学法指导，变"授人以鱼"为"授人以渔"。教学的体验艺术认为，知识不是通过教师的传授就能够得到的，需要学生在教师的指引下，通过自己实践获得。即学生在开放的情境中，通过教师的引导和学习伙伴的合作帮助，自己亲身实践以建构知识。这不仅要求学生成为学习活动的主体，知识的主动建构者，而且要求教师成为学生体验活动的引导者和合作者，创设情境，提供信息资源，支持学生的探索实践，使"学会"变成"会学"。

（5）建立新型的师生关系，增强教学的民主意识。教学的体验艺术是一种互动的交往形式，强调重视师生的双边情感体验。教学过程中既是师生信息的交流过程，也是师生情感的建构过程。教师应能做到尊重每个学生的人格，民主平等地对待每一位学生，重视每一位学生，欣赏每一位学生，倾听每一位学生的意见，接纳感受，包容缺点，分享喜悦，让学生体验到亲切、温暖的情感，从而产生积极的情绪和良好的心境，在积极向上的精神状态下愉快地学习，并能主动克服困难，奋发进取。

三、高校教学的宽容艺术

宽容是中华民族的传统美德之一，也是宝贵的教育思想，人们早在尧舜时代就已经提出"汝作司徒，敬敷五教，在宽"的要求。"为善之端无尽，只讲一让字，便人人可行"，道出了宽容的真谛。有了宽容，人类才一步一步迈向更高的生活境界。对于天真无邪的孩子，教师的每一次信任和宽容，都可能创造出一个新的奇迹。苏霍姆林斯基说："教师的职业意味着他放弃了个体喜怒哀乐的权利，使自己胸怀宽广。"

（一）宽容艺术概述

苏联教育家苏霍姆林斯基讲过这样一个例子：一个名叫巴甫里克的学生，在刚入学的时候，是一个活泼的、好动的、好奇心强的孩子，而过了不久，他就变得沉默寡言，过分地守纪律，听话和胆小了。为什么会这样呢？原因是他的女老师经常愤怒，过分的严格，把他定为"思维迟钝的儿童"，并广为宣传。这种情况直到小巴甫里克小学四年级毕业时也没有什么好转。到了中学以后，一位善解人意的植物学老师才把小巴甫里克的才能发挥出来，后来巴甫里克成了一位农艺师。我们不妨设想一下，如果小巴甫里克从一入学就遇到一位善解人意的老师，受到公正的待遇，潜能得到开发，也许他还有可能成为巴甫洛夫式的大科学家。

1. 教学中宽容的概念

　　什么是宽容呢？不同的学科、不同的视角，有着不同的解释。《大不列颠百科全书》对宽容的解释是："容许别人有行动、判断和自由，对不同于自己或传统观点的见解的耐心公正的容忍。"[①] 美国政治学家迈克尔·沃尔泽在《论宽容》一书中认为："宽容被理解为一种态度或一种心境，它描述了某些潜在的价值。"[②] 范进从哲学的角度分析："哲学的宽容也就是允许别人有进行哲学思考、并表达这种思考的权利，承认这种思考有一定的理由和价值。宽容关系到人的自由问题，而自由是哲学的精髓。"[③] 张祥明从文化的视角出发，认为"宽容是一种以价值多元化为基础的理性化的观察和分析问题的方法。具体地说，宽容意味着对价值多元化现实主体的承认、尊重和平等看待，意味着对不同价值标准的客观理解，意味着对自己价值观念的执着和恪守。宽容体现的是一种欢迎不同观点而有是非、立场明确而不偏执的精神。"[④]

　　在教育学领域，宽容教育历来得到诸多学者的重视，我国古代学者老子、孔子都对此进行了诸多论述。1996年联合国教科文组织通过了一份意义深远的报告《教育——财富蕴藏其中》，报告中提出"宽容教育和尊重他人的教育作为民主的必要条件，应被视为一项综合性的持久事业[⑤]"，宽容教育得到了越来越多的关注。对于教师来说，宽容是教师的良好心态，是一种崇高的心境，一种高尚的专业素养。

　　宽容与纵容不同。宽容艺术，绝不是指教师可以放纵学生的错误思想和行为，而是指教师与学生在教育教学过程中互动的技能技巧，以教师对学生的高度责任心和严格要求为基础，提供给学生以改正和发展的机会和空间。可以这么说，教师的宽容艺术本质上就是用热心、爱心、耐心、责任心和公正心来对待学生，完成教育教学，促进学生的发展。

　　在教学过程中，尤其面对年龄相对较小的中小学生，和进入逆反期的高中生，经常过度批评指责和干涉学生的教师，往往得不到学生的爱和信任，甚至会伤害学生的心理，使学生内心麻木茫然，师生关系紧张，最终导致教育的失败。宽容学生，意味着教师发自内心热爱学生，理解学生，懂得保护学生的心灵。苏霍姆林斯基说："皮带不仅会使脊背失去知觉，而且会使心灵和感情麻木不仁。"教育中的师生关系应是以自由、平等、以人为本作为基础的，而宽容更能体现这种爱的真谛。

---

① 贺来. 宽容意识 [M]. 长春：吉林教育出版社，2001：1.

② 沃尔泽. 论宽容 [M]. 袁建华，译. 上海：上海人民出版社，2000：11.

③ 范进. 论哲学的宽容 [J]. 深圳：深圳大学学报，1994（4）.

④ 张祥明. 宽容：庄子的认识论精神 [J]. 曲阜：齐鲁学刊，1998（6）.

⑤ 联合国教科文组织中文科. 教育：财富蕴藏其中 [M]. 北京：教育科学出版社，1996：45.

2. 宽容艺术的含义

心理学家奥尔波特（Allport）从人格心理学的角度分析，指出宽容品质的内涵。首先是换位思考，全身心地站在他人的角度；其次，进行自我反省，克制自己；最后，采用全面发展的观点看待事物发展，容忍别人的行为和言语。对于学生而言，意味着教师要为学生提供充足的空间来发展、表达自己，提供适当的帮助和关心，尊重学生，让学生在接纳、理解的环境中完善自己；对于教师而言，需要教师拥有高尚的人格魅力，扎实的专业素养，强烈的爱心和责任心，以情感教化学生，师生之间建立良好的关系；对于整个学校而言，宽容艺术的应用意味着学校的制度充满人性化，创造和谐、自由、积极、接纳和鼓励的校园文化，注重情感教育，引导学生学会生存、学会生活、学会发展。

不论是将宽容定义为一种哲学观念和价值体系，还是将其定义为一种方法态度、处事技能技巧，都可以彰显出宽容内涵中所蕴含的理解、包容和尊重。教学中的宽容艺术并不失其本真，意味着教师对学生的理解、包容和尊重，不仅对学生发展过程中出现的过失、不足、错误、失败，也包括对学生个体多样性的接纳、理解和尊重，对学生持发展的态度，给予充分的信任和欣赏。这样的宽容艺术，包含着教师对学生的热爱，对学生独立人格的认可和尊重，以及对学生作为成长中的个体的包容和期待，既是长辈对晚辈的鼓励、教育，也是平等个体的相互接纳和认可。这需要教师拥有强大的内心，高尚的人格魅力，深厚的专业素养，以及对职业的热爱和投入。我们无法想象，一个对自己的专业不自信，对人生充满消极悲观之情，缺乏高尚人格，对自身职业厌倦的教师，能对处于成长中的学生拥有宽容的态度。

3. 宽容艺术在教学中的作用

从宽容艺术的内涵可以看出，宽容是教师人格魅力的体现，是一种美德，宽容精神尤其应该成为现代教师必备的品格之一。

（1）宽容艺术是学生个性化、主体性发展的有力保障。叶圣陶说："受教育的人绝非没有生命的泥团，谁要是像捏泥人的师傅那样，一本正经地把一个个泥团往做好的泥人模子里按，他的失败是肯定无疑的。"[①] 学生作为活生生的个体，有其独特的、个性化的成长历程，没有哪个学生跟另一个学生是完全一样的。正是学生的多样性造就了教育的复杂性，因此需要宽容艺术在教育教学领域的运用，以保障学生能得到个性化和主体性的发展。个性化意味着"我将成为我，你将成为你"，没有一个统一的模式让学生在接受教育之后成为某一类相似的人，每一个人都可以在宽容的氛围中得到自由的发展；主体性主要指学生的发展是发自内在的需求，是主动的、积极的，而非泥人一样被动成型。个性化和主体性的发展都需要学生身处一个充满理解、包容、

---

① 杨斌. 什么是真正的教育：20 位大师论教育 [M]. 福州：福建教育出版社，2009：194.

接纳和尊重的环境，按照自己的轨迹成长。而这一切，正是宽容艺术的真谛，也只有宽容艺术的充分应用，才能保证学生真正得到个性化和主体性的成长。

（2）宽容艺术是良好师生关系的助推器。师生之间关系紧张，很多时候是由于教师对学生的要求与学生自身的实际情况出现矛盾，教师对学生或提出了远远高于学生所能达到的标准，或提出了与学生实际情况不符合的论断，引起了学生的反感和不信任。这里本质上就是教师对学生缺乏包容、理解和接纳。杜威说："生长的首要条件就是未成熟状态。未成熟状态就是一种积极的势力或能力，一种向前生长的力量。"①作为教师，要能从理性和感性的角度明白，正是因为学生处于未成熟状态，所以才需要教育，才有教师这一职业的立足之地、安身之本。如果学生从出生开始就如小马一般能自行独立生存，那教师的存在也就失去了价值和意义。学生不成熟，就会有很多空白需要去填补、发展，也正是由于这种不成熟，才导致学生能有强大的主动性和积极性去寻求发展，以得到更好的生存境地。明白了这一层意思，教师就能理解学生，提出学生所能达到的要求，接纳学生暂时的不足，信任学生是喜欢学习的，相信每个学生都会成为可用之才。这样，师生之间就不会存在那么多的隔阂，就不会导致紧张恶劣的师生关系。

（3）宽容艺术能为师生双方提供良好的心理环境。宽容艺术有利于良好师生关系的构建，也有利于良好的心理氛围的营造。在一个充满宽容的教育环境中，学生自由自在，不怕犯错，不怕被误解，始终相信自己处于成长过程，暂时的不足是正常的，只要努力奋斗，积极学习，就能得到理想的发展与成长，他们的独特性能得到最大程度的接纳和尊重，他们也懂得去接纳、理解、尊重和包容别人，人际关系和谐，整个人始终处于积极、愉悦的心理状况，拥有健康和谐的心理。作为教师，宽容艺术的应用不仅能得到学生的尊重、信赖、认可，还能够使自己在工作中始终处于饱满的向上状态，拥有较高的职业成就感。不对学生提出过高的要求，也就不会出现较多的职业挫败感，也能很好地避免职业倦怠的到来，整个人身心愉悦。做到愉快教学、得心应手，有着较高的职业认同感，自然能拥有良好的健康心理。

（4）宽容艺术有利于学校良好的校园文化建设。我们知道，对于整个学校而言，宽容艺术的应用意味着学校的制度充满人性化，创造和谐、自由、积极、接纳和鼓励的校园文化，注重情感教育，引导学生学会生存、学会生活、学会发展。宽容意味着信任、尊重、理解和接纳。拥有宽容艺术的学校，本身能尊重教师、学生的独特个性，给予教师充足的自由创作空间，让教师根据自身特点创造性教学，让学生在规章制度之内拥有发展的自由。而非刚性管理中学生教师相互不信任，认为教师就是不愿意教偷奸耍滑的学生，学生就是不打不成器、有空就偷懒。久而久之，学校的制度文化就

① 杜威. 民主主义与教育 [M]. 王承绪，译. 北京：人民教育出版社，2001：49.

会形成一种以人为本的特色，整个学校和谐、温馨，处于良性运作，真正做到文化育人，有着宽容文化积淀，处处洋溢着宽容美。

（二）宽容艺术的基本原则

1. 构建良好师生关系的原则

钱立群认为，"教师拥有宽容就会为学生营造宽松的学习氛围，使学生的天性与思想不受到限制，为学生想象力和创造力的产生奠定基础；教师拥有宽容就会有教无类，细心地发现每个学生身上的特点与潜质，尽可能促进其全面发展；教师拥有宽容就会因材施教，顺应学生的性格，根据学生的特点实施不同的教育。"[①] 拥有宽容艺术的教师，能够在教学活动中利用各种条件，积极促进良好师生关系的形成，确保师生关系和谐融洽，最终增进学生的学习热情，端正学生学习态度，促进教育的达成。因此，宽容艺术的应用应该以良好师生关系的构建为前提。只有和谐的师生关系才能保证师生之间的信任，以及良好心理氛围的构建。紧张恶劣的师生关系，会最大程度地影响宽容艺术的应用，使学生抵触教师，教师工作没有成就感，对师生双方的身心发展都会造成损害，不利于教育教学活动的开展，更不利于教育的实施。

2. 理性与感性相结合的原则

教学的宽容艺术本质上是发挥情感作用的方法，这个过程容易出现的问题就是情感的偏失或者盲目。如强调理解、接纳学生，很多老师可能会在实践中盲目接受学生的一切，即使是学生错误的言行，也冠以个性的名头，视而不见，盲目纵容。这样的宽容不是真正的宽容，而是纵容。或者老师注重信任学生，于是在教学过程中布置给学生学习任务，不加以任何指导、观察，放任学生自行探索，致使教学流于表面，无法促进学生思维和能力的发展，这也不是宽容，而是放任。因此，宽容艺术的关键要素是情感的调动，但是情感必须是理智范围内的情感。具体来说，意味着教师需要明白给予学生的情感是饱含责任心的情感，是本着为学生发展着想的宽容。充分发挥宽容艺术的情感作用，不是不讲原则地迁就、包容，也不是远离原则地单纯感情用事。这里的感情作用是以理性原则为前提和基础的。在我们看来，情感是工作者真情的自然流露，是不加修饰的淳朴。只有以理性的尺度来控制他人与自身的情感，才能保证教育工作的方向正确，才能使教育工作收到事半功倍的效果。

3. 因材施教原则

在教学中特别注重因材施教原则，运用宽容艺术同样需要遵循因材施教原则。教学中的教育对象是独特的、鲜活的个体，每个学生都来自不同的家庭，拥有着不同的人格特质和个性特征，人和人之间在情感接受与交流过程中都必然存在着各种程度的

---

① 钱立群. 宽容，教师应具备的心理素质［J］. 山东教育科研，2002（8）.

差别。在运用宽容艺术的时候，也要讲究个别针对性。对于不同人格特质的学生，要有不同的交流方式，如抑郁质个体情感细腻而低缓，容易产生负面的情绪，教师就需要更细腻一些，多给予关注和情感疏导。同一种气质特征的学生由于家庭因素、环境影响等，会形成不同的性格特征，因此，教师还要考虑学生的性格特征与气质特征的综合因素。如果教师运用宽容艺术只讲求手段方法，不讲究对象适宜性，很容易好心办坏事，不仅达不到目的，还容易产生另一种意义的误会，以致引起反感，严重的甚至让学生从心底抵触教师的关怀与教育。

4. 循序渐进原则

教育的开展是一个潜移默化的过程，学生的发展与成长要遵循循序渐进的原则，任何人都不是直线地、一帆风顺地成长起来的，而是螺旋式地、反反复复地成长起来的。一种习惯的形成，一种感情的培养，都是循序渐进的。尤其是思想、学习、守纪等方面相对落后的学生，他们思想包袱重，学习压力大，容易产生自卑、自暴自弃等不良的心理和情绪。仅凭我们一时一事地教育或说服，是不能保障他们顺利转化的。对于他们身上出现的"反弹"现象，需要我们克服气恼、急躁的情绪，摒弃生硬的管教和粗暴强制的做法，坚持反复抓、抓反复的原则，从主客观方面分析，找出原因，进行有针对性的、耐心的教育和引导[①]。

（三）宽容艺术的组织和实施

宽容艺术源远流长，《论语》中有，子曰："居上不宽，为礼不敬，临丧不哀，吾何以观之哉"。我们认为在教学中运用宽容艺术，需要做到以下几个方面。

1. 促进教师的专业化成长

教师是教育成败的关键，教育大计，教师为本。作为履行教育教学职责的专业人员，教师担负着教书育人、培养社会主义事业建设者接班人的神圣使命。一所学校能够为社会培养出大批的合格人才，关键在教师。因此，教师的专业成长就显得尤为重要，只有专业的老师才能完成教育这一神圣而复杂的工作。取得教师资格证并不能证明教师专业性得到了保障，教师专业化是教师自身素质的提高和专业自我的形成，一般包括"专业理想的建立、专业知识的拓展、专业能力的发展、专业自我的形成"[②]。由此可见，社会、学校和教师个人都需要努力为教师创造专业成长的环境、条件和机会，从多维的角度为教师的成长做出保障，最终促进教师的专业化发展，成为一名专业的人员。这是任何情感艺术的运用都需要的前提保障。

---

① 罗志翠. 对后进生教育转化中"反弹"现象的探讨 [J]. 贵州工业大学学报，2002（3）.

② 全国十二所重点师范大学联合编写. 教育学基础 [M]. 教育科学出版社，2002：119.

2. 提升教师的职业情感人格品质

在教育教学过程中运用宽容艺术，固然需要教师专业技能技巧的成熟，同时也需要教师的职业态度和职业情感的专业发展。已有研究证明，决定教师能否有利于促进学生人格的健康发展，从而调动学生学习积极性与主动性的是教师的职业情感人格品质。一个好教师的职业情感人格品质的基本内核是"促进"，指的是教师对学生行为有所帮助，包括提高学习能力、增强自信心、缓和焦虑、以及克服优柔寡断，等等[①]。一般来说，好教师就是指教师能够理解学生、与学生和谐共处，保持积极的自我意识和对学生的期待。理解学生意味着教师要能够心胸豁达，接纳学生的不足，对学生有着强烈的敏感性和移情，同时能够运用理智，做到客观对待学生的优缺点。与学生和谐共处需要教师真诚、放弃权威姿态，积极地对待学生，与学生主动交往，同时注意交往技能，呵护好孩子的自尊心、自信心。积极的自我意识主要是教师要拥有自信心，对自己有客观真实的认知。对学生的期待本质上就是信任学生，相信学生都是愿意学习、希望能够成长的个体。

3. 客观冷静，建立良好的师生关系

良好的师生关系固然需要教师投入深厚的情感，这是基础和前提。但是同样需要教师客观冷静，不盲目感情用事。本身学生就处于成长发展过程中，缺乏良好的情绪管理能力，情绪认知、情绪调控和管理都还处于发展过程中。这就需要教师能够客观地对待学生的情绪化行为，既不会跟学生斤斤计较，也不会对学生放任不管，由其自由发展。而是应该做到既承认学生存在情绪能力的不足，理解学生出现的情绪问题和行为，也要意识到学生情绪能力的发展需要引导培养，及时给予学生引导和方法技能技巧的传递，帮助学生发展自己的情绪能力。其实，学生到底应不应该被批评、惩罚，一直是教育界颇有争议的话题。从教师的角度分析，认为学生处于成长中，缺乏科学合理的判断，必须需要成年长辈给予行为、思想的规劝、引导，适当的批评、惩罚能够让学生认识到自己的不足，但是需要把握一个度：不是不能批评、惩罚，而是如何批评、惩罚；既让学生认识到不足，又能够让学生意识到老师是为了自己好。这样，不仅能得到学生的信赖和认可，还能够建立良好的师生关系，进而促进教育教学的展开和实施。

4. 合理运用宽容艺术的策略

宽容之心，并非与生俱来，说到做到的。作为一名教师，要做到宽容，首先就必须关心爱护学生。只有这样，才能在情感上接纳，方法上多元，处理上温厚。一般来说，可以从以下几个方面加以运用。

（1）时间上做到"适时"。"适时"即时间上的宽容，这就是指教育者要掌握

---

① 傅道春 . 教育学——情境与原理 [M]. 教育科学出版社，1999：71.

好宽容的时机。对待学生的错误，教育者不是时时宽容，事事宽容，而是要做到宽严结合，恩威并济。有的学生作业不能按时完成，或是课堂上不守纪律，违反校纪，真令人难以忍受，此时教师应该及时关注到他们，第一时间给予解决。一方面，给他们机会和时间解释，只要他们能说出不能按时完成作业的原因，并有一定道理就可以让他们推迟一点完成，比如说家里停电了、生病了，或有其他急事；另一方面，给予他们解决问题的时间，即没有按时完成作业的同学，一定要利用其他同学游戏玩耍的时间来补作业，为自己的行为负责任，即使是客观原因造成的，也需要自己来承担。这样，能避免学生养成事事推脱找理由的坏毛病。

（2）态度上做到"冷静"。学生也有自己的情绪，尤其是当今社会独生子女众多，很多独生子女以自我为中心，对老师、家长往往出言不逊，行为莽撞。这时，教师要能够在态度上冷静，即使是对方态度不正确，甚至出言顶撞了你，也不要火冒三丈，由着学生牵着自己的情绪走，不能认为自己是老师就可以气势汹汹，采用一些不合适的做法对待学生。这样，不仅会让学生从内心瞧不起教师，还会导致师生关系紧张，颜面扫地。作为教师，必须克制住自己的感情，冷静地处理问题。最好是先冷静分析一下原因，然后根据情况加以处理。冷静客观的态度，一方面可以避免误会学生，伤害学生的积极性和自尊心。例如，有的学生明明是在认真听课，只是由于思考问题没有及时将目光转向老师，如果老师马上指名道姓地批评指责，将会造成非常恶劣的后果。另一方面，可以给予犯错的学生以改正的机会，在公众场合呵护学生的自尊心，不仅能让学生自己反思错误，还能得到学生的信赖和感激。

（3）条件上做到"适度"。"适度"即条件上的宽容，这要求教师要掌握好宽容的原则与分寸，有些事情可以宽容，有些事情则坚决不能宽容，以及如何宽容。在教学中我们要与学生换位思考，站在学生角度，设身处地地为学生着想，真实地了解错误的起因、过程及后果，然后分析原因、危害、教训。处理固然必要，但需知处分不是目的。学生只有心悦诚服，才能做到从哪里跌倒就从哪里站起来。而且，犯了错误的学生在思想上和行为上出现反复也是正常的。学生从犯错误到改正错误，一般都要经过醒悟、转变、巩固、提高几个环节，反复出现在转变和巩固之间。当学生出现反复时，教师要有耐心，以宽容的态度再教育，使其在反复中不断向好的方面转变。

（4）处理上做到"适合"。对于学生的错误行为，在进行处理时也要"适合"。一方面需要考虑学生本身的人格特质和性格特征，选择是公开解决，还是私底下慢慢处理；另一方面，还要考虑学生犯错误的次数，是第一次犯，还是已经屡教不改。有些问题需要避开公众场合单独进行解决，如学生早恋、偷窃；有些问题需要在班级内部公开解决，如打架斗殴、作弊；有些问题还需要上报到学校，如一些恶性事件。这都需要教师能够适合地处理。教师要对每一个学生做到心中有数，哪些学生"吃哪一套"，要心里有底。在这个基础上，再选择适合学生的处理方法，切忌"我认为如何就如何"，将自我放大到无限。这样做不仅伤害学生，还会让自己的工作很难开展。

四、高校教学的激励艺术

《教育——财富蕴藏其中》中指出："教育应当促进每个人的全面发展，即身心、智力、敏感性、审美意识、个人责任感、精神价值等方面的发展，应该使每个人尤其是借助青年时代所受的教育，能够形成一种独立自主的、富有批判精神的思想意识，以及培养自己的判断能力，以便由他自己确定在人生的各种不同的情况下他认为应该做的事情。"[①] 因此，作为实施教育主要手段和途径的教育教学活动，应该能够使得学生在活动中得到最大程度的发展。教学中的激励艺术，同其他教学艺术一样，能够不同程度、不同层面给予学生成长和发展的动力，激发学生的内在自主性，化被动学习为主动成长，真正做到教育即成长。

（一）激励艺术概述

激励艺术在管理学领域早有运用，在教育学领域的运用也源远流长。但是系统的、成体系的学科化教学激励艺术研究尚不成规模，零散而经验化，没有形成相对成熟的系统。

1. 激励艺术的产生背景

激励这一词语在汉语词汇中由来已久，虽在早期文献中"激"与"励"多是分开使用，但是两个字都分别具有"激发、劝勉"的意思。与汉语相对，激励的英文为motivate，它来自拉丁语"Movere"，含义是提供一种行为的动机、原因，即诱导、驱使之意。通过研究发现，"motivation"有三种含义：一是指被激励（motivated）的过程；二是指一种驱动力、诱因或外部的奖酬（incentive）；三是指受激励的状态。由此不难看出，英文的激励多义为动机、使行动，同现代汉语中激励的语义基本一致。

在近现代学术研究中，"激励"曾在长时间内是心理学、管理学研究的重点，并且有许多学者和学派围绕"激励"一词进行了大量的理论建构，有关激励和强化的理论更是层出不穷。20世纪20年代以来，随着激励在管理活动中作用的增强，逐渐形成和发展起来了一种以激励为核心的管理理论，主要理论流派包括斯金纳的强化理论、赫茨伯格双因素理论、弗鲁姆的期望理论、亚当斯的公平理论、韦纳等人创立的归因理论，等等。赫茨伯格于1959年在《工作与激励》一书中正式提出了激励双因素理论，认为激励因素具备时，可以起到明显的激励的作用[②]。尽管这些理论各自对激励所采

---

① 联合国教科文组织. 教育——财富蕴藏其中 [M]. 北京：教育科学出版社，1996：55.
② 周三多，陈传明，鲁明弘. 管理学：原理与方法 [M]. 上海：复旦大学出版社，2005：73.

取的措施不同，但大都认为激励是指引导和推动人朝着一定方向和水平从事某种活动，并在工作中持续发挥着作用，形成动力的过程。在实际运用中，只要对员工采取相应的激励措施与手段（如进行人本管理及提高管理水平等），构建有效激励机制，工作绩效就会比不采取激励措施的要高出 3~4 倍。激励是调动员工积极性、提高工作效率和保证生产质量的有效策略[①]。因而，这些理论一出现便被广泛地运用于企业管理、人事管理和国家决策当中，产生了巨大的经济效益和社会效益，被许多企业家称为提高管理质量的"圣经"，并逐步渗透到各行各业当中。

在心理学中，对激励研究最多的是行为主义心理学派。在他们看来，激励就其实质而言是一种强化行为，它在于通过刺激物来引起客体心理的变化，从而达到对客体某种行为的强化和养成，即刺激—反应模式。行为主义学派认为，激励分为正激励和负激励。斯金纳的强化理论认为，正负激励都是必要有效的，不仅作用于当事人，也会间接地影响周围其他人。同时，人本主义心理学者马斯洛也从人类需要的角度对动机和激励做了很多的研究，他认为所有人都会受到同样一组基本人类需要的激励，这些需要包括生理需要、安全需要、归属与爱的需要、自尊的需要、求知的需要、美的需要、自我实现的需要[②]。

在教学领域，众多学者都在致力于寻求能够调动学习兴趣与积极性的理论与方法。人们的视角不同，研究的切入点也就不同，所得出的理论体系也有所不同。古今中外，不论是夸美纽斯的"自然积极性原则"，布鲁纳的"动机原则"，还是巴班斯基的"激发学生形成正确的学习态度、认识兴趣和对知识的需要感原则"与"教师指导作用下的学生学习的自觉性、积极性和独立性原则"等，都成为教学的激励艺术的重要理论来源。

2. 教学激励艺术的内涵和特点

对于"激励"在教育领域的概念界定，学者们亦有许多的论述。托马斯·费兹科和约翰·麦克卢尔在《教育心理学：课堂决策的整合之路》一书中将"激励"称为"动机的引发"，并将其界定为"激活、指引和维持行为的心理过程"[③]，他们认为学生的动机引发包括三个方面的内容，即："动机引发的方向或目标、动机引发的相对强度、动机引发的持续性"[④]。李祖超则在《激励教育刍议》中指出："所谓激励，就是从需

---

① 周三多，陈传明，鲁明弘. 管理学：原理与方法 [M]. 上海：复旦大学出版社，2005：70-72.

② 陈琦，刘儒德. 当代教育心理学 [M]. 北京：北京师范大学出版社，2007：131-145+203.

③ 费兹科，麦克卢尔. 教育心理学：课堂决策的整合之路 [M]. 吴庆麟，译. 上海：上海人民出版社，2008：175.

④ 费兹科，麦克卢尔. 教育心理学：课堂决策的整合之路 [M]. 吴庆麟，译. 上海：上海人民出版社，2008：175.

要出发，来激发其动机，调动其积极性^①"。可以看出，对于激励、激励教育的界定和认识众说纷纭、各有说辞，但本质特征是一致的。我们可以认为，教育的激励艺术就是教师通过激励的方式，运用各种激励手段、技能技巧，给予学生及时、适度的正向强化，引导学生积极主动、自发地学习、发展，激发学生的自主性发展，从而完成教学任务、促进学生全面和谐健康发展的艺术。从概念分析可以看出，激励艺术的本质是以学生为本，旨在激发学生学习动机，这就要求教师以突出学生的主体性成长为出发点，关注学生的内在需要。

教学中的激励艺术的特点主要可以概括为五点：一是主体性，激励艺术旨在通过教师的引导和帮助激发学生的内在动机，强化学生自身的主体意识，让学生感受到发展的愉悦；二是民主性，激励艺术强调学生主体意识的激发，主体地位的彰显，这就需要教师与学生平等民主，给予学生足够的尊重和理解；三是及时性，激励艺术的运用需要讲求时机，根据学生的身心发展水平和行为的性质、特征，运用激励艺术；四是情感性，激励艺术要求教师以学生为本，满足学生的情感需求，充分发挥师生之间的情感作用；五是渗透性，主要指激励艺术应该渗透在日常教育教学的各个环节中。

在教学中，教师和学生都是社会生活中的鲜活个体，和企业、工厂中的员工一样，都有其独特的、个性化的特征和需求。因而，激励理论的一般原理与措施，对于调动师生的教学积极性、挖掘教学潜力具有同样的功效。运用教学的激励艺术是"化学生被动学习为主动学习"，将传统教学以完成单一的认知性目标改为认知和情感并重的新课程改革目标，对教学观念的更新、课堂教学的优化、教学质量的提高具有重要的理论意义和实践意义。

3. 教学激励艺术的作用

实施教学激励是新课程的基本理念之一，对于更新教学观念，优化课堂教学，提高教学质量，开发教学资源，推进课程改革，实现教育创新，具有重要的理论意义和现实意义。

（1）激励艺术能够保证教师教学行为的有效性。激励艺术要求教师充分尊重学生的内在需求，呵护学生的自尊心、自信心，运用激励手段及时肯定学生的优点，纠正学生的缺点，充分激发学生的主体性发展意识，让学生变被动学习为主动学习。从这个角度讲，激励艺术能够让教师的教学行为得到良性的互动，实现持续性的发展。一方面，教师从观念上认识到学生需求的重要性，感受到激发学生主体性的价值。另一方面，学生意识到了教师对自己的肯定和鼓励，以及教师对自己的爱和责任，感受到自身内在潜能的价值，能很好地激发主体意识。教师的教学行为得到了学生的反馈，

---

① 李祖超. 激励教育刍议［J］. 中国教育学刊，2003（5）：6-10.

从而提高了行为的有效性。

（2）激励艺术能够提高课堂管理的效果。没有哪个学生能够在课堂教学过程中始终保持高度的注意力集中，任何教师的课堂，都存在学生走神、分心现象。有的学生是集中一段时间，注意力就会分散；有的学生是本身对教学内容不感兴趣，从开始就没有进入状态。这些都是正常的行为和现象。一般来说，不少教师对待走神的同学会当场指出，给予批评和惩罚。其实，这样的手段效果非常差，不仅打击了学生学习的积极性，还导致课堂气氛紧张，师生关系恶劣。运用激励艺术，就能够很好地解决这一课堂行为。面对走神的同学，教师可以通过其他教学行为，如呈现有趣的图片、故事等，让学生注意力集中。同时，教师要能够随时说出每一位同学的优点，让学生感受到教师的关注和认可，从心底里崇拜、依赖和信任教师，进而集中精力完成教师的教学任务。

（3）激励艺术是促进教师专业发展的有效途径。教师是实施课程的第一资源。教师专业素质的可持续发展是实施课程的重要保证。教师专业发展是指作为专业人员的教师在教学专业上不断成长的过程。经由这一过程，教师得以更新专业结构、提升专业水准、获得持续发展。教师的职责现在已经越来越少的是传授知识，而越来越多的是激励思考，除了正式职能以外，他将越来越像一位顾问，一位交换意义的参加者，一位帮助发现矛盾点而不是拿出现成真理的人。他必须集中更多的时间和精力去从事那些引起有效的和有创造性的活动相互影响、讨论、激励、了解、鼓舞。要进行教学激励，教师必须加强教学激励的修养，培养多种教学能力，在激励学生学习的积极性，形成自强不息的学习动力、坚韧不拔的意志、刻苦勤奋的学习的过程中，必须首先激励自己为人师表，成为做人、学习、工作的楷模，从而不断提高自身的专业素质和教学水平。

（4）激励艺术有利于挖掘学生的创造潜力。人们常说，三个臭皮匠赛过诸葛亮，这说明人多力量大，点子也就多。在教学中，这一方法同样适用。教师要充分挖掘学生的主体意识，激发学生的积极性和主动性，调动学生创造的自主性。这需要教师给予学生及时、恰当的鼓励和肯定。每一位学生都渴望得到教师的认可，以及同学的关注。教师运用激励艺术，能够让学生感受到成功的体验，从而愿意投入教师的教学，并提出很多符合年龄特征的、新奇的教学建议，从而给教师以教学上的启示。同时，善于运用激励艺术的教师，总能在教育教学各个环节找到学生的闪光点，并给予肯定，给学生营造宽松、自由的心理氛围，有利于学生大胆地创新，不论是课堂环境创设，还是自身的作业设计，都能有新奇的创新点出现。这对教师教学的改进和完善，同样有很多的帮助。

（二）激励艺术的基本类型

激励艺术的合理运用，能够有效地提升教育教学的效果，完成教学任务，达成教学目标，激励艺术的基本类型包括以下几种。

1. 物质激励

通过奖学金、奖品和奖状等物质手段，来满足学生个人需求，以激发学生的学习积极性和创造性。

2. 任务激励

给学生一定的任务，让学生肩负起与其能力相适应的任务，为他获取成功与发展机会，激发他的成就动机。

3. 荣誉激励

荣誉激励使获得荣誉的学生既能经常以这种荣誉鞭策自己，又可以为其他同学树立学习的榜样与奋斗目标。

4. 信任激励

在教育教学过程中，教师信任学生，学生也彼此信任，是一种强大的精神力量，可以激发出每一个学生的积极性与主动性。

5. 强化激励

强化激励包括正强化与负强化两种。正强化是通过对学生的某种行为给予肯定与奖励，使其坚持巩固。负强化是通过对学生的某种行为给予否定与惩罚，使其减弱、消退。在对学生进行强化激励时，要坚持正强化与负强化相结合，以正强化为主；要坚持物质强化与精神强化相结合，以精神强化为主。

6. 思想激励

对学生进行思想激励也就是要时时强化学生的"士气"，调动学生的主观能动性。这是能否顺利传授科学知识的根本保证。对学生进行思想激励，应视所教课程而异，视学生的具体情况而定，无一定之规，但最重要的是要想方设法激发学生的学习动因。具体到每门课程而言，强烈的学习动因，来源于学生对所学知识的认识和理解，使学生自发产生学习的责任感和使命感。在此基础上，激励学生制订好具体恰当的学习目标。学生有了明确的学习主攻方向，将会积极主动地进行顽强拼搏，并乐此而不疲。

7. 知识激励

以知识激励学生，可以深层次地调动学生的学习积极性。教师在教学内容的处理上，要以教学大纲、教材作为教学活动的主要依据，同时要及时、适当地补充新知识，加强实践性教学，注重培养学生运用所学知识分析、解决问题的能力。传授知识和培养技能并重，以培养会思维、敢创造、又能动手的复合型人才为己任。在具体教学方法上，要突出循循善诱、积极启发的教学原则。

8. 兴趣激励

孔子曰："知之者不如好之者，好之者不如乐之者。"这一句名言恰当地表达了兴趣在人们求学获智过程中的积极功能。学习兴趣的形成是一个复杂的心理过程，它是在充满情趣、富有魅力的教学活动中逐渐培养起来的，在这个过程中，教师起着一种潜移默化的桥梁纽带作用。这就要求教师在设计教学过程时，从教学内容的处理到教学方法的实施，都要精心考虑，以创设兴趣情景为中心，有效地提高学生的学习兴趣，激发学生在获取知识过程中的好奇欲望、探索欲望、创造欲望和竞争欲望，使他们对求知产生强烈的吸引力，成为学习的主人，取得最佳的学习效果。为达到此目的，课堂教学时应做到：布置悬念，引起学生好奇，激发学生积极主动学习的动机；引发冲突，产生疑团，引导学生进入一个积极的解决问题的过程；创设迁移，同化知识，进一步调整完善认知结构；拓展思维，促使学生开发智慧，激发探索欲望。

9. 情绪激励

教师上课，应衣着庄重，行为得体，应时时体现出满腔的工作热情，给人以生机勃勃之感。同时，还需具有较强控制自己情绪的能力，不能当自己高兴时，在课堂上得意忘形，海阔天空地乱扯；也不能在苦闷忧伤、情绪低落时，出现消极、粗暴的行为。须知情绪具有非常强的感染性，只有教师具有真挚饱满的执教情绪，学生才会有真挚饱满的学习情绪。

10. 感情激励

教学是一种特殊工作，时时处处应体现着一种社会责任，一方面要向学生传授科学知识，另一方面，要为"人师"，率先垂范，规范学生的行为。教师的工作是艰苦的，而教师面对艰苦的工作所应持的态度是严肃、正直和勤奋。在刻苦钻研、认真备课时，像是采花蜜的蜂；在悉心讲授、耐心辅导时，像哺育小雏的燕；在一沓沓作业本面前伏案批改，像精心耕耘的农夫；在学生遇到困难时，又像是慈祥的母亲。

（三）激励艺术的组织与实施

教学的激励艺术本质是教师在教学中为了达到教学目的，最大程度地调动学生学习的积极性，使学生主动、高效地进行学习，形成热爱和探索新知的动力。因而，在教学中，教师要优化教学过程，提高教学效率，须贯彻和运用教学的激励艺术。

1. 诱导学生变被动学习为主动学习

苏霍姆林斯基认为，"如果你想做到使儿童愿意好好学习，使他竭力以此给母亲和父亲带来欢乐，那你就要爱护、培植和发展他身上的劳动自豪感。"[1] 这就是说，要让儿童看见和体验到在学习上的成就感。因此，培养学生的学习积极性，首要的是

---

[1] 苏霍姆林斯基. 给教师的建议 [M]. 北京：教育科学出版，2008：116.

让学生感受到学习的成就感。在教学中，教师要培养学生学习的积极性，就是要设法采取各种措施激活学生内在的积极主动性。

（1）激发学生积极主动的学习兴趣。杜威说，"当我们混淆身体上的结果和教育上的结果时，我们总是失去使一个人自己参与获得所希望的结果的机会，从而失去了在他身上正确地发展一种内在的和持久的方向的机会。"[①] 这里所强调的就是我们可以强迫学生坐在教室里听课、写作业，甚至完成学习任务，但是我们没有办法强迫学生积极主动地学习。因此，需要通过各种途径来激发学生内在的积极主动的学习兴趣。对于逻辑思维不断发展的学生而言，不能单单靠游戏的方式吸引学生的注意力，还要有意识地培养学生的理性思维能力。一般来说，可以从以下两方面入手。

一是培养学生的目的意识。教师可以在教育教学过程中，每次活动都特别安排一个环节介绍学习目的，让学生养成带着目的学习的习惯。同时，有了目标的活动，也更容易采用激励艺术，目标本身就是一种评价标准，进而也是一种激励指标。

二是给学生成功的体验。每一个儿童都是渴望学习的，都有天生的学习倾向，只是儿童的探索学习需要成人的指导。相对而言，儿童时期的学生在探索、学习的路上，缺乏意志力和目标意识，不成功就特别容易放弃，这也是厌学的一个根源之一。因此，教师给学生创造成功的体验，通过各种激励措施引导学生进一步探索，增强自信心，培养学习的兴趣。同时，教师还要有意识地教给学生正确的学习方法和解决问题的方法。在此基础上，培养学生的学习兴趣。

（2）引导学生树立强烈的成就动机。已有研究证明，高的成就动机与良好的学业成绩正相关。因此，让学生树立强烈的成就动机有利于学生在学校保持积极向上的学习行为，而成就动机在学习活动中表现为学习动机。奥苏贝尔认为，"一般称之为学校情境中的成就动机至少应包括三方面的内驱力决定成分，即认知内驱力、自我提高的内驱力以及附属内驱力。认知内驱力，是一种要求了解和理解的需要，要求掌握知识的需要，以及系统地阐述问题并解决问题的需要。自我提高的内驱力，是个体因自己的胜任能力或工作能力而赢得相应地位的需要。附属内驱力是一个人为了保持长者们的赞许或认可而表现出来的把工作做好的需要。[②]"其中，认知内驱力需要个体在实践中不断取得成功所形成特定方向的好奇倾向来派生；自我提高的内驱力与个体自尊心有关；附属内驱力与个体、长者们的感情有关。因此，作为教师要从实践中不断引导学生体验成功，呵护学生的自尊心，与学生建立良好的师生关系，以此来激发学生内在的成就动机。

① 杜威. 民主主义与教育 [M]. 王承绪，译. 北京：人民教育出版社，2001：34.

② 陈琦，刘儒德. 当代教育心理学 [M]. 北京：北京师范大学出版社，2007：216.

2. 及时强化，恰当运用奖励和惩罚措施

强化理论认为，人们具有某种行为倾向，是因为行为和刺激因强化而建立牢固关系。如果学生因学习而得到强化，如好成绩和好的学习行为得到教师肯定，那么他们就会有较强的学习动机，如果没有得到强化，就会缺乏学习动机，如果学生的学习受到了惩罚，如遭到同学和教师的嘲笑，则会产生避免学习的动机[①]。因此，教师应该对学生的学习行为及时、恰当地作出评价，并采取激励措施作为强化，以此来引导学生巩固初步的好奇心和求知欲。一般来讲，教师可以运用的激励措施主要有物质奖惩和精神奖惩两种。物质奖励如学习用具等；精神奖励如评语、口头表扬、公开表扬、小红花、奖状等。奖励对于学生来讲，有着积极的意义，不仅对学生的自尊心和成就感有着增强作用，而且能发挥模范榜样的作用。惩罚也是教师应适当运用的，对学生消极学习行为的消退有积极意义。惩罚，是对学生不良学习行为的评价。其目的在于使学生明确认识自己学习行为中的不足和缺点，引起内疚和痛苦的情感，促使其克服缺点和改正不良行为。

奖励和惩罚应制度化、常规化，运用强调度的把握，既不能太频繁，也不能太隐匿。这需要教师具有较高的教学智慧，看情况适当运用。教师在教育教学过程中，应该注意以下四点：一是评价要合理公平，做到对人对事，牢记评价的目的是促进发展；二是强化要把握时机和场所；三是强化要发挥情感因素，教师要积极建立良好的师生关系，让学生体验学习的愉悦；四是强化要把握度，不要滥用物质和精神的奖励或惩罚。

3. 引导学生从他人激励向自我激励转换

任何教育遵循的都是从他育到自育的过程。他育即他人教育，自育即自己教育自己。苏霍姆林斯基这样说："我十分坚信，能激发出自我教育的教育，才是真正的教育。"教师的激励艺术最终应以培养学生的自我激励能力为目的。日常生活中，教师的外部激励始终针对的是学生外在的学习行为，这样容易让学生将自身的行为非自我化，即将学习看作与自己无关的事情。事实上，学习的最终目的是学会离开教室仍能继续学习，也就是发展思维能力和问题解决的能力。如果学生缺乏自我教育与自我激励的能力，那么激励艺术的运用最终会失去意义，因为外部激励始终有一个限度。比如，这次你考试成绩提高30分，达到80分，就给你全班性的表扬和很昂贵的文具；如果下次到了90分，激励继续。那么，如果学生持续达到了90分接近一百分，且保持良好，该如何激励呢？任何强化都会有消退的时候，即学生对强化物习惯化。因此，最好的途径就是让学生在外部激励的辅助下，体验成功的感受，将学习看作是自己生命内部

---

① 陈琦，刘儒德 . 当代教育心理学 [M]. 北京：北京师范大学出版社，2007：218.

的事情，甚至是自我实现、自我肯定的一种行为。

因此，在日常教学中，教师还要有意识地传授给学生自我激励的方法，培养学生自我激励的能力。具体来说，可以从以下方面着手：一是让学生养成自己制订学习计划的习惯，并传授给学生学习规划方法，如中期计划如何制订，短期计划如何制订，特别是一日计划如何实施；二是教给学生时间管理的方法，确定计划之后，还需要科学合理地管理时间，确保每天的计划高质高效地完成，因为如果制订的计划总是无法按时完成，对于学生而言也是一种打击，本身计划完成就是一种自我控制能力的提升，能很好地提高学生的自我效能感；三是引导学生自我评价，保证每天都对自己有一个评价和认识，每隔一段时间再进行一次中期评价；四是鼓励学生学会克服困难，通过树立模范榜样的方式，发挥榜样的作用，比如通过名人传记的学习，让学生在内心深处将某位名人作为自己的超我标准。

第三章 高校英语教学的情感因素分析

目前我国高校英语教学中同样存在严重的"重知轻情"倾向，这种倾向表现为过分强调英语学习的认知因素，忽视对具备各自特点的学习者个体的关注，忽视情感因素对英语学习的影响。国外的有关研究已经表明，情感与认知并不是语言学习过程中两个对立的方面。相反情感与认知相辅相成，学习者的情感状态直接影响到他们的学习行为和学习结果。影响外语学习效果的情感因素众多，一般可以分为两大类。第一类是学习者的个别因素，包括焦虑（anxiety）、抑制（inhibition）、自尊心（self-esteem）、学习动机（motivation）等。第二类是学习者与学习者之间以及学习者与教师之间的情感因素，包括移情（empathy）、课堂交流（classroom transaction）等。在此基础上，针对高校英语教学的特点，本章节从三个方面，即学习者的个别因素、学习者之间的情感因素，以及师生之间的情感因素来系统论述影响外语教学效果的情感因素。

第一节 情感因素与情感教育

现代教育心理学理论和教学实践表明，在学校教学中只注重学生认知能力的提高，不仅会有碍于学生各方面素质的和谐、健康发展，而且连学生认知的发展也将受到严重的抑制。因为人的心理是情感和认知的统一体，教学作为人对人实施的教育，也必然是情感和认知的交织活动。高校英语教学强调学生参与课堂活动、师生互动，因此焦虑、自尊、动机、师生关系等情感因素对大学英语教学效果的影响与其他课程相比显得更为突出。

一、什么是情感

人在认识客观事物和现象时，总带有一定的态度，或喜欢，或讨厌，或崇敬，或鄙视。如胜利时会兴高采烈，失去亲人时会悲痛欲绝，遇到危急时会紧张或恐惧，遇到美好事物与喜欢的人会顿生爱慕之情，碰到丑恶现象会令人感到讨厌。这种具有独特色彩的体验，是以个人不同的态度为转移的。

不管在国内还是国外，关于"什么是情感"还没有统一的说法，但都有简单的涉及。我国心理学者燕国材（2009）认为，所谓"情感"就是人的意识对一定客体的波动性与感染性；波动性与感染性是情感的两个基本特征。当人的心理活动受到外在事物的影响时，一般会表现出两种状态。一种是平静的状态，即理智；一种是波动的状态，即情感。当人的心理处于波动状态时，与之相关联的生理方面也处于波动状态，这可以从人的各种喜怒哀乐的表情中觉察出来。情感的感染性简单地说就是以情动情。这又分为两种情况：一是共鸣，一是移情。在一定的条件下，一个人的情感可以使他人产生同样的或与之相联系的情感，就叫作"情感共鸣"，反之亦然。其实在古代，我国的思想家也曾对情感明确提出了一些颇为类似的观点，例如，

"情，波也；水，流也；性，水也。"（《关尹子·五鉴篇》）

"情之与性，犹波之与水；静时则水，动则是波；静时是性，动则是情。"（《五代·梁·贺语》）

"有性便有情，无性安得情？湛然平静如镜者，水之性也。及遇沙石或地势不平，便有湍急；或风行其上，便为波涛汹涌。此岂水之性哉？"（《二程遗书》卷十八）

这三段话的一个共同点就是都把情感比作水的波浪，这个比喻是非常恰当的，因为人的心理状态确实如此。在一般情况下，"清风徐来，水波不兴"，但有时是"风乍起，吹皱一池春水"，有时甚至是"惊涛拍岸，卷起千堆雪"。

情感教育研究专家卢家楣教授（2012）认为，情感有狭义和广义之分：从狭义的角度看，情感包括情绪、情感和情操；从广义的角度看则还包括动机、兴趣、态度、性格、意志、价值观等。赵建国（2013）则指出情感是人对客观世界刺激的一种主观反应，它大多与人的社会需要相联系，具有较强的深刻性和稳定性。情绪是情感的具体表现，它是有机体的天然生物需要是否得到满足而产生的短暂性的比较明显的情绪，如愤怒、恐惧、欢喜和悲伤等。情绪具有较大的情景性、不稳定性和短暂性。本书采纳了卢家楣教授对情感的界定，即情感不仅包括情绪、情操，还包括对人的行为产生影响的动机、兴趣、性格等。

在第二语言教学领域，一些语言教学研究专家对情感也有一些论述。语言教学专家克拉申（Krashen）认为情感（affect）包括学习者的动机（motives）、需要

（needs）、态度（attitudes）和情绪状态（emotional states）（Krashen，1982：46）。斯戴维克（Stevick）认为："One's affect toward a particular thing or action or situation or experience is how that thing or that action or that situation or that experience fits in with one's needs or purpose，and its resulting effect on one's emotions. Affect is a term that refers to the purposive and emotional sides of a person's reactions to what is going on"（Stevick，引自 Jane Amold，2010）。简单地说，人们对某一特定事物，特定行为，特定情境或特定经历的情感就是该事物、该行为、该情境或该经历是否符合人们的需要或目的，以及对人的情绪所造成的影响，它是人们对正在发生的事情的一种目的性和情绪性的反应。而达马西奥（Damasio）对情绪（emotions）和情感（feelings）做了区分，他认为"情绪"是对积极和消极情境的一种生理状态的变化，而"情感"是对这些变化的感知（perceptions）（Damasio，2004：145）。狄金森（Dickinson）认为情感与学习者对目标语言（target language）的态度和情绪反应有关（Dickinson，2012：25）。英国语言教学研究专家简·阿诺德（Jane Arnold）则认为，在"语言教学"这个大语境下，广义的情感（affect）是指对人们的行为产生影响的情绪（emotion）、情感（feeling）、心情（mood）或态度（attitude）（Armold，2011）。

综上所述，情感是指一个人在自己已经形成的思想意识（包括需要、态度、观念、信念、习惯）支配下，对当前面临的事物的切身体验或反应。它是人们对客观现实的一种特殊反应形式，是人对客观事物是否符合自己需要而产生的态度体验。当一个人对某些人或事物持有欢迎或趋向态度时，就会体验到喜爱、快乐、兴奋、满意等肯定性情绪；当一个人对某些人或事物持有反对或拒绝的态度时，就会体验到憎恶、焦虑、悲伤、抑制、不满等否定性情绪。情感会对人的行为产生积极或消极的影响。

二、情感教育

与"情感"密切相关的另一个概念就是"情感教育"。人们对教学中情感问题的研究必然的结果就是提倡情感教育。何谓"情感教育"？多年前在英国沃里克大学召开的一个世界性的情感教育学术研讨会上，各国学者就情感教育的一系列问题做了深入系统的讨论研究后，对情感教育的本质达成了共识：情感教育是教育过程的一部分，它关注教育过程中学生的态度、情绪、情感以及信念，以促进学生的个体发展以及整个社会的健康发展（联合国教科文组织国家教育发展委员会，1996）。换句话说，情感教育的一个重要方面是关注学生个体与他人关系的有效性。这种教育理念有两个相关的基本要点：一是对学生提供支持和指导（特别关注学生的态度、感受、信念、和情绪）；二是把情感与认知发展联系起来，即学生们作为学习者的感受以及他们对学习科目的感受，至少可以和他们的实际能力一样对学习效果产生影响。

西方学者对情感教育的本质含义的规定，对我们准确把握情感教育的内涵具有很大的启发性。他们把情感教育看成是教育过程的一部分，而不是将它看成是一种特殊的独立的教育形式。这样就便于我们正确地认识和理顺"情感教育"和"认知教育"之间的关系，把"情感教育"和"认知教育"在实践中统一起来，把它们视为实现理想教育目标的一个有机组成部分。英国教育研究实践已经证明，在情感教育得到积极实施的地方，会产生短期直接的和长期的效果，包括情感和学习两个方面：例如，学生群体内部良好人际关系的发展会利于形成更好的学习环境（短期），与此同时还能有效地提高学习成绩，改善学生参与社会群体活动的能力（长期）。同样，鼓励学生积极参与的学校气氛会使学生产生更多的动机，减少疏远的可能性（短期），还可以使学生的情绪得到发展，这很可能会提高学生成年以后生活的质量（长期）。由此可见，情感教育是完整的教育过程中极其重要的一个组成部分，通过在教育过程中尊重和培养学生的社会性情感品质，发展他们的自我情感调控能力，促使他们对学习、生活和周围的一切产生积极的情感体验，以形成独立健全的个性和人格特征。这样培养出来的学生能够保持愉快、开朗、乐观的情绪体验；能够体验学习过程中的成功感、自豪感；有旺盛的求知欲和强烈的好奇心。因此简单地说，情感教育就是使学生身心感到愉快的教育，情感教育应在教学实践过程中凸显以下两个本质特征。

（1）情感教育总是能够激发起学生内在的学习兴趣。所谓"内在的兴趣"就是指对学习过程本身产生一种积极的态度和愉悦的体验。学生有了内在的学习兴趣就能够积极主动地投入到学习过程中去，增加知识、分享观点、发现问题、解决问题都能够给他们带来巨大的精神快感，真正走到乐学、好学的境界，从而促进个人认知的发展。然而遗憾的是，目前许多大学生对英语学习缺乏兴趣。

（2）情感教育要创造条件保证每一位学生在学习过程中都有成功的体验，在日常交往中都有自尊的体验，从而能够建立起积极的自我评价，产生积极的"自我接纳"。在"应试教育"与"唯理教育"观念指导下的现形教育教学活动中真正能够取得成功和成功体验的学生是很少的。例如，王奇民（2013）通过调查发现，只有12%左右的学生表示两年的高校英语学习是比较成功的，而高达88%的学生对基础阶段高校英语教学效果感到不满，缺少成就感。可见成功体验的缺失与学习效果是密不可分的。要让学生体验成功，需要教师与学生、学生与学生之间建立起一种和睦融洽的人际关系，相互激励，彼此期待，心理相容，齐心协力。这种优化了的人际环境，可以使师生亲密合作，使学生团结友爱，学习情绪高涨，对知识感受性高，记忆深刻，思维敏捷，注意力集中，认知活动效率不断提高，从而促使学生潜力的发展。

教育的情感特征给教师提出了一系列特定的任务和责任，包括与学生进行直接的相互作用和在不同水平上进行间接干预。它包含以下内容：一是注意学生个体，注意其兴趣、自尊、情绪、社会技能，他们的生活阅历和人生计划；二是关心学生所在的群体以及与他们有关的群体内部相互作用的性质和质量。外语教学研究专家安德·希尔（Under Hill）（1999）曾经把语言教学中教师的类型分为三类：教书匠（lecturer）、教师（teacher）和导师（facilitator）。安德·希尔对三者分别这样描写到："By Lecture I mean a teacher in any educational context who has knowledge of the topic taught but no special skill or interest in the techniques and methodology of teaching it. By Teacher I mean a teacher in any educational setting who has knowledge of the topic and also is familiar with a range of methods and procedures for teaching it. By Facilitator I mean a teacher in any educational setting who understands the topic，is skilled in the use of current teaching methods and techniques，and who actively studies and pays attention to the psychological learning atmosphere and the inner process of learning on a moment by moment basis，with the aim of enabling learners to take as much responsibility for their learning as they can"。（Under hill 1999：125—126.）可见，从"教书匠"到"导师"要求是不断提高的。

从安德·希尔的论述中可以看出，"教书匠"认为教师的作用就是通过讲解等方式传授知识。这种教学的结果是学生的参与程度极低，教师不能满足学生需要和学习风格。教师不能检查学习效果，获得有效的反馈。"教师"由于既熟悉专业知识又熟悉不同的教学方法，所以能够组织较为有效的课堂教学。但他们不能理解为什么教学时好时差。当学生出现抵制、厌倦等消极情绪时，"教师"束手无策，也不知如何去改善与学生的关系。而"导师"除了具备"教师"的素质外，最关键是他们能潜心了解学生的心理和情感，善于营造有利于提高学习质量的心理情感氛围。这种氛围包括和谐的师生关系、学生的安全感、教师对学生内在的敏感度、倾听并接受学生的意见、非批判性的师生交流、自尊心的保护以及权利的合理分配，等等。这种和谐的心理氛围不仅使教师能够采取适当的教学方法，更重要的是教师能充分了解学生的学习心理和学习过程，缩短师生之间的距离，从而促进学习。

因此，要实现高校英语教育的情感教育特征，首先教师应转变观念和态度，教师的任务不仅仅是传授知识，相反教师应经常反省自己在课堂上讲话的方式、方法和态度；其次教师要善于调控自己内在的情感状态；最后教师应关注课堂活动中学生的学习过程和感受，根据学生的需要和情感进行高校英语教学。

三、情感的功能及其对教学的作用

在以往的心理学理论体系中，情感现象主要从心理过程的角度加以归纳，称为"情感过程"，它与认知过程、意志过程并列，称为"三大心理过程"，而对情感过程的研究是心理学中最薄弱的领域之一。丹麦心理学家兰格（Lange）曾这样描述情感在心理学研究中的薄弱状况：情感在心理学中处于"灰姑娘"的地位，为了两个姐姐——"智慧"和"意志"的利益，她不被母亲喜爱，被驱赶出去，永远被抛弃。情感不得不寄居在心理科学的偏僻的地方，值得庆幸的是，20世纪70年代至80年代，人们开始重视情感对人们心理过程的显著影响并进行了大量的相关研究。20世纪90年代初美国耶鲁大学的彼德·萨洛维（Peter Salovey）和新罕布什尔大学的约翰·梅尔（John Mayer）教授正式提出了情商（Emotional Quotient，简称EQ）的概念。情商是相对于智商（简称IQ）而言的，它反映的是一个人把握和控制自己的情绪，揣摩和驾驭他人的情绪，在外界压力下不断激励自己、把握心理平衡的能力（赵建国，2003）。有研究表明，一个人的成功只有20%归功于IQ，80%应归功于EQ。也就是说，IQ不能决定一切，EQ才是制胜的关键。我们姑且不论这种说法科学性程度如何，但是它足以反映了EQ对一个人的成功所扮演的重要角色。

许多中外教育研究专家也意识到了情感在教学中的意义，并提出了不少精辟的见解。例如，暗示教学法的创立者保加利亚心理分析教育学家塞奥尔基·罗扎诺夫（Ceorgi Lozanov）认为，情感使学习者产生某种倾向和爱好。这种倾向或爱好不仅影响对将来行为的选择，而且刺激适当的生理变化，以便使内在环境进入有助于行为顺利实施的准备阶段。消极情感通常导致抵制反应行为，其中包括消极抵制和侵犯性抵制。积极情感的作用正好相反，主要是为学习开辟道路（Hansen，2009：214）。而当代情感心理学专家霍夫曼（Hoffman，1986）曾把情感对认知的影响归纳为以下五个方面。

（1）情感发动、结束、干扰信息加工。

（2）情感导致选择性加工。

（3）情感组织记忆。

（4）情感促进充裕情绪的分类和图示。

（5）情感影响决策和问题解决。

在西方，随着人本主义心理学的发展，教育中的情感因素越来越受到重视。人本主义心理学强调，要促进人的全面发展，必须把认知和情感两个方面统一起来。20世纪70年代后期开始，语言教学研究中开始探索如何把情感发展渗透到语言教学中。过去先后出现的教学法如暗示法、沉默法、社团语言学习、全身反应法、自然法等都特别强调语言学习中的情感问题。当时很多课程大纲的制定和教材的编写都考虑了情感因素。到了20世纪80年代，学习者个体因素（individual difference）成为语言教学研究的重点。西方一些语言教学专家对情感问题的研究取得了颇为丰硕的成果，有些研究成果已经应用到语言学习和语言教学的实践中。如克拉申提出了著名的情感过滤假设（the affective filter hypothesis）理论，他将其定义为："情感过滤是一种内在的处理系统，它潜意识地依据心理学家称为'情感'的因素阻止学习者对语言的吸收。

它是阻止学习者完全消化学习中所得到的综合输入（Comprehensive Input）的一种心理障碍"（Krashen，1985）。该理论说明了情感和外语学习之间的关系。阿诺德和布朗（Arnold & Brown）（2008）指出，解决语言学习中的情感问题有助于提高语言学习效果。消极情感如焦虑、害怕、紧张、沮丧、厌恶等都会影响学习潜力的正常发挥。而积极的情感，如自尊、自信、愉快、惊喜等能创造有利于学习的心理状态。而斯戴维克（2011）认为情感对学习和记忆产生重要影响，主要表现在以下五个方面。

（1）情感信息与其他各种信息如视觉、语言、听觉、嗅觉信息一并储存在大脑之中。

（2）情感可能会给记忆带来混乱。无论是积极情感还是消极情感，在与学习过程建立联系时都会给工作记忆造成混乱，导致工作记忆中可用于处理信息的空间减少，从而影响学习效果。

（3）情感会不断地修正学习者大脑中长期记忆的内容。长期记忆中储存的内容的变化或稳定在一定程度上取决于学习者收到的反馈信息。反馈可以是认知的或情感的，也可以是积极的或消极的。

（4）强烈的意图和需要可能使学习者自主或不自主地抓住一切机会学习，并在大脑中反复回忆（playback）。当这种意图和需要得到部分实现时，学习者就会产生积极情感，从而进一步给学习带来动力。

（5）在语言学习过程中，学习者需要利用已经掌握的资源。能否充分利用已有的资源在很大程度上取决于学习者当时的情感状态。

在我国，早在古代，人们就已经意识到个体间存在个别差异的现象。如我国古代思想家、教育家孔子就提出过"性相近，习相远"。我国古代教育名著《学记》说："学者有四失，教者必知之。人之学也，或失或多，或失或寡；或失则易，或失则止。此四者，心之莫同也。知其心，然后能救其失也。"这段话强调了学习者的个体差异对学习效果的影响。从 20 世纪 80 年代中期开始我国开始涉及教学中情感问题的研究，并出版了一些相关著作，如卢家楣著的《情感教学心理学》（1993）、《以情优教》（2002），燕国材等著的《非智力因素与学校教育》（2000），朱小蔓著的《情感教育论纲》（2005）等。燕国材教授（2012）指出，情感对学习的影响虽然不是直接的，但其间接作用十分明显。记忆是直接参与学习过程的，它起着巩固知识和技能的作用，但情感直接影响记忆的效果。思维是直接促进学习的核心因素，它有助于学生对知识的理解，帮助他们分析问题和解决问题，而情感对思维进程及其效果也有非常重要的影响。一般来说积极的情感有助于增强思维的灵活性，提高思维效果；消极的情感会削弱思维的效果。大量的研究和事实表明，情感是调节师生之间人际关系的纽带。也就是说，通过情感交流，可以建立相互尊重、理解、信任以及团结合作的师生关系，创造愉快活泼、和谐融洽的良好教学气氛。但令人遗憾的是，国内针对语言教学中情感问题的研究尚不多见，已经发表的为数不多的相关论文也只是针对某些问题进行的简单概述，缺乏实证性和系统性的研究。

卢家楣教授（2002）在总结利用国内外已有的相关研究成果的基础上，对情感的功能进行了通俗易懂、较为详细的论述。情感对教学有着双重的作用：积极的情感对教学有着极其重要的促进作用，消极的情感对教学会产生阻碍作用。情感对教学产生的促进作用主要体现在九个方面，即情感的九大功能：情感的动力功能、情感的调节功能、情感的强化功能、情感的疏导功能、情感的感染功能、情感的信号功能、情感的迁移功能、情感的协调功能和情感的保健功能。情感的这九大功能同样在高校英语教学中发挥着重要作用。

（一）情感的动力功能

情感的动力功能是指情感对人的行为活动具有增力或减力的效能，这是现代心理学所揭示的人类情感的极为重要的一个功能。过去人们只认为动机才能推动一个人的行为，情感只是在行为满足或不满足需要时产生的一种体验，对行为没什么作用。但研究表明，情感不仅仅是伴随人类实践活动产生的一种体验，它对人类行为直接产生巨大的影响。例如，同一个人，在同一个动机支配下，在情绪高涨和情绪低落两种情况下，其工作动力有着十分明显的差别。在前一种情况下，个体全力以赴，能克服困难直达预定目标；在后一种情况下，个体无精打采，稍有阻碍，便畏缩不前。

情感的这一功能运用在教学上，就能充分调动学生学习的积极性和自主性。教学活动不同于一般的认知活动，它要求学生在规定时间内，按规定程序接受规定内容，进行规定的认知操作。学生即便有学习动机，但在不同的时间，学生的学习状态是不一样的。通常学生是用意志来调节他们的学习状态，然而，实践证明仅凭意志是不够的，还应根据情绪状态调节学生对教学的态度和积极性。换句话说，情绪决定教学对他们有吸引力还是引起反感，决定学生在教学中是注意力集中、有兴趣、满意、积极、精神振奋，还是冷淡、消极、散漫、不满足、压抑。可见只有发挥情感的动力功能，才能真正调动学生学习的积极性和提高教学效果。

（二）情感的调节功能

情感的调节功能是指情感会影响一个人对认知活动的组织或瓦解的效能。它是各种非智力因素中唯一直接影响认知活动的心理因素，能直接打通非智力因素和智力因素之间的通道，对学生的认知操作活动产生直接的影响。过去人们往往把情感作为理智的对立面来认识，以为情感只是对高级形式的认知活动产生影响。但现代研究表明，适宜的情绪为学生的认知活动提供良好的情绪背景，而不适宜的情绪则会影响、干扰乃至破坏学生的认知活动。情感对个体认知过程产生的影响表现于情感强度和性质两个方面。一是中等强度的情绪有利于智力操作活动，而过高或过低的强度都不利于该活动；二是愉快情绪有利于智力操作活动，而痛苦、恐惧和愤怒等情绪则不利于该活动。我国的研究还表明，兴趣和愉快的相互作用为智力活动提供最佳情绪背景，因为这时候的情绪状态最有利于提高个体的观察、记忆、思维、想象、问题解决等的效率。

情感的调节功能运用在教学中有利于提高学生认知活动的效率。教学活动也是一种认知活动，但它与一般的认知活动不同，它要求学生在较短时间内摄取、加工、储存大量信息，对学生的智力活动提出更高的要求。传统教学曾用"填鸭"的办法来解决"时间短"与"信息量大"之间的矛盾，但行不通。我国教育工作者通过实验研究发现，同一班级学生在不同的情绪状态下学习，效果相差悬殊。因此在教学活动中要十分注意课堂的情绪气氛，并以控制在中等愉快程度为最佳。

（三）情感的强化功能

情感的强化功能是指情感具有巩固或改变个体行为的效能。个体的行为会因为积极的情感体验而得到巩固，这也称为"正强化功能"；个体的行为也会因为消极的情感体验而被改变，这称为"负强化功能"。

情感的这一功能运用在教学中，就能起到培养学生良好的行为习惯和积极的社会性动机的作用。我们的教学不仅要教授学生知识、发展学生智力，还要端正学生品行，使之成为有理想、有道德、有文化、有纪律的一代新人。因而对学生良好的行为习惯和积极的社会性动机的培养也是教学的一个重要方面。在这方面，教师不但要做到"晓之以理"，还要"动之以情"，以发挥情感的强化功能。要发挥情感的强化功能，教师应"情"系学生情感，教育措施应触动学生情感；要形成良好的集体舆论，以配合教育措施；正、负强化功能配合运用。例如，某学生有不良行为习惯，教师要予以批评，并辅以集体舆论，使其体验不悦情感。一旦有所转变，教师要及时鼓励、表扬，使其产生积极情感，发挥正强化功能。时间一长，不仅行为习惯得以纠正，相应的社会性动机也会形成。

（四）情感的疏导功能

情感的疏导功能是指情感会提高或降低一个人对他人言行的接受程度的效能。心理学研究发现，一个人接受他人言行时的情绪状态如何、感情表现如何，以及一个人与他人之间的情感关系如何，都会影响一个人对他人言行的接受程度。

情感的这一功能一旦在教学中发挥作用，就会直接影响教学的认知内容的内化。所谓"内化"（internalization）是指外部的教学要求和内容转化为学生头脑中的需要和认知结构。当情感发挥疏导功能的积极作用时，有利于学生对认知要求、认知内容的接受、内化。相反，当情感发挥疏导功能的消极作用时，则会有碍学生对认知要求、认知内容的接受、内化。根据笔者的一项调查（2016）显示，有一半以上（52.7%）学生对他们的英语教师因为缺少沟通或知之甚少，有一种距离感。当问到他们的英语教师除了上课外其他时间（包括课间）与他们的接触和交流情况时，有35.6%的学生认为和英语老师的接触、交流不太多，而竟然有60.9%的学生选择了几乎没有，其结果必然是导致大多数学生上英语课时缺乏安全感。教师和学生之间存在的心理距离必然阻碍和谐师生关系的建立，而和谐师生关系的缺乏就不可能创造一个让学生觉得"心理安全"的课堂氛围。因此，如何建立和谐的师生关系，如何使学生在课堂上处于一种积极的情绪状态，换句话说，如何发挥情感疏导功能的积极作用，这无疑对促进学生认知内容的内化具有极其重要的意义。

（五）情感的感染功能

情感的感染功能是指一个人的情感具有对他人情感产生影响的效能。这一功能又可细分为两种效能：一是以个体的情感感应他人的相应情感，这在西方心理学上称为"移情"。实验证明，当我们觉察到一个人正在体验或要去体验一种情绪时，会改变自己生理上和主观感受上的情绪状态。二是以个体的真挚情感打动他人的情感，提高他人对个体言行的接受性。

情感的这一功能运用在教学中，就能起到发展学生情感、提高课堂情绪的兴奋性和提高对教学内容的接受性的作用。要发挥情感感染功能的积极作用，首先教师应避免把自己的不良情绪带到课堂上来，以免把自己的不良情绪传染给学生；相反教师应把自己的情绪调整到最佳状态，通过自己的最佳情绪状态来调节学生的情绪兴奋性。其次，教师上课时应带有一定程度的激情，通过自己真情意切的言行感染学生，提高学生课堂情绪的兴奋性和对教学内容的接受性。

（六）情感的信号功能

情感的信号功能是指情感通过表情外显而具有信息传递的效能。表情是情感在我们机体上的外部表现，它包括面部表情、言语表情和体态表情。心理学研究表明，人类表情具有一系列特征：一是具有先天性，如婴儿在出生的最初几天里就表现出某些基本表情；二是具有人类共性，人类的基本表情在识别和运用上具有一致性；三是具有习惯性；四是具有可控性，人类的表情主要受躯体神经系统支配，因而人们可以自觉加以调节、控制。表情已经成为人类社会交往的重要工具，人们能通过表情表达和了解彼此的情绪体验，乃至思想、愿望和要求。

情感的这一功能运用在教学中，就能起到提高教师教学效果的作用。具体体现在三个方面：第一，教师在进行课堂教学时，运用恰当的表情，能使讲课格外生动、形象，从而帮助学生更好地领会、掌握课堂教学内容；第二，教师在进行教育性教学时，运用恰当的表情，能更好地让学生领会教师的心意，一个赞许的点头、一个鼓励的目光、一个会意的微笑，都会渗入学生心头，给予巨大的精神力量；第三，教师在组织教学的过程中，恰当地运用表情，不但可以制止某些学生的不恰当行为（做小动作、交头接耳、嬉闹等），又不会破坏整个课堂气氛，也不会损伤那些学生的自尊心。同时，运用恰当表情，能使语调抑扬顿挫，面部体态适当变化，也有利于学生注意力的保持。

（七）情感的迁移功能

情感的迁移功能是指个体对他人的情感会迁移到与他人有关的对象上去的效能。例如，一个人对另一个人感情很深，那么他会对另一个人所经常使用的东西或所喜欢的东西亦产生好感。这种情况，可以用一个很形象的成语"爱屋及乌"来概括。在英语中也有类似的说法："Love me，love my dog"。这其实是一种普遍的情感现象，是情感扩散、泛化的结果。

情感的这一功能运用在教学中，就能起到改善学生对所学知识的倾向性的效能。教育心理学的研究表明，只有当学生真正喜欢自己所学的东西，对它产生直接的兴趣，才会更好地学好它。两千多年前的教育家孔子曾经说过："知之者不如好之者，好之者不如乐之者。"要使学生喜爱所学的知识，利用情感的迁移功能是极其重要的一个方面，那就是设法将学生对教师产生的积极情感迁移到教师所教的内容上去。我国教育名著《学记》所指出的"亲其师、而信其道"，便是这一功能在教学中的有效运用。关键是，首先教师要与学生建立情感，其次教师要真正喜爱自己所教的东西，这样才能真正实现积极的情感迁移。

（八）情感的协调功能

情感的协调功能是指情感具有促进或阻碍人际关系的效能。情感虽然是在个体与周围客观世界相互作用的过程中发生的，这种相互作用也包括人与人之间的相互交往和影响，并由此形成一种动态的人际关系，但反过来，情感也会影响人际关系的进一步发展。心理学研究发现，人往往喜欢那些喜欢自己的人。前者的"喜欢"是后者的"喜欢"的一种"回报"，故这种相互吸引现象被称为回报性吸引。

发挥情感协调功能的积极作用，有利于改善学生之间、教师与学生之间的人际关系，形成教学中良好的人际环境。美国人本主义心理学家卡尔·罗杰斯把人际关系看成是对他人的积极帮助，是作为一种"促进成长、发展、成熟"的动力，具有积极的因素。他深信教学成败的关键在于人际关系、情感态度。师生关系是人际关系极其重要的一个方面。相关调查显示（项茂英，2016），和谐师生关系的缺乏是许多学生上课焦虑、紧张、缺乏安全感的一个重要因素。因此，如何发挥情感协调功能的积极作用显得尤为重要。

（九）情感的保健功能

情感的保健功能是指情感对个体的身心健康具有增进或损害的效能。情感与身体健康的关系早被我国古代医学所指明，有"百病生于气也，怒则气上，喜则气缓，悲则气消，恐则气下，惊则气乱，思则气结"和"喜伤心，怒伤肝，悲伤肺，恐伤肾，思伤脾"之说。现代医学研究发现，对人类健康有着广泛影响的一些身心疾病虽然在生理上有症状，但其发生、发展、预防和治疗却与情绪因素密切相关。良好的情绪有益于健身祛病，延年益寿，而不良情绪则会损害健康、导致疾病。

情感的保健功能还体现在情感对人的心理健康具有增进或损害的效能。心理健康标准包括情绪稳定协调，行为协调，人际关系良好，个性稳定、健全，注意力集中，有社会责任心，有现实的人生目标等。而一些心理学家和教育工作者指出，目前中国大学生存在的心理问题呈上升趋势，众多诱因导致一些大学生成为心理弱势群体。甘肃省青少年教育研究所几次心理健康调查表明，西北地区大学生的精神行为阳性检出率约为 16%，心理处于不健康或亚健康状态的学生约占 50% 左右。大学生的心理问题主要表现在自闭、抑郁、焦虑、偏执、强迫、精神分裂等方面。大学生心理健康问题的不断暴露已经引起学校和有关部门的高度重视。作为重要措施，一些城市开始开设心理健康课程，设立心理辅导教师岗位，为学生建立心理健康档案等。其实情感教学就是在学校环境中实施心理健康教育的一个最为广泛、最为有效、最能为大多数教师所参与实施的措施，因为情感教学所创设的教学氛围有利于学生产生良好的情绪。良好的情绪是心理健康的重要指标之一，而良好的情绪反过来又能促进学生的认知活动，提高学生的学习效果。

可见，情感会对人的认知活动产生一系列的影响。高校英语教师应充分发挥情感的积极作用，减轻或抑制消极情感可能对教学带来的负面影响。只有这样，才能做到情感与认知的和谐统一，才能在高校英语教学中真正实现"以情优教"的目标。

四、高校英语教学中情感因素研究的背景

自古至今，许多中外教育家都曾强调情感在教学中的意义，提出了不少精辟的见解。例如，我国古代伟大的思想家、教育家孔子就曾提出"好学，近乎知"（《论语·中庸》）的观点。这里的"知"在古代和"智"同义，意为好学的人也就是近乎聪明的人。这就明确指出了情感对学生智慧所具有的直接的促进作用。西方人本主义心理学领袖人物之一卡尔·罗杰斯（Carl Rogers, 1961）认为，认知和情感是浑然一体，密不可分的。

（一）历史的积淀与启示

其实早在两千多年前，人们就已经认识到情感对教学活动、对学生学习活动可能具有促进作用。我国古代伟大的思想家、教育家孔子就有丰富的乐学思想。"知之者不如好之者，好之者不如乐之者"（《论语·雍也》），便是孔子在这方面的最具代表性的名言。这一名言阐述了好学、乐学情感对学生学习具有的促进作用。这里"知学"指的是缺乏情感因素激励而仅限于认知因素的学习，而"好学"和"乐学"则都是指带有情感因素激励的学习。

所谓"好学"，就是爱好，指学习兴趣。孔子重视"好"在学习中的作用，他对自己的评价就是"好学"："十室之邑，必有忠信如丘者焉，不如丘之好学也"（《论语·公冶长》），并经常以己为榜样，鼓励学生好学，培养学生"学而不厌"的"好学"精神。弟子颜回好学，孔子对他评价极高："有颜回者好学，不幸短命死矣。今也则亡，未闻好学者也"（《论语·雍也》）。汉代杨雄提出了衡量好学的标准。他说："学以治之，思以精之，朋友以磨之，名誉以崇之，不倦以终之，可谓好学也已矣"（《法言·学行》）。他认为，一个人必须依靠学习来获取知识，依靠思考来精通学问，依靠朋友相互研讨共同提高，依靠荣誉来激励学生坚定信心，依靠持之以恒来完成学业，只有做到了这些方面的要求，才可以称得上是一个真正好学的人。元代教育家吴澄还论述了"好学"与"乐学"的关系。他说："读书当知书之所以为书，知之必好，好之必乐。既乐，则专在我。苟至此，虽不读，可也"（《宋元学案·草庐学案》）。就是说，懂得读书学习的道理，就会产生对学习的兴趣和爱好。有了兴趣爱好，就会产生以学习为快乐的情感。一旦产生对学习的愉悦情感，就一定会自觉主动专注地学习，这就是孔子为什么说"好之者不如乐之者"之故。

所谓"乐学"，即情感活动的一种表现，包括快乐、愉悦等。孔子是最早提倡"乐学"教育的教育家。他把治学分为"知学""好学""乐学"三个层次，把充满情感的"乐学"放在治学的最高境界上。"学而时习之，不亦乐乎！"（《论语·述而》）。孔子提倡"发愤忘食、乐以忘忧，不知老之将至"（《论语·述而》）的精神。孔子特别赞扬颜回"一箪食、一瓢饮，在陋巷，人不堪其忧，回也不改其乐"的精神（《论语·述而》）。《吕氏春秋》则从心理上对乐学进行了分析："人之情不能乐其所不安，不能得于其所不乐。为之而乐矣，奚待贤者，虽不肖者犹如劝之；为之而苦矣，奚待不贤者，虽贤者犹不能久。反诸人情，则得所以劝学矣"（《吕氏春秋·孟夏纪·诬徒》）。意思是说，一个人如果能从心理情感上把学习当成一件快乐的事，真正沉浸在学习的乐趣之中，就一定能学有所得，反之亦然。汉代刘安不仅提倡乐学，而且把快乐分成感官快乐和心理快乐。他说："故同味而嗜厚脯者，必其甘之者也；同师而超群者，必其乐之者也。弗甘弗乐而能为表者，未之闻也"（《淮南子·缪称训》）。意思是只有以学为乐，才能成为同类中的佼佼者。"感官快乐"是一种寻求感官物质刺激的快乐，是表面的、短暂的，对学习没有什么意义的。"心理快乐"是一种心灵满足的精神愉悦，是内在的、持久的，在学习中意义重大。一个人只有获得内在心理满足，才能最终战胜外在物欲缠绕。只有感到学习是一种内在需要，艰苦的学习才会成为一件乐事，并且这种从学习中获得的乐趣，就会转化成为刻苦学习的推动力。王阳明的乐学思想特别值得注意。他说："大抵童子之情，乐嬉游而惮拘检。今教童子，必使其趋向鼓舞，中心喜悦，则其进自不能已"（《阳明全书》）。意思是说，教育学习，只有从个体情感出发，才能收到"进不能已"的效果。

在国外，从古希腊苏格拉底（Socrates）倡导的"助产术"教学到罗马昆体良（M.F.Quintilianus）的慈父式教学，从捷克的夸美纽斯（J.A.Comenius）主张能使教师和学生全部得到最大快乐的教学到英国的斯宾塞（H.Spencer）提出教学的第一条"快乐原则"，都是在某种程度上开始意识到情感对学习的影响。苏格拉底认为，教师的任务并不是要臆造和传播真理，而是要做一个新思想的"产婆"，用对话、提问、暗示、归纳等方法激发学生思维，使之主动寻求答案。昆体良主张"教师要以父母般的感情对待学生"，做到和蔼而不放纵，严峻而不冷酷。夸美纽斯作为西方近代教育理论的探索者比较全面系统地论述了"乐学"思想。他认为师生情绪可以互相感染，学生之间可以互相激励、互相帮助。斯宾塞在其名著《教育论》中指出：教育应当是快乐的，快乐的情感状态有利于学生的智慧活动，教学效果与学生学习时所得到的满足和乐趣成正比。到了20世纪60年代，随着人本主义心理学的兴起，人们开始越来越关注情感因素对教学的影响。美国人本主义心理学家卡尔·罗杰斯（Rogers）认为认知和情感是浑然一体，密不可分的。人是作为一个整体进行创造性活动的，而这种整体首先表现为知情活动的合二为一。罗杰斯指出，创造性的思想和观点常常在淋漓尽致地表现我们的情感之际出现，而且源于这种淋漓尽致的表现。人天生具有优秀的素质或潜能，而潜能的实现作为人类的本能需求，必然要求人性的"自由运行"，必然要求一种真实、信任、理解的人际关系。在这种关系中，人的情感和情绪能自发地表现出来（Rogers，1961）。另一位人本主义心理学家马斯洛（Mas low）认为人类行为的心理驱力不是性本能，而是人的需要，他将其分为两大类、七个层次，好像一座金字塔，由下而上依次是生理需要、安全需要、归属与爱的需要、尊重的需要、认识需要、审美需要、自我实现需要。人在满足高一层次的需要之前，至少必须先部分满足低一层次的需要。马斯洛认为人类具有真、善、美、正义、欢乐等内在本性，具有共同的价值观和道德标准，达到人的自我实现关键在于改善人的"自知"或自我意识，使人认识到自我的内在潜能或价值，人本主义心理学就是促进人的自我实现。

虽然人们早就对情感在学习和教学活动中的作用有所认识，有关的思想也源远流长，但由于种种原因教学中的情感问题始终未引起人们普遍而足够的重视。其原因是多方面的。一是对情感因素在教学中的作用尚缺乏科学而全面的说明。例如一些有识之士的言论大多为一种主观断言、一种个人体会，缺乏令人信服的科学论证，并且所涉及的情感在学习或教学中的作用也十分有限，几乎都局限于情感对学生的认知活动的某些促进作用上，这就直接影响了人们在观念上对情感的普遍接受和应有的重视。二是对如何在教学中发挥情感积极作用缺乏具体的指导。即使重温历史名人的精辟见解，也大多是对情感在学习或教学中的作用的反复强调，很少拿出切实可行的方法供世人参考，尤其是教师的借鉴。三是应试压力。外语教学界一直在提倡不要搞应试教育，要重视素质教育，但是事实上应试教育仍然存在。首先每个学期学生的英语成绩往往是学生平时各种大小考试成绩的简单百分比换算。这些考试往往是以书面形式进行的，着重考察学生的听、读、写的能力，题型主要是选择题。有些学校还对学生的成绩以班级为单位进行升、降排名，作为衡量英语教师教学效果的重要依据。而学校之间还是念念不忘四、六级通过率的比较。广大外语教师在四、六级统考"指挥棒"下，在各级领导追求通过率而下达的指标下，只能一心为达标，提高通过率而努力。有些学校甚至把四、六级考试与学生的毕业证书、学位证书挂钩。根据笔者组织进行的一项关于高校英语教学中教师运用情感因素的问卷调查结果来看，大多数教师把教学中未能运用情感因素的主要原因归结为缺乏有关的"理论指导""方法指点"和"应试压力"。历史上人们对情感在教学中的先知先觉和西方的研究成果已经为我们今天的努力提供了一定的基础，创造了一定的条件。我国外语教师对情感问题尚存的认识上的不足与局限，则是我们今天的研究所要解决的问题。

（二）改变高校英语教学现状的需要

20 世纪 60 年代，随着西方人本主义心理学的兴起和发展，教学中的情感问题越来越受到重视。人本主义心理学认为，教育应该以"促进人的全面发展"为目标，而要实现该目标，必须把"认知"和"情感"两个方面统一起来。然而，无论在东方还是在西方，在以往的教育还是目前的教育，人们过于强调大脑的理性和认知功能，而忽视了非理性方面的发展，造成了"情感空白"（emotional iliteracy）（Goleman，2009）。

据上海师范大学教育科学学院的一项调查显示，"重知轻情"现象在我国当前学校教育中普遍存在。在调查中，50% 以上教师认为当前学校中重认知因素轻情感因素情况相当严重；逾 90% 教师认为应培养学生情感以提高教学效果；希望运用情感因素的教师占 99.71%，但是付诸实践的教师仅占 8.81%。

罗杰斯认为："人的认知活动总是伴随着一定的情感因素，当这种情感因素受到压抑甚至是抹杀时，人的自我创造潜能就得不到发展和实现。而只有真实、对个人的尊重和理解学生的内心世界等态度的出现，才能激发起学生的学习热情，增强他们的自信心"（Rogers，1969）。然而遗憾的是，长期以来我国的学校教育中教学涉及的往往只是诸如传授知识、训练技能、发展智力之类的隶属认知范畴的活动，其职能被人们一直局限于"传道、授业、解惑"之中，而教学中的情感因素则被忽视了。这种重知轻情的教学失衡状况致使现实的学校教育实践更把注意力集中于分数、考试、升学率、通过率等密切联系的认知方面的活动，而教学中的情感因素几乎被忽视了。其结果是学生不仅没能在教学过程中得到积极的情感陶冶，反而滋生厌学、恐学的情绪，以及紧张、压抑、焦虑的体验，严重影响学生的身心健康和各方面素质的和谐发展，甚至连认知方面的发展也受到抑制。

目前的高校英语教学也普遍存在"重知轻情"现象。一方面，大多数英语课堂大部分时间由教师占有，以"填鸭式"教学为主。不少的外语课堂只是照本宣科，简单的语法现象、语言点、短语等语言形式低水平地重复，而学生则是被动的"接收器"，知识成为师生交流的唯一纽带。尽管很多教师意识到让学生主动参与课堂活动的重要性，但是由于种种原因，他们实际上采取的还是以教师为中心，以掌握书本内容为目的的传统教学模式。这种传统的语言教学模式使课堂成为演出"教案剧"的"舞台"，教师是"主角"，学习好的学生成为主要的"配角"，大多数学生是不起眼的"群众演员"，很多情况下只是"观众"与"听众"。教师和学生之间这种畸形的"独木桥式"的关系（即单一通过知识发生联系）必然带来的一个后果是课堂教学中师生缺乏情感的交流，教学常常陷入一种硬邦邦、无生气的状态，结果学生上课参与意识不强，学生对英语普遍缺乏兴趣，而且这种缺乏学生参与的沉闷的课堂气氛同样也挫伤了外语教师上课的积极性。

从小学、中学、大学到研究生，学生必须为外语花费大量的时间。如大学本科的前两年、研究生的第一年，外语学习通常占去了学生大部分的课余时间。但由于种种原因，学生花费了很多时间而学习效率却不高，有些学生甚至一接触到外语就感到头痛、发愁、心情沉重。众所周知，外语学习者是有思想、情感和理性的人。外语学习者的年龄、智力、观念、情感状态、语言潜能、学习动机、认知风格、态度、努力程度等都有差异，而且人是不断变化和发展的。教育心理学的研究已经证明，学习者的个体差异是影响学习成败的关键因素。刘润清教授（1999）曾经把决定语言学习的因素归结为三个：一是智力和语言天赋，二是认知方式，三是人格因素。学习者个体差异对英语教学影响理论研究的缺乏必然会导致英语实际教学中教师对学习者个体差异的重视不足。特别对高校英语教学而言，在人数多、学生基础不一、动机和目的各异，需求不一致的情况下，简单地以教师为中心，以知识为纽带，不仅无法做到因材施教，更无法提高高校英语教学效果。因此，研究语言学习中的情感问题对改变目前的高校英语教学现状具有极其重要的意义，解决情感问题有助于提高语言学习效果。消极情感如焦虑、害怕、羞涩、紧张、沮丧、怀疑、厌恶等都将影响学习者学习潜力的正常发挥，而积极情感如自尊、自信、移情、愉快、惊喜等则能创造有利于学习的心理状态。

教学实践中过多注重知识的传授，客观上导致了人们在教育理论方面的研究也主要集中在认知层面。在以往的教育理论中，有关认知层面教学的研究报告连篇累牍、汗牛充栋，有关情感层面教学的研究论文则稀稀疏疏、寥若晨星，而关于语言教学中情感问题的研究更为少见。在教学研究中人们提出的各种各样教学原则，诸如直观性原则、巩固性原则、可接受性原则、因材施教原则等也大多用以规范、指导认知层面的教学活动，却未看到有一条公认的用来规范、指导情感层面教学活动的原则。因此非常有必要呼唤语言教学理论的研究工作者多开展一些情感层面的教学活动研究，为外语教师提供一定的理论层面的指导和切实可行的操作方法。

20 世纪 70 年代以来，西方语言教学研究的重点已经从研究教师如何教转向学习者如何学。其中一个重要的研究领域是关于造成学习结果差异的学习者个体因素。在这一背景下，研究人员开始重新关注情感因素对语言学习的影响，讨论较多的情感因素有态度、动机、个性、焦虑、移情、自信心等。但是国内对语言教学中情感问题的研究尚不多见。深入研究情感因素对语言教学的具体作用的文献更为少见。在此背景下我国的外语教学工作者更应该重视外语教学中情感问题的研究，为提高我国高校英语教学效果提供必要的理论支持和切实可行的操作方法。

第二节　高校英语教学中学生的个人因素

近百年来，外语教学研究者的主要精力一直放在寻求最好的教学方法。19 世纪末到 20 世纪中期，外语教学中的新方法层出不穷，但没有一种方法可以算得上十全十美，更没有一种方法可以教好任何国家、任何年龄、任何水平的学习者。不论采用什么教学方法，也不论使用何种教材，总有一部分学习者进步很快，最后达到很高水平。但也总有一部分学习者进步很慢，或者半途而废，或者最终学不好外语。到了 20 世纪 70 年代，不少研究者开始认识到，教学方法和教材终究是外部因素，外语学习效果如何，最终还要看内部因素是否起了作用。而内部因素就是学习者自身所具备的某些特征，诸如年龄、性别、兴趣、性格、学习方法等。因此 20 世纪 80 年代，语言教学研究的重点从研究教师如何教转向了学习者如何学。其中一个重要研究领域是关于造成学习结果差异的学习者个体因素（individual difference），又称 ID 研究。可以说，个体差异研究仍处于初级阶段。我国著名语言教学专家刘润清教授（999）认为，虽然人们对个体差异已经做了不少研究，但设计多种多样，工具五花八门，缺乏统一的研究目标和规范。不过到目前为止，研究的因素已经相对集中，调查工具也相对完善。针对个体差异研究比较受到重视的因素有：智力（intelligence）、语言学能（language aptitude）、认知方式（cognitive style）、人格特征（personality traits）、学习策略（learning strategies）、动机（motivation）、年龄（age）、性别（sex）等。在个体者差异对外语学习的影响得到重视、研究的背景下，语言学习中的情感问题再一次受到了关注，很多课程大纲的制定和教材的编写也考虑了情感问题，人们尤其热衷于从情感角度研究学习者个体差异对语言教学的影响。一般认为影响语言教学效果的学习者的个别因素包括焦虑（anxiety）、自尊（self esteem）、学习动机（motivation）以及性格的内向与外向（extroversion & introversion）等。

一、焦虑（anxiety）

一般认为，焦虑是指个体由于预期不能达到目标或者不能克服障碍的威胁，使其自尊心与自信心受挫，或使失败感和内疚感增加而形成的紧张不安、带有恐惧感的情绪状态。心理学家从临床的观点把焦虑反应看作是带有不愉快情绪色调的正常的适应行为，把他们描述为对危险、威胁和需要做出特别努力但对此又无能为力的苦恼和强烈预期。在欧美国家，早在 20 世纪中期，焦虑就是教育心理学的研究重点以及实践中关注的焦点。到了 20 世纪 60 年代，关于高焦虑与学生的学习成效之间的关系研究成果大量出现，如斯皮尔伯格（Spielberger）（1966）的研究表明，20% 以上的学生因为典型的高焦虑导致学习失败被迫中途辍学，而在低焦虑的学生中，因学习失败而辍学者只有 6%（见王银全，2001）。20 世纪 70 年代的许多研究从传统的课堂教学环境到计算机辅助教学都取得了类似的研究成果，证明无论采用什么样的教学方法，焦虑对学生的学业成效都有着显著的影响。在阐述焦虑对语言学习的影响之前，先简单介绍一下人格心理学对焦虑的相关研究。

（一）人格心理学对焦虑的相关研究

焦虑研究在很多精神分析理论家的著作中占据着重要的地位，比较具有代表性的研究是西格蒙特·弗洛伊德（Signund Freud）和凯伦·霍尼（Karen Homey）的焦虑理论以及特质流派（trait approach）的社交焦虑研究。尽管焦虑的定义多种多样，但是大部分研究者都认为它首先是一种不愉快的情绪体验。当你体验到焦虑时，会感到担心、惊慌、害怕和恐惧。

1. 弗洛伊德关于焦虑的基本主张

弗洛伊德认为焦虑主要有三种。一是现实焦虑，它是在觉察到真实世界中的危险时作出的反应；二是神经质焦虑，它是指当不受欢迎的本我冲动快要侵入意识的时候，人们会体验到神经质焦虑，它会导致自我运用防御机制；三是道德焦虑，它是指当本我冲动违背了超我的严格规范时人们会体验到道德焦虑，比如人犯罪时通常会体验到道德焦虑。在弗洛伊德的焦虑理论中，他重视个体的内在因素，强调先天的生物本能。

2. 霍尼的焦虑理论

许多新弗洛伊德理论家在他们的著作中吸收和修改了弗洛伊德关于焦虑的观点。例如霍尼对弗洛伊德焦虑学说的最大改造就是在精神分析时引进了社会文化因素，她重视个体的外在因素，强调后天的环境作用，主张从宏观的社会环境和微观的个体环境中去寻找焦虑的根源。霍尼认为，环境对人的心理和行为具有十分重要的影响，人的情感和心态在很大程度上取决于人们的生活环境、文化环境和个体环境。例如霍尼认为现有文化的矛盾会使个体导致情感的隔离、潜在的敌意、不安全感以及个体的无助感。在霍尼的焦虑理论中，个体环境是指一个人所结成的人际关系，有时也称为个人经历（王国猛，2002）。在霍尼看来，人际关系障碍导致情感隔离，潜在的敌对和紧张。人际关系失调是产生基本焦虑的直接原因。霍尼从个体的外在因素和后天的环境作用挖掘焦虑产生的根源，这是焦虑研究的一大突破。她的焦虑理论为语言学家研究学习者外语学习焦虑提供了重要的启示和借鉴。

3. 特质流派有关社交焦虑的研究

特质心理学家认为，社交焦虑是一种与社会交往或参加社交活动有关的焦虑。社交焦虑的人具有一般的焦虑症状：生理唤醒水平升高、不能专心、感到紧张。社交焦虑者非常关注别人怎样看待他们，因此他们在遇到陌生人或是在很多听众面前发表讲话时非常注重自我。他们通常在说话时会有点结巴，出现口误，有外显的紧张行为，比如出汗和发抖等。社交焦虑者不仅怕别人看不起自己，还往往把各种反馈加上消极色彩。有一项研究验证了这一点。在这项研究中，参与研究的大学生要与另一个参与者一起完成一系列任务。试验结束后，问这些参与者："你认为那个合作者会怎样评价你？"结果发现社交焦虑者比无焦虑者觉得自己更不受对方喜欢，自己也更不能胜任（见陈会昌编译，2000）。

为什么社交焦虑者在特定的社交情境中会产生焦虑？许多心理学家认为"评价恐惧"（evaluation apprehension）是社交焦虑背后的原因。换句话说，社交焦虑者担忧别人怎么看待他们，他们尤其害怕负面评价。对评价的恐惧使社交焦虑者采取各种可以降低对别人的评价产生恐惧的方法。他们通常采取的方法是避免与交往对象见面或者避免与他人的目光接触。与他人的目光接触是一种准备好了或是愿意与对方交谈的信号。通过拒绝给出这种信号，社交焦虑者告诉周围的人，他们希望避免与别人交往。这样社交焦虑者就限制了别人对他们做出评价的机会。

总之，社交焦虑者在交往中会采取一种自我保护策略。由于他们非常关注负面的评价，因此会尽自己所能来控制自己留给别人的印象。在心理学家们看来，社交焦虑者真正缺少的是自信，是不相信自己能给别人留下好印象。因此要克服社交焦虑，关键在于帮助社交焦虑者树立自信心，让他们相信自己有能力以恰当的方式讲述任何事情，并能给别人留下好印象。特质流派的社交焦虑理论对研究外语学习焦虑同样具有重要的启示。其实教室就是一个舞台，是师生进行交际的社交场所，教师和学生组成了特定的交际对象。在这样一个特定的交际场所中，一些外语学习者为什么会产生焦虑？焦虑产生的根源是什么？怎样才能克服焦虑？无疑我们可以从特质流派的社交焦虑研究成果中得到一些启示。

综上所述，人格心理学家有关焦虑的主张对研究语言学习的焦虑问题无疑是有很大的启示作用的。特别是霍尼的人际关系失调是产生焦虑的直接原因和文化因素则是最终根源的观点，以及特质流派关于社交焦虑的一些基本主张为语言学家们研究语言学习焦虑提供了帮助和借鉴。

（二）外语学习与焦虑

1. 外语学习与焦虑的相关研究

临床心理学将焦虑定义为"一种经常怀有恐惧或担心的复杂情感状态，为神经和精神疾病所特有"（《企鹅心理学词典》）。《钱伯斯词典》称焦虑感是一种"对不确定事物的既害怕又向往的"忧虑心态（见刘润清，2000）。

焦虑与外语学习、学业成绩之间的关系是语言学界研究的一个重要课题，但是研究结果缺乏一致性。艾森克（Eysenck, 1970）认为，喜欢担心的人情绪波动大，喜怒无常，常常忧心忡忡，往往求助于做些事情来缓解精神压力。因此焦虑感高的人成绩一定不差，因为焦虑感会驱使他们消除担心的来源，所以焦虑感也可能成为一种动力源泉（刘润清，2000）。而有些人认为焦虑感和学业成绩呈负相关，许多教师（奈曼等，1975）凭直觉断定，焦虑感高的外语学习者成绩低于那些精神放松的人，但没有研究资料能证明这一点。加德纳（Gardner, 1985）认为，只有在具体环境下的焦虑感才与外语成绩有直接关系。除了一般焦虑感之外，可能有外语测验焦虑感、外语使用焦虑感、外语交谈时的焦虑感、外语课堂焦虑感等。因此可以说，在外语学习中，有关研究最初并没有能够明确地证明焦虑与学习者外语学习成绩之间的关系。

1978年斯科维尔（Scovel）发表了一篇论文，指出焦虑仅仅与语言学习的一些方面呈负相关。换句话说，焦虑感对外语学习存在双重作用，即促进作用和抑制作用，这似乎与《钱伯斯词典》对焦虑感的定义有一致的地方，它将"害怕"和"向往"并提，前者消极，后者积极，二者对立。焦虑感对外语学习存在两种相反的作用。斯科维尔（1978）认为应该区分两种焦虑感：促进性焦虑（facilitating anxiety）和妨碍性焦虑（debilitating anxiety），促进性焦虑感给学习者以动力，去征服新的学习任务，妨碍性焦虑感使学习者回避新的学习任务。

早期的研究虽然引起了第二语言教学界对焦虑问题的重视，但由于缺乏高信度、高效度的焦虑量表进行调查，故未能发现焦虑与语言学习的明确关系（阿伊达，1994）。进入20世纪80年代之后，第二语言习得研究取得了长足进展。许多研究都对学习中存在的情感变量（affective variables）与外语学习之间的关系有了比较一致的看法。焦虑被认为是最关键的心理变量之一，而语言焦虑是语言学习所特有的一种复杂的心理现象。牛津（Oxford，1999）认为语言焦虑不是一般意义上的焦虑，而是学生因为要运用目的语而产生的害怕心理，是影响语言学习诸因素中的主要因素。霍维茨（Horwitz）等（1986）将外语焦虑定义为"与课堂语言学习有关，产生于语言学习过程中，独特而复杂的自我认识、信念、情感以及行为"。而加德纳和麦金太尔（1994）则认为语言焦虑是学习者需要用外语或第二语言表达时所产生的一种担忧或恐惧。研究人员普遍认为，语言焦虑与语言课堂成绩以及教师对学生成就的评定呈负相关。焦虑对外语学习的影响还不仅仅在这些方面，在学生学业问题上也有具体的反映，比如焦虑已经被证明对听力理解有负面影响。焦虑的学生经常会抱怨课程进展太快，他们被甩在后面了，他们需要有更多的时间用于自己的课程等等。在考查和考试中，外语学习焦虑的表现同样存在。

我国学者刘润清（2000）认为社会观念会影响人们对学习的看法，会增加学生的焦虑感。过高和过低的焦虑感都会妨碍学习，天津师范大学祝国庆的试验证明了这一点。祝国庆（见刘润清，2000）认为焦虑感与成绩之间是倒U的关系，即无焦虑者和焦虑感过高者都不会取得好成绩。前者动力不足，后者思想压力太大，只有适当的焦虑感才会促进学习。他让被试者在三种不同情况下用英语演讲：没有听众，听众是一些同学和听众是一组考官。在第一种情况下演讲者吞吞吐吐，错误百出，因为此时没有什么演讲的动力。在第三种情况下，由于精神紧张，结果也不理想。只有当听众是自己的同学时，演讲者发挥最好，既不害怕也不紧张。

焦虑感与学业成绩之间的关系是相当复杂的。刘润清认为（2000）语言学界对焦虑感和学业成绩研究结果的不一致可能基于以下几个原因。首先教学状况本身对学生焦虑感的影响力不容忽视。枯燥无味的教学材料，敷衍了事的教师，易如反掌的考试题，都会使学生丧失学习的动力。其次，研究结果的不一致可能在于焦虑感有不同的种类，有的对学习有利，有的对学习不利。例如斯科维尔根据焦虑对学习的作用区分出"促进性焦虑"和"妨碍性焦虑"。按照这种观点，当实验发现焦虑感与外语成绩不相关时，可能是学生的一部分妨碍性焦虑与学生的另一部分促进性焦虑相互抵消了。妨碍性焦虑感作用增大时，焦虑感与外语成绩出现负相关关系，反之，则出现正相关。另外，每个人降低焦虑感的方法不同。学习者总是试图将压力减缓到自己可以承受的程度，但这并不意味着会提高他们的成绩，除非他们改进学习方法。但是他们也可能采取逃避的方法，如放弃努力，对作业置之不理等，以此减轻焦虑感。

可见，过高和过低的焦虑感都会妨碍学习，而适度的焦虑对外语学习是有益的。导致焦虑的原因很多，既可能是学习者的个别特征，也可能是学习活动形式或教学方法。牛津（1999）认为导致焦虑的因素主要有以下几种。

（1）自尊心的强弱与焦虑程度的高低有关系。不成功的语言学习者其自尊心往往低于成功的语言学习者，而自尊心较强的学习者能有效地克服焦虑，而自尊心弱的学习者则不能。

（2）由于语言及语言学习的复杂性，第二语言学习经常会涉及意义、所指发音等方面的模糊现象。因此语言学习者对学习过程中出现的模糊现象要有一定的宽容程度，否则焦虑程度就会升高。

（3）对于语言学习过程中出现的模糊现象，极其焦虑的学习者其冒险精神往往会下降。或者换句话说，焦虑程度高的学习者往往没有冒险精神。而适度且明智的冒险对语言学习有益。

（4）竞争可能导致语言学习者产生焦虑。当语言学习者把自己与他人或理想中的自我形象进行比较时，可能产生焦虑心理。

（5）社交焦虑包括演讲焦虑、害羞、怯场、尴尬以及交流中的不安等心理状态。

（6）测试可能导致焦虑。学习者往往因为担心测试成绩不理想而产生焦虑。

（7）认同感和文化差异也可能导致焦虑。如果某一学习者与周围的学习者没有认同感，则焦虑程度往往较高。而文化冲突会给学习者造成包括焦虑在内的各种心理变化。

（8）教师和学习者对学习的不同认识也可能导致焦虑。例如，认为讲外语时必须准确无误的学习者，用外语表达时焦虑程度相对较高。

（9）课堂活动和教学方法可能导致焦虑。例如，在全班同学面前做口头表达对多数学习者都会产生或多或少的焦虑。克拉申也认为（见王银泉，万玉书，2001），以问答形式为代表的传统语言教学模式也十分容易诱发学生的焦虑。

（10）教师与学习者之间的交流形式和内容可能导致焦虑。过于严厉的纠错往往使学习者焦虑不安。

2. 外语学习焦虑的症状

霍维茨（1986）认为对焦虑的诸多研究存在难以断定结论的现象归因于外语学习焦虑研究中缺少一个专门针对外语学习的有效而可靠的测量手段。为了了解学习者对外语学习过程产生的特殊身心反应的程度差异及其对外语学习的影响，根据学生的自我报告、客观实验以及一系列相关测量方法的分析整理，霍维茨设计出了一个后来被广泛采用的外语学习焦虑测量方法——外语课堂学习焦虑量表，即FLCAS。不过即使没有FLCAS之类的工具量表，语言学习焦虑的某些症状依然是可以观察的，但是不同的文化对焦虑行为的确认是不一样的，在一种文化中正常的行为在另一种文化中也许被认为是焦虑行为。

杨（Young，1992）认为外语学习焦虑的外在典型反应可以是焦虑的一般症状，如"学习者手掌心出汗，腹部疼痛，心跳和脉搏加快"等。但是，外语学习焦虑的进一步反应可能通过以下一些行为表现得到显示，即语音变调，不能正常地发出语言的语音和节奏；站起来回答问题时有冻僵的感觉，忘掉才学过不久的词汇，甚至根本说不出话，只是沉默不语，等等。一些极端的症状可能是逃课，避免与教师的目光接触，不预习就来上课，等等。焦虑学生回答问题以及参与课堂活动的自觉性很小，他们还倾向于回避比较复杂的句子结构，而比较放松的学生则会表现得跃跃欲试。

牛津（1999）则认为语言焦虑的典型症状主要有以下几点。

（1）经常性的回避。遗忘答案心不在焉、旷课、迟到、上课缺乏主动性，以及无法回答一些甚至是最简单的问题。

（2）焦虑的身体行为。扭动身体、坐立不安、紧张地触摸头发或衣服、口吃以及无法重复即使是反复多次的某些发音或音调。

（3）焦虑的身体症状。头痛、肌肉紧张、身体的任何部位都感到无法解释的疼痛或紧张。

（4）其他的语言焦虑症状与文化相关。学习过度、完美主义、社交回避、回避对话、有意避开目光接触、敌对情绪形象保护、一些掩饰性的行为（夸张地笑、点头）、不能自然地打断对话、过分地专注于竞争（excessive competitiveness）、过多的自我批评（excessive self-criticism）以及过于自我谦卑（excessive self-effacement）等。

3. 外语学习焦虑的类型

语言教学研究人员根据焦虑的性质、对语言学习的不同作用从不同的角度对焦虑进行了分类。

（1）状态焦虑（state anxiety）和个性焦虑（trait anxiety）

杜利（Duly）（1982）指出外语学习者成绩的好与差可以通过焦虑的程度来区分。这种焦虑可以是由个人因素或令人担忧的学习环境引起的。总的来说，外语学习中的焦虑可以分为状态焦虑和个性焦虑。状态焦虑是指人在某一瞬间感受到的恐惧（斯皮尔伯格 Spielberger，1972），如考试前或遇到某种紧急状态时产生的一瞬间的恐惧。状态焦虑强调的是"某时某刻"的一种情绪状态。个性焦虑则指人的一种个性特征，即在任何情况下都易于产生焦虑的倾向。一旦语言焦虑演变为一种长期性的特征，那么它就会对语言学习和语言表现产生深远的影响。

（2）妨碍性焦虑（debilitating anxiety）和促进性焦虑（facilitating anxiety）

尽管一些语言研究人员认为存在积极性的焦虑，但大多数研究表明焦虑与语言表现呈负相关。斯科维尔（1978）指出焦虑应分为促进性焦虑和妨碍性焦虑。妨碍性焦虑会以直接或间接的方式影响学习者的语言表现，它与骤然下降的动机、消极的态度和信仰以及语言表现的困难程度有关，它使学习者回避新的学习任务。牛津的研究表明，妨碍性焦虑与下列因素呈负相关（Arnold，1999）。①语言课程取得的分数、水平考试表现；②用语言进行说和写的表现；③对语言学习的自信程度；④自尊心的强弱：对自我价值的判断。另外一些研究表明语言学习焦虑在某些方面、一定程度上对语言学习有帮助作用，例如它可以使语言学习者保持警觉，给学习者以动力，去"征服"新的学习任务（Scovel，1978）。不过语言研究人员对促进性焦虑的存在及其作用持不同的看法。霍维茨（1986）认为焦虑只对一些简单的学习任务有帮助作用，而对于一些较为复杂的学习，如语言学习则没有帮助作用。杨（1992）与语言教学专家雷尔登（Rardin）、奥玛吉奥·哈迪（Omaggio Hadley）、特雷利（Trell）以及克拉申等就外语学习焦虑的积极性一面进行过讨论。雷尔登认为焦虑积极的一面无时无刻不在起作用，只是当一种消极的失衡出现时我们才会注意它的存在。哈迪则宣称一定量的紧张（tension）对语言学习是有帮助的，但她拒绝把这种紧张称作焦虑，她把这种紧张叫作注意力（attention）。克拉申坚持认为在语言习得方面焦虑不存在所谓积极的一面，语言习得在焦虑为零的情况下似乎最为有效。可见语言教学研究人员在促进性焦虑方面还没有取得一致性的见解。

（3）交际忧虑（communicative apprehension）、考试焦虑（test anxiety）和负评价恐惧（negative social evaluation）。

霍维茨（1986）认为外语学习过程中会出现三种焦虑，即交际忧虑、考试焦虑和负评价恐惧。

第一种焦虑是交际忧虑。根据麦克罗斯基（Mc Croskey，1978）的解释，交际忧虑指的是个人对于与他人的真实或者预期交际产生的恐惧或者焦虑程度。他指出，典型交际忧虑的行为模式是交际回避（avoidance）或者退缩（withdrawal）。与没有交际忧虑的人相比，交际忧虑症患者在介入他人的会话以及追求社交方面显得更加勉强。麦克罗斯基，费尔和里士满（Fayer & Richmond，1985）研究了美国的波多黎各大学生在学习西班牙语和英语过程中的交际忧虑与自我感觉之间的关系，结果发现认为自己英语能力低的学生更容易出现较高程度的英语交际忧虑。但是在其母语西班牙语的学习过程中，这种关系并不存在。这进一步证明了焦虑症状在外语学习过程中具有显著性，在英语作为外语的课堂中存在交际忧虑，它似乎成了学生掌握英语的绊脚石。

第二种焦虑是考试焦虑。萨若森（Sarason，1978）将其定义为：带着恐惧心理来看待考察过程中成效不充分的倾向。换言之，学生担心考不好。库勒和霍拉汉（Culler & Holahan，1980）推测，考试焦虑可能是学生学习技能中的缺陷引发的。一些学生在考试过程中感到焦虑，是因为他们不知道如何去组织安排考卷上的材料。在外语课堂学习中，对学生的测试几乎每天都会进行，因此学生在此过程中经常感受到压力和焦虑，这很有可能对他们在考试中的表现以及水平的提高构成影响。阿伊达（1994）认为，考试焦虑的起因是学生在过去经历了很多的失败，而回忆中只注意自己失败的经验，因此越回忆越痛苦，焦虑程度也随之上升，以致于他们在考试之前和过程中产生负面的、不相关的想法。存在考试焦虑的学生在课堂上的典型表现是不能全神贯注于课堂教学的内容，因为他们自始至终意识到自己对考试的畏惧和焦虑，同时还为不能集中精力于课堂内容而着急，其学习效果势必受到影响。

第三种焦虑是负评价恐惧。沃森和费兰特（Watson & Friend，1986）对此的解释是：对他人的评价有畏惧感，对负评价产生沮丧心理以及担心其他人会对自己作出负评价的心理预期。从心理学的角度来看，期望是对个体自身和他人行为结果的某种预测性认识，它不仅会影响个体的行为结果，而且也可能对个体在行为过程中的焦虑产生影响。较低的期望可能会挫伤个体的自尊心和自信心，使个体为即将发生的不良后果而担忧，从而在行为开始前和行为过程中产生期待性焦虑，增强个体的焦虑倾向。对自己今后成绩或者成就期望过低的人，在人际交往以及完成任务过程中会产生"自己不如别人"的感觉，而这种经常性的提醒会威胁个体自尊需要的满足，挫伤其自尊心和自信心，使其在活动开始前就产生比较明显的焦虑。研究表明，过于关注他人对自己看法的人，其行为方式倾向于使可能出现的不利评价因素降低到最低程度，比如有意识地回避或者提早离开。与他人交往时，他们通常不会首先挑起话题，或者是沉默寡言，能够不插话就尽量不插话，典型的表现是微笑，有礼貌地点头，只是听他人讲话，或者不时地以"啊""嗯"等词汇做出反应。

4. 焦虑对中国学生学习英语的影响

目前，对中国学生英语学习焦虑感的研究还不是很多。仅有祝国庆（1986）对中国学生英语演讲焦虑感和陈劼（1997）对学生口语课焦虑两项研究。祝国庆认为（刘润清，2000）焦虑感与成绩之间是倒U的关系，即无焦虑者和焦虑感过高者都不会取得好成绩——前者动力不足，后者思想压力太大，只有适当的焦虑感才会促进学习。

陈劼通过研究发现，学习者口语课主要存在两种焦虑感：性格型和环境型。前者属于性格特征的一种，具有长期性和稳定性；后者是受环境影响而引起的，是一种相对短期、易变的状态。他发现这两种焦虑感呈正相关，并且与学生的口语水平呈负相关。他认为，环境型焦虑感对学生的口语水平影响更大，教师作为环境的主导者，应尽量创造一个宽松的学习环境。

根据焦虑的性质及其分类，中国学生在外语学习过程中所表现出来的焦虑主要有以下四种。

（1）气质焦虑

许多学习者起初都有强烈的愿望要学习一门外语，有的是出于工具性动机，有的是出于综合性动机。然而，与此同时，他们又会有一种焦虑感，担心以后是否能学好，能否通过学校规定的各门考试。很多学习者就是带着这种焦虑感开始学习的。所以，中国学习者在学习过程中遇到的第一关就是对这种特征焦虑的过滤。

（2）课堂焦虑

在课堂中，由于教师在旁边，而且有同学的参与，有些学生可能会有焦虑感。他们害怕在老师和同学面前出丑，因为一旦犯了不该犯的错误，就会担心老师和同学嘲笑自己。此外课堂中的气氛，如老师绷着脸在课堂上，会使学生感到焦虑。笔者的一项调查已经证明了这一点。据笔者的体验和了解，目前英语教学中一个比较棘手的问题是学生上课参与意识不强。为此，在"对英语教学中运用情感因素现状的学生调查"中专门设计了两个相关问题。当向被调查者问道：你在英语课上是否能主动参加教师组织的课堂活动？只有 32.6% 的学生选择了"能"，而高达 67.4% 的学生选择了"不能"（见表 3-1）。可见大多数学生上课参与意识不强。

表 3-1　学生在英语课上主动参加教师组织的课堂活动状况

是否能主动参与课堂活动	样本选择频数	百分比
能	93	32.6%
不能	192	67.4%

针对许多学生上课不能主动参与课堂活动，笔者设计了下面这个问题：如果你不能主动参与课堂活动，其主要因素是什么（可以多选）？结果影响他们上课参与课堂活动的因素依次为：①对自己说英语缺乏自信心，害怕犯错误，丢面子；②面对英语教师和全班同学说英语感到紧张和焦虑；③英语课课堂氛围比较压抑，缺少一种安全感；④已经习惯了，上课听老师讲，自己记笔记的习惯，要让自己主动参与课堂活动还不习惯；⑤英语教师缺乏必要的有效引导；⑥害怕英语教师对自己的表现做出否定的评价。其中选择"面对英语教师和全班同学说英语感到紧张和焦虑"的学生所占比例排在第二（21.9%）（见表 3-2）。可见课堂焦虑已经成为影响学生上课效果的主要

因素之一。

表3-2　学生不能主动参与课堂活动的主要因素选择

影响参与课堂活动的因素	选择频数	百分比
对自己说英语缺乏自信心，害怕犯错误，丢面子	78	28.9%
面对英语教师和全班同学说英语感到紧张和焦虑	59	21.9%
英语课课堂氛围比较压抑，缺少一种安全感	55	19.3%
习惯了上课听老师讲，自己记笔记，主动参与课堂活动还不习惯	49	17.2%
英语教师缺乏必要的有效引导	20	7.4%
害怕英语教师对自己的表现做出否定的评价	9	3.3%

（3）负评价焦虑

从表3-2的统计可以发现，"对自己说英语缺乏自信心，害怕犯错误，丢面子"已经成为妨碍学生参与课堂活动的首要因素。许多学习者（特别是低自尊者）害怕因为犯错误，教师和同学对自己的课堂表现做出消极的反馈，而这种消极反馈会提醒他们本来就有的对自己的消极评价，使他们想起自己的其他缺点和弱点，从而引发学习者焦虑，使学习者变得泄气和缺乏动机。为了保护自我，避免负评价恐惧，许多学习者选择了沉默和逃避，上课缺乏主动性，严重影响课堂活动的开展和教学效果的提高。

（4）考试焦虑

牛津（1999）认为当学习者被要求用第二语言进行交际并对其表现进行评价的情境下，考试焦虑是社交焦虑的一部分，当然考试焦虑在非交际情境中也会出现。考试是评定学生成绩的标准，直接关系到学生能否升入高一级学校继续学习，关系到终身前途。因此大大小小的考试对学生产生督促作用的同时，也造成了不小的压力，考试前和考试中甚至在考试后每个人都感到紧张，个别人出现过度焦虑现象，记忆力下降，学习效率差。在中国，参加高考的学生最有此感受。有些学生虽然平时可以考高分，但在高考中却无法获得理想的成绩，原因之一就是考试中出现了一种焦虑。又如我国目前每年举行两次的高校英语四、六级考试给许多学生带来了巨大的心理压力。许多学校规定，大学生在校期间必须通过国家四级统考，否则不授予学位。同时社会上许多用人单位把四、六级证书作为接纳大学生的一个必备条件。这双重的压力给许多学生带来了高焦虑感，使许多学生在参加四、六级考试时紧张、焦虑，影响考试水平的发挥。又如有些学生在参加口试时，虽然考前做了充分准备，但到了考试时就心慌，以致无法说出一句完整的句子来。考试中的焦虑使学生无法充分发挥自己的水平和能力。

5. 焦虑研究对外语教学的启示

语言教学研究证明，焦虑对语言学习者的成绩会产生负面影响。简言之，外语学习焦虑是对学习者的外语或第二语言习得产生显著影响的一个因素。在语言教学课堂里，焦虑程度的增加会产生诸多负面影响。杨（1992）与克拉申、奥玛吉奥·哈迪等专家就外语学习焦虑进行过访谈。克拉申认为语言习得在焦虑为零的情况下似乎最有成效，因此为了掌握一门语言，学习者应该假设自己会取得成功。他还认为以问答为代表的语言教学传统模式对于教师来说也十分容易诱发焦虑。哈迪强调指出，为了使外语学习取得成功，教师必然会使学生操练大量技能并且不断对学生加以测试，但是如果在操练和测试的过程中教师的行为诱发学生产生焦虑，或者说在课堂上造就了"焦虑诱导情境"，那不但是不可取的，而且会适得其反，教师的作用应该在于把学生的焦虑降低到最低程度。他还认为在课堂教学中，学生回答问题时，老师的反应如果不是简单的"对"与"错"，或者说不是只有一个简单的"是"与"否"的评估，那么学生产生焦虑的可能性就会大为减少。反之，在学生进行口头表达时，如果他们知道自己的口头实践会得到与考试一样的评估，那么他们的焦虑程度就会上升。

根据上文所述，中国学生的焦虑主要有三种：即气质焦虑、课堂焦虑和考试焦虑。因此在外语教学中，教师要注意观察学习者的言行举止。一旦发现焦虑心理表现，就应根据造成学生焦虑的原因，对症下药，帮助、引导学习者采取措施克服焦虑。针对有气质焦虑的学生，教师应帮助其认识到语言焦虑是可以克服的，另一方面教师应在课堂上多提供一些机会让其享受成功的喜悦，提高其自尊心和自信心。

课堂焦虑与学习内容的难度以及教学方法有关。比如，课堂提问如果难度过大，超出了学生的知识范围和思维能力，学生只好望而却步，甚至放弃思考。提问如果模棱两可，模糊不清，漫无目的，主旨不明，可能导致学生思考困难而不愿发言。所以，教师应很好地把握教材，控制难度，对学生学习做出正确的评价，既要满足学生的探索心理，又要深入浅出，循循善诱。同时教师应采用一些有益于减少学生学习焦虑的教学方法，如合作学习。研究表明，学习者在小组中进行交流时的焦虑情绪远低于当着全班同学回答问题时的焦虑程度；学习者在交流过程中，增加了听、说的机会，尤其是害羞、胆怯、内向的学习者能够有更多的交流机会，促进交际。小组成员间的合作和相互依赖有助于增强学习者的自信心和自尊心，从而激发更高的学习动机。此外，合作学习法营造积极的课堂气氛，同时照顾到学习者个人（Amold，1999）。

由于考试焦虑直接影响考试结果，而考试结果可能建立也可能挫伤考生的自信心和自尊心，因此，教师应该给予适当的引导和帮助。存在考试焦虑的学生会因为以前失败的经历而惧怕考试，畏难而退。他们自始至终意识到自己对考试的畏惧和焦虑。典型表现是课堂上精力无法集中到学习内容上，思想无法约束；而在考场上更是紧张不安，严重的甚至手脚发抖。对于存在考试焦虑的学生，教师可以通过课堂上循序渐进的提问、降低任务的难度、放宽任务完成的时间降低焦虑程度。正面的鼓励和及时的表扬有助于自尊心和自信心的建立，减轻失败的经历带来的负面影响。

语言教学研究专家牛津（1999）提出了一些可以帮助学生减少学习焦虑的措施和方法。

首先教师应使学生意识到语言焦虑是暂时的，不一定会演变成一个长久性的问题。

（1）对于那些语言焦虑已经成为一种长期特征的学生，教师应在课堂上提供更多地让他们享受成功喜悦的机会，以便提高他们的自尊心和自信心。

（2）在舒适、安全的环境中鼓励学生适度的冒险以及对模糊现象的宽容。

（3）减少课堂上学生之间的竞争。

（4）允许学生在使用语言时犯错误。

（5）利用音乐、笑声和游戏减轻学生的焦虑。

（6）帮助学生真实地评价自己的表现。

（7）及时给予学生奖赏，鼓励他们使用语言。

（8）在课堂中提供适合不同学习方法和策略的教学活动。

（9）帮助学生认识焦虑的症状等。

二、自尊（self-esteem）

（一）人格心理学对自尊的相关研究

自尊是贯穿人本主义心理学家著作始终的一个非常重要的概念。罗杰斯的以人为中心的治疗目标就是要让来访者接受并欣赏客观上的自己，自尊需要也是马斯洛著名需求层次理论的重要组成部分。

英语"自尊心"含义不同于汉语的"自尊心"或"自尊感"。汉语中的自尊是指尊重自己，不向别人卑躬屈节，也不容许别人歧视、侮辱（《辞海》，1989 年版）。英语中的自尊心（self-esteem）是指个人对自我的一种判断。儿童心理学家斯坦尼·库珀史密斯（Stanley Coopersmith）曾经在他的 *The Antecedents of Self-Esteem* 一书中，对什么是 self-esteem 做过这样的阐述：

By self-esteem we refer to the evaluation，which the individual makes and customarily maintains with regard to himself；it expresses an attitude of approval or disapproval，and indicates the extent to which an individual believes himself to be capable significant，successful and worthy. In short，self-esteem is a personal judgement of worthiness that is expressed in the attitudes that the individual holds towards himself.（Coopersmith，1967）

可见，简单地说英语中的 self-esteem 就是指个人对自己价值和能力的一种认识和判断。

大多数心理学家都将自尊（self esteem）和自我（self concept）两个概念区分开来。

自我概念是关于你对自己人格特点看法的积累。也就是说，你认为自己是一个什么类型的人。自尊则是你对自我概念的评价，其实质是你是否喜欢你所认为的这个自己？尽管我们对自己的感受在不同的情境中会有所变化，比如大部分人在自己做了不应该做的事时会有些看不起自己，而当别人夸奖自己工作做得好时又忍不住觉得自己很不错，一些心理学家将这些上下波动界定为自我价值感，而自尊与自我评价有稳定的关系。研究人员发现一些人比另一些人更倾向于积极地评价自己。尽管他们偶尔也会沮丧并对自己失望，但通常他们会喜欢自己并对他们是谁和做了什么感觉良好。当然也有一些经常体验消极自我评价的人，尽管比起那些缺乏基本自信或对他们是谁缺乏基本满意度的人来说，这些低自尊的人也会有对他们所做的许多事情感到满意的时候。在探讨自尊与外语学习的关系之前，先介绍一下心理学界对自尊的相关研究。

1. 自尊与对失败的反应

在我们的大部分生活中，评价已经成为不可避免的部分，尽管许多人不喜欢被评价。例如，进入小学后没几年，多数学生就习惯了老师评价自己的学业。在职业生涯中，上司对下属的评价也是司空见惯，如果这种评价不是以年度总结的形式公开化的话，就会以某人被提升的形式给予暗示。在任何形式的竞争中，当我们把自己的能力和成绩与其他人进行比较时，都会带来可能的胜利与失败。所有的这些评价意味着我们每一个人都得到了我们的成功和失败。但是，并不是所有的人都以同样的方式对这些评价做出反应。相关研究发现，自尊水平在个体对这些消息会做出怎样的反应中起到了重要的作用。

（1）低自尊与失败

心理学家们曾经就自尊水平的高低与对评价的反应之间的关系通过实验进行过相关研究，如当被告知测验成绩好坏时，高自尊和低自尊的人会做出怎样的反应（Brockner, 1979；Browm & Dotton, 1995；Shrauger & Rosenberg, 1970；Stake, Huf & Zand, 1995）。这些研究中的被试者要参加一个测试，测验通常声称要测试他们的智力水平，或者要测查完成某一任务时需要的一些特别能力。然后，研究者给被试者一个假反馈告诉他们做得很好或很差。当被告知在测试中失败时，高自尊和低自尊的人会怎样反应？实验者发现，低自尊的人不再努力尝试，他们的成绩会更差，并且当想到在第一次测验中失败了，他们更可能会放弃第二次测验。相反，不管怎样看待第一次测验的成绩，高自尊的人都会像原来一样努力。

有一项研究考察了大学生对期中考试成绩的反应，其结果对大学生的学习生活有重要意义（Brockner, Der & laing, 1978）。在学期一开始对学生进行了自尊测验，但研究者当时没有告诉学生测验的结果以及测验的目的。开学五周后，学生们参加了考试，又过了一周，他们得到了成绩。在这次测验中，研究者发现低自尊学生可以取得和高自尊的学生几乎一样的成绩。然后，研究者把学生成绩按照好成绩（得 A 或 B）和坏成绩（得 C 或 D）分开。研究者想知道，在测验中得低分的低自尊学生会不会降低学习动机。也就是说，他们会不会或多或少地放弃学习，并且在下一次考试中成绩更差？

如图 3-1 所示，答案是肯定的。在第一次测验中得高分的低自尊学生在第二次考试中的表现和高自尊的一样好。但是，在第一次考试中成绩差的低自尊学生在第二次考试中的成绩却很差，与跟他们相对应的高自尊学生的成绩有显著差异。

（2）对不同反应的解释

相当多的研究都表明，低自尊的人收到关于他们表现的消极反馈时，会变得泄气并失去前进的动力。但是，当被告知考试成绩不好或发现自己在完成挑战性任务时不能做得很好时，高自尊者与低自尊者的反应是相当不同步的。我们怎么来解释这一差异？

一种解释是，这些对失败反应的差异源于人们更倾向于接受那些与他们的自我概念相一致的反馈（Mc Farin & Blascovich，1981）。低自尊的人可能有更多的失败预期，或者相信他或她是那种失败多于成功的人。因此，比起那些违背自己预期的信息来，低自尊的人更容易相信符合他们消极的自我形象的那些反馈。

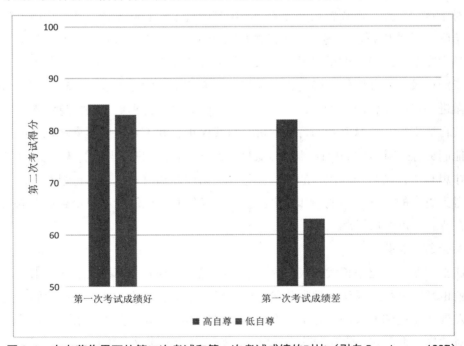

图 3-1　在自尊作用下的第二次考试和第一次考试成绩的对比（引自 Brockner，1987）

另一种解释是消极的反馈提醒了低自尊者本来就有的对自己的消极评价（Kermnis

等，1989）。这种消极反馈引发了与之相关联的其他消极想法，使低自尊者想起了自己的其他缺点和弱点。根据这一解释，接收到在某任务中失败了的信息之后，低自尊者通常会变得泄气和缺乏动机。这一解释有助于帮助我们理解为什么只是让低自尊者想象失败的情景，他们在后来的任务完成中就会真的表现很差。

2. 自我提高和自我保护动机

一些研究发现（Tice & Baumeister，1990），高自尊者和低自尊者的行为可能是被不同的关注焦点所激励。更具体地说，高自尊者的行为动机来自对自我提高的关注，即高自尊者对提高自己的尊严和公众形象感兴趣。他们希望别人认为他们很好，钦佩他们，并且当他们某事做得好时赞许他们。

当然，低自尊的人也希望得到这样的钦佩。我们都喜欢听别人说自己的好话，喜欢知道别人尊敬和钦佩自己。不过许多研究表明，低自尊者不像高自尊者那样喜欢抓住机会表现自己，让别人看到自己有多好。因为低自尊者的行为动机似乎来自对自我保护的关注。换句话说，这些人更关注保护自己不要在公众中丢脸和受窘。成为公众注意的焦点的机会可能会带来别人的赞赏和钦佩，但同样的机会也伴随着失败和风险，而这些会带来公众的不喜欢和嘲笑。权衡利弊之后，低自尊者对自我保护的需要胜过了他们希望被别人看重的需要。

对于这一观点，研究者在大量的调查中都发现了实验性支持。在一项研究中，研究者给学生看他们自己和另一个人的测验分数（Wood 等，1994）。这一分数表明，这个学生在某一任务中做得比另一个人好得多或者坏得多。学生有机会与另一个人做进一步的比较，从那些他们确定自己挺好的方面或很坏的方面进行比较。在把自己与别人做进一步的比较的过程中，学生会在什么时候希望得到更多的信息？答案取决于学生的自尊水平。低自尊者的行为动机是自我保护，并不是他们不喜欢积极的反馈，而是他们更想逃避消极的反馈。因此，低自尊的被试者说，只有当他们认为安全的时候，他们才想知道自己与别人比较的结果会怎样。当他们知道自己会显得很好时，他们就希望得到更多的信息；当他们知道自己会显得不好时，他们就不想得到更多的信息。而高自尊者却没有这样做。

3. 自尊和文化

通常在西方文化中长大的人认为每个人都想超过别人，都在人群中很出色，其个人成就也都应该得到承认。教师和父母通过辨认儿童独特的长处并帮助他们在这些领域内发展和超过别人来培养儿童的高自尊。在大多数西方社会里，培养高自尊的方法就是对"你是谁"和"你想做什么"感觉良好，并以此来区分你自己。

众所周知，像美国这样的个体主义国家中的人强调个体的独特性，而中国、日本等集体主义的国家中的人则把他们自己看成是一个大的文化中的一部分。有时研究者会通过对照在这些文化中相对应的习语来比较像美国这样的个体主义国家和像日本这样的集体主义国家之间的差异。在美国，人们有时会说，"吱吱响的车轮要上油"，意思是说，一个人必须要站出来，要表现自己，要领先。而在日本，人们常常会听到，"出头的钉子要被钉下去"，意思是说，强调个体是不被接受的，并且很可能会导致消极结果。

关于自我概念的不同观点也意味着来自两种文化类型的人对自我满足和感觉良好概念的看法也有所不同。典型的个体主义文化中的人想到他们的独特价值和个人成就时会自我感觉良好。相反，集体主义文化中的人的自我满足感来自他们感知到自己与他人的关系。在这种文化中，当找到归属感、感到自己承担了适当岗位的时候，人们的感觉会非常好。在集体主义文化中融入社会和完成自己分内的事是骄傲的源泉。而在个体主义文化中的个人成就和独立性最被看重。

一项研究发现，美国学生几乎普遍地倾向于高看自己。当让美国大学生在许多技能和能力上将自己与同伴相比较时，他们几乎总是报告说自己比周围的人更优越（Taylor，1989）。但是，当研究者让日本学生回答同样的问题时，却没有发现这样明显的偏差（Markus& Ktayama，1991）。典型的日本公民不认为自己比社会中的其他人更优秀。在美国，这种对自己一般般的感觉可能要被看作是自尊心差的症状。但是在日本，这样的自我评价被认为是很健康的。在集体主义文化中，充满了自我重要感的人会引起关注，这颗钉子要被钉下去。

（二）人格心理学自尊研究成果对外语学习的解释力

对于自尊心与外语学习之间的关系，一些学者做过调查。阿德莱德·海德（Adelaide Heyde）的研究表明，自尊心与外语口语表达相关，即自尊心强的学生，外语（调查的是法语）学得好些，相反，自尊心弱的学生外语差些（见 Brown，1987）。根据人格心理学的研究理论，低自尊的人可能有更多的失败预期，对自己缺乏信心，害怕犯错误，因此上课也就害怕开口，外语口语表达能力也就弱。而高自尊的人比较自信，他们不会将注意力集中在失败的事情上，相反，失败会让高自尊的人想到他们在其他方面的能力和成就。因此高自尊的人总是积极参与课堂活动，不怕失败，外语表达能力自然提高了。其实，人格心理学的自尊研究成果不但可以对外语教学的一些研究成果从理论上进行进一步的补充说明，而且还可以用来解释学习者在外语学习过程在出现的一些现象和问题，如为什么有些学生上课容易焦虑？为什么有些学生不愿主动参与课堂活动？为什么有些学生面对失败容易泄气？

1. 低自尊的学习者更容易焦虑

瑞贝卡 L·牛津（Rebecca L.Oxford）认为自尊心的强弱与焦虑程度的高低有关系。自尊心较强的学习者能有效地克服焦虑，而自尊心弱的学习者则不能（Oxford，

1999）。皮塞（Pice）通过研究发现，失败的语言学习者其自尊心要低于成功的语言学习者。贝利（Bailey）阐述了自尊、焦虑与第二语言学习之间的关系。

贝利认为语言学习者积极的自我评价有利于第二语言的学习。换句话说，高自尊的语言学习者更有可能取得成功，而低自尊的学习者则容易产生焦虑，影响语言学习效果（见 Elis，1985）。这里需要指出，尽管大多数研究表明，焦虑对语言的影响是负面的，但也有研究认为一定程度的焦虑对学习是有利的，它可以使学习者保持警觉，在语言学习上投放更多的时间和精力，因而语言学习也同样可以得到加强。三者之间的关系可以用图 3-2 表现出来。

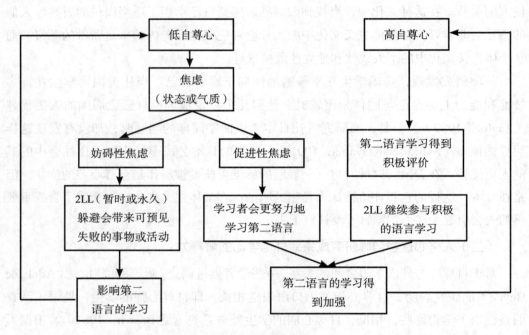

注：2LL 指第二语言学习者

图 3-2　自尊、焦虑与第二语言学习之间的关系

人格心理学家的研究表明，低自尊的人收到关于他们表现的消极反馈时，会变得焦虑泄气甚至失去前进的动力，因为消极的反馈提醒了低自尊者本来就有的对自己的消极评价，让低自尊者想起了自己的其他缺点和弱点。而对于高自尊者来说，同样消极的反馈只会让他们想到自己在其他方面的能力和成就。因此，低自尊的学习者害怕教师提问，害怕教师对自己作出消极的评价，这无形中增加了他们在课堂上的焦虑感或受挫感。相反，高自尊的学习者即使在课堂上某一项任务完成得不是很好也不会气馁，因为他们一直保持良好的自我感觉，相信自己的能力，因此在学习过程中他们能有效地克服焦虑，以积极的态度面对失败，像原来一样主动参与课堂活动，从而外语

学习得到进一步加强。

2. 自我保护动机妨碍低自尊的学习者参与课堂活动

相关调查显示，"缺乏自信心，害怕丢面子"已经成为妨碍学生参与课堂活动的首要因素，而"缺乏自信心，害怕丢面子"是学习者低自尊的表现。因此换句话说，低自尊已经成为阻碍学生参与课堂活动的最大障碍。

根据人格心理学理论，低自尊者的行为动机来自对自我保护的关注，他们不像高自尊者那样喜欢抓住机会表现自己。而高自尊者的行为动机来自对自我提高的关注，即高自尊者对提高自己的尊严和公众形象感兴趣。因此出于自我保护动机，低自尊者在课堂上会尽量避免课堂讨论甚至放弃学习，以免因自己的不佳表现被教师和同学取笑。因而"对自己说英语缺乏信心，害怕犯错误，丢面子"自然而然成为妨碍许多学习者参与课堂活动的主要原因之一。

3. 集体主义文化心理倾向使学习者害怕当"出头的钉子"

人格心理学家们认为，自尊还与文化密切相关。典型个体主义文化中的人喜欢表现自己，对自己独特的价值和取得的个人成就会自我感觉良好。而典型集体主义文化中的人不喜欢表现自己，人们的自我满足感来自他们感知到自己与他人的关系，找到归属感和完成自己分内的事。

这就可以解释我国高校英语课堂教学中一个司空见惯的现象。当英语教师向学生提问或者组织课堂讨论，给他们用英语进行交际的机会时，却个个低头不语，生怕抬头就会被老师叫中，这与中国是典型的集体主义文化有关。受集体主义文化的影响，中国学生不好表现，不喜欢自己成为关注的焦点。俗话说，"人怕出名猪怕壮""枪打出头鸟"。古语云：木秀于林，风必摧之；堆出于岸，流必湍之；行高于人，众必非之。这些习语都反映了典型集体主义文化中的人的一种从众心理，不强调个体，不提倡表现自己。因此，在集体主义文化的熏陶下，有些学生因为担心自己在课堂上不佳的表现成为教师、学生取笑的对象而保持沉默，而有些学生因为从众心理放弃自己的想法。很多学生不爱参与课堂活动也就可以理解了。

（三）自尊研究对外语教学的启示

人格心理学的自尊研究成果对外语教学至少有以下几点启示。

1. 减少对学生的消极评价，学会欣赏学生

由于消极的反馈会提醒低自尊者本来就有的对自己的消极评价，让低自尊者想起自己的其他缺点和弱点，因此消极评价会让低自尊的人变得泄气甚至失去前进的动力。作为外语教师必须注意对学生的评价方式，应学会尊重学生、欣赏学生。儿童心理学家库珀史密斯通过研究发现，儿童自尊心的强弱取决于他们过去的体验、周围重要人物（家长、教师、同学、朋友等）对他们的评价以及他们对自己的评价。如果得到的评价是肯定的、积极的，儿童就会感觉自身价值的存在。否则他们觉得自己被抛弃，没有价值。他们的行为也会因此而受到影响（Coopersmith，1967）。因此作为外语教师应避免对学生做出不切实际的评价。相反要多鼓励学生，学会接受学生和欣赏学生，要意识到每个学生都有自己独特的个性，都有自己的优势和劣势。在教学过程中，教师要善于倾听学生的意见，重视学生的情感，欣赏并赞扬学生的优点，同时也宽容其缺点，维护学生的尊严和爱好。因为正如维罗巴卡德·安德里斯（Veronicade Andres，1999）所指出：Human beings——children and adults–need to be liked value and appreciated（人——不管是小孩还是大人，都有被尊重和欣赏的需要）。

2. 提供安全的课堂环境，多给学生享受成功的机会

笔者的调查显示，有将近四成的学生感到高校英语课堂气氛压抑、沉闷，缺少安全感，害怕课堂发言。由于低自尊学习者的行为动机出于对自我保护的关注，对他们来说，自我保护的需要胜过了他们希望被别人看重的需要，显然这样一种课堂氛围很难让低自尊的学习者参与到课堂活动中来。美国人本主义心理学家卡尔·罗杰斯认为，良好的教学心理氛围是让学生创造性自由地表现出来的重要心理环境，不良的心理氛围则会对学生造成压抑感，使他们的情感得不到充分的表现，创造性不能自由地发挥，并且会对人产生戒防（Rogers，1994）。因此要提高学生上课的参与意识，发挥他们的潜能，教师必须努力提供一种和谐、安全的课堂氛围，而良好课堂心理氛围形成的关键是建立和谐的师生关系。调查显示，师生交往时空的缺乏已经成为建立和谐师生关系的严重障碍。在被调查的学生中，只有 7.4% 的学生认为教师课外（包括课间）跟自己的接触、交流"比较多"，而 40.3% 的学生认为英语教师课外跟自己的接触、交流"不太多"，高达 52.3% 的学生竟然认为英语教师课外跟自己的接触"几乎没有"（项茂英，2004）。师生交往缺乏的严重后果便是师生互不了解，互不关心，有的只是心理的鸿沟。而师生之间的积极沟通，却可以给师生关系带来随和、亲近的心理氛围。因此，要增加教师的亲和力，使学生对教师产生信任感、安全感，教师必须花尽可能多的时间，采取尽可能多的交往方式与学生积极交流，真正了解每一个学生的情感、兴趣爱好以及他们的困难、痛苦。从交往的时间来说，除了正式的课堂交往之外，教师还应利用课间、课外的时间尽可能去了解、关心每一个学生；从交往方式来说，除了因课堂活动而产生的师生间的交往，教师还可以通过课间非正式闲聊与个别学生的谈话、开班会、聚餐、晚会、旅游、邮件、甚至手机短信的方式广泛与学生进行沟通。

另一方面，在课堂上高校英语教师要多给学生享受成功的机会，提高他们的自尊水平。库珀史密斯（1967）认为，提高人的自尊水平有三个先决条件：一是重要感（sense of significance），指个人觉得他的存在是重要的和有意义的。学生的重要感主要来自得到教师和同学的接纳。二是胜任感（sense of competence），指个人能在具有挑战性的任务中表现出成就，而且达到预期目的。三是能力感（sense of powerness），指个人感觉到自己有处理事务的能力，能力感可以使人敢于面对困难、接受挑战。里森纳（Reasoner）（1982）指出自尊包括五个要素：安全感（a sense of security）、自我同一性（a sense of identity）、归属感（a sense of belonging）、自我效能（a sense of purpose）和胜任感（a sense of personal competence）。因此外语教师的任务之一就是尽可能提供条件和机会满足学生的成就感。而要创造条件让学生体验成功，关键是学习的难度要落在其将要达到的水平上。教育学专家维果茨基（Vygotsky）将这一区域称为最近发展区（卢家楣，2002）。这一区域的水平有一定的难度，可以使学生在成功时体验到自己的能力、增强自信，但是又是学生必须经过努力才能够达到的。每一个学生的最近发展区是不同的，教师必须充分了解学生，因材施教。

3. 外语教学中应视合作教学

自尊与文化相关。因此，在外语课堂教学中教师应考虑到文化因素对学生自尊水平的影响。目前我国外语教学中普遍采用的一些课堂活动方式，如提问式教学、全班同学参与的讨论式教学等都鼓励学生表现自己的能力，是典型的竞争式教学。尽管竞争可以激发学生的成就动机，使学生获得激励和体验成功的可能，但是竞争会让一部分学生产生焦虑和压力，甚至对学习丧失信心。而且频繁的竞争会使学生之间失去信任感，使班集体出现紧张、不安的氛围。笔者认为合作教学可以减轻竞争教学带来的一些负面影响。语言教学专家克兰德尔（Crandall）（1999）认为合作学习有利于创造良好的情感氛围，主要表现在以下几个方面：第一，合作学习增加学习者的听说机会，尤其是害羞、胆怯、内向的学习者能够有更多的交流机会；第二，学习者在小组中进行交流时的焦虑程度远远低于当着全班学生回答问题时的焦虑程度；第三，小组成员之间的相互合作和相互依赖有助于学习者找到归属感和增强他们的自尊心；第四，合作学习中，学习者得到更多的积极反馈和帮助，从而激发更高的学习动机；第五，合作学习促进小组成员之间的情感交流。因此低自尊的学习者和高自尊的学习者都能从合作学习中获益。不过，外语教师在实施合作教学时应重视以下几点。

（1）重视合作教学并不意味着排斥竞争教学，因为竞争教学有利于激发学生的成就动机，激活学生的自尊心，提供让学生享受成功的可能性，这些都有利于语言教学。因此外语教师应根据不同的教学内容、不同的教学活动形式、学生不同的人格特征采用不同的教学手段。

（2）小组学习是展开合作教学的重要形式，因此必须重视小组学习。在小组学习中，除了把教师与学生的关系从"权威—服从"变为"指导—参与"外，还应在"学生—学生"的系统中提倡小组学习，建立互助合作的关系。

（3）外语教师应采用多种方式鼓励学生积极参与课堂活动，设法激发学生的学习自主性，如师生角色转换、改变教室座位编排形式就是常用的具体方法。在课堂教学中可以有多种座位编排方式，如秧苗形、马蹄形、车厢形、围坐式、自由式等。但据笔者的观察和了解，在很多高校的高校英语课堂教学中，课桌的排放基本上是一成不变的"秧苗形"，这不利于合作教学的展开。外语教师可以根据班级规模、教学内容、教学活动形式灵活编排教室座位。如马蹄形、车厢形适合于班级规模较小、合作式的讨论教学，围坐式适合班级规模较大、竞争式的辩论教学。

（4）在学生的分组标准上应不以智力和学业水平为分组的唯一标准，而是重视学生个性的互补性。简单地说，分组的基本原则是：优差兼有，个性各异，自由组合与教师分配相结合。

自尊是影响外语学习效果极其重要的情感因素之一，英语教师的职责之一就是如何增强学生的自尊心。但是，遗憾的是我国外语教学界对自尊与外语学习两者之间的关系研究较少。外语教师在实际教学中应该根据学生个体的差异以及中国学生所处的特定的文化背景努力提高学生的自尊水平，激发他们的学习动机，从而进一步提高外语教学效果。

三、学习动机（motivation）

人类一个古老的问题是企图了解自己与别人行为的起因，即人为什么会有这样或者那样的活动？如今心理学界一致使用"动机"这一术语来描述行为引发的根源。简单地说，动机就是驱使人们活动的一种动因或者力量，包括个人的意图、愿望、心理的冲动或企图达到的目标等。众所周知，动机是在需要的基础上产生的，而人类的需要是多种多样的，如人类有饮食、居住、安全等生理上的需要，也有诸如对归属与爱、交往、自尊和他尊、自我实现等比较高级的心理需要。人类需要的多样性决定了人类行为动机的多样性。

就外语学习来说，学生学习外语需求的多样性决定了学生外语学习行为和学习效果的差异性。在外语教学过程中人们一直在探究诸如此类的问题，如不同的学生对外语学习付出的努力程度为什么不一样？同样的教师、教材教学方法以及教学环境，不同的外语学习者学习效果为什么存在很大的差异？其实这些问题早在 20 世纪 50 年代就引起了外语教学研究者的关注并且此后一直成为人们研究的热点问题（Gardner&Lambert 1972，Weiner 1979，Brown 1981，Deci&Ryan1991 等）。他们的研究发现，动机是影响外语教学效果的重要情感因素之一，是制约学习者外语学习成绩的主要变量之一。

布朗（Brown，1981）认为外语学习者主要表现为三种不同的动机：整体动机（global motivation）、情景动机（situational motivation）和任务动机（task motivation）。整体动机指学习者对外语学习的一般态度；情景动机指随学习环境的变化而变化的动机；任务动机指对学习任务的动机，随着学习任务的不同而变化。阿诺德（1999）指出动机是学习过程中行为取向的内在驱动力，是支配行为（energie behavior）产生导向（give it direction）的一系列因素。德西（Deci）和赖安（Ryan）（1991）把动机区分为内在动机（intrinsic motivation）和外在动机（extrinsic motivation）。内在动机注重学习行为本身，即为了从中获得快乐和满意，行为的出现是自愿的结果。外在动机强调把行为当作实现目的的手段，即获得一定的外在鉴赏（如考试得高分奖励、积极的反馈）或避免惩罚。

（一）加德纳（Gardner）和兰伯特（Lambert）关于动机的研究

外语学习动机研究始于加德纳和兰伯特。早在 20 世纪 50 年代末，他们就开始对第二语言学习动机进行了一系列研究。在他们撰写的关于第二语言学习动机专著 *Atitudes and Motivation in Second Language Leaming*（1972）中，他们把外语学习的动机主要分为两种：融入型动机（integrative motivation）和工具型动机（instrumental motivation）。所谓融入，是学习者对目标语社团有所了解或有特殊兴趣，希望与之交往或亲近，或期望参与或融入该社团的社会生活。所谓工具型，是指学习者的目的在于获得经济实惠或其他好处，如通过一次考试，获得奖学金，胜任一份工作，提职晋升等。

加德纳和兰伯特从社会心理学角度提出了学习动机经典模式，编制了用来测试语言学习态度和动机的标准化工具，即态度、动机测量表 AMTB（Attitude/ Motivation Test Battery），该工具成为权威性的外语学习动机测量工具。在他们设计的 AMTB 测量工具中，对语言学习动机的测量包含以下三个维度的指标：一是学生对语言学习以及目的语文化的态度；二是学习语言的愿望；三是动机的强度。这种从社会心理学角度探讨第二语言学习动机的理论模式及研究方法成为此后三四十年外语学习动机研究的主导模式。

此后对动机的研究，多数人采用加德纳的分类和测量工具。加德纳的测量包括 11 项内容：对讲法语的加拿大人的态度；对欧洲法国人的态度；对外语的兴趣；融入倾向；动机强度；学法语的愿望；对学习法语所持的态度；法语教学评估；法语课程评估；工具型；法语课堂上的焦虑感。

"融入型动机"如何测量？他们设计了这样两道题：学习法语重要，因为法语能使我与讲法语的加拿大同胞更易相处；学习法语重要，因为法语能使我与更多各种各样的人来往和交谈。

测量"工具型"的两道题是：学习法语重要，只是因为我将来的事业需要它；学习法语重要，因为法语能使我知识渊博。

如今加德纳对动机的分类及其测量工具依然在人们的动机相关研究中被广泛运用。

（二）其他主要的外语学习动机理论

自从 20 世纪 80 年代末以来，加德纳等人的研究受到了挑战，外语学习动机研究呈现多元化，其主要特征是除了社会心理学的框架外，研究者们试图从生物视角、行为主义视角和认知视角等来探讨动机，因此产生了众多的动机理论：期望—价值理论、目标理论、自我决定理论、需要理论、强化理论、归因理论和成就动机论等。

1. 需要理论（Need theories）

需要理论主要从人本主义方面解释动机，它得益于马斯洛（Maslow，1954）提出的需要层次理论。马斯洛的需要层次理论强调人类自我指导、自我选择、积极的自我概念和最终自我提高等方面的潜能。马斯洛认为人类的需要分五个基本层次，由低到高。它们是：生理需要、安全需要、归属需要、尊重需要和自我实现需要，在高层次需要满足之前，必须先满足低层次需要。这些需要能激发人的行为，需要得不到满足时，人们会感到紧张，为了降低紧张必然采取行动，直到满足需要。需要理论的另一位代表人物默里（Murray，1938）认为，需要由质和量两方面的因素构成。前者代表了动机的方向性，即要达到的目的，后者代表了通向该目的的强度。基于人类需要的动机理论虽然观点不尽相同，但他们都把动机看作满足不同层次需要的过程。

虽然需要理论不完全适用于外语学习，但该理论对外语学习仍有一定的启发意义。因为外语学习涉及情感需要和认知需要。情感需要体现在学生希望得到老师和同学的认同、接受和肯定。学生在课堂上需要心理安全感，否则就会产生强烈的焦虑感，影响上课效果。情感方面的需要得到了满足之后，才能满足与外语学习直接相关的认知需要。

2. 强化理论（Reinforcement theories）

新行为主义的代表人物斯金纳（Skinner，1957）认为，人的低级需要与生俱来，高级需要则是通过后天习得的，高级需要是受"低级需要满足"的强化而形成和巩固下来的。因此，在行为主义看来，动机是某种行为受到外部强化的结果，强化是指使人们在学习过程中增强反应重复出现可能性的力量，起强化作用的刺激物就是强化物。该理论认为，在学习过程中，当学生受到强化时（如取得好的成绩或受到教师的表扬等），学习动力就会得到增强，反之就会减弱。斯金纳还认为强化有积极强化和消极强化之分，人们获得愉悦的刺激时就产生积极强化，如果经历了不快或挫折，就会引起消极强化。可见，强化理论是一种愉悦动机理论，即人的任何行为都是为了获得回报或奖赏，奖赏能导致积极的情感，惩罚则导致消极的情感。

根据强化理论，外语教师和家长的奖励，鼓励学生课堂上的良好表现和好的考试成绩都是强化物，都能起到积极强化的作用。这种强化如果多次出现可以提高学生的学习动力，逐渐达到固化动机的作用。然而必须看到，强化理论只是从行为推理动机，不考虑任何潜在的过程。这种观点只强调行为产生的外部原因和可观察现象，忽视了背后现象。人们只能推论刺激是什么，从而否定了人的主动性和自主性。因此强化理论对外语学习的借鉴作用仅限于动机的外在激励方面。

3. 期望—价值理论（Expectancy-value theories）

期望—价值理论是动机心理学最有影响的理论之一。该理论认为，个体完成各种任务的动机是由他对这一任务成功可能性的期待以及对这一任务所赋予的价值决定的。个体自认为达到目标的可能性越大，从这一目标中获取的激励值就越大，个体完成这一任务的动机也越强。期望—价值理论中的激励实际上是两个因素的结合体：达到目标的期望和目标本身的价值，它们导致了人们追求目标的行为。博恩（Voom，1964）认为，期望（expectancy）是指个人对实现目标可能性的估计；效价（valence）是指个人对行为目标意义的估计。也就是说，人们关心结果（如好的学习成绩）能否带来积极的效果，如掌握了有用技能、职务得到了晋升或者顺利毕业等，以及他们的行为能否成功。如果达到目标的可能性和价值越大，那么动机强度也就越大，缺少任何一个因素，都不会产生行为。价值是这一理论体系的另一核心概念。90 年代中期，赫克斯利（Eecles）等（1995）从四个方面对价值进行了定义：实现价值（attainment value）、内在价值（intrinsic value）外在价值（extrinsic value）和代价（cost）。前三类价值对个体具有吸引力，构成了任务的正面效价，第四种价值构成了负面价值，任务的整体成就价值就是由这四项价值相互作用构成的。

研究人员通过研究发现，期望和价值对成绩产生不同的作用。德威克（Dweck）等（1988）发现，低期望或不稳定的期望对成绩带来潜在的负面作用，而赫克斯利（1983）发现，相对期望而言，价值对成绩能产生更大且更长远的影响。另外，如果学生对完成某项任务没有期望，对这一任务价值的估计就会降低，也就是说，期望和价值之间呈正相关。

由期望—价值理论可以得知，外语学习者的成败期望决定学习动机的强度。如果他们认为自己的学习行为能带来成功，动机就会高；如果看不到其中的价值，动机就会降低；如果成功的期望高而且有价值，那么动机强度会很高。由赫克斯利等人的价值理论可知，对于学生来说，外语学习的价值体现在它是否重要、是否有趣、将来的用处有多大以及代价是否太大。这些因素相互联系也彼此制约。学习者一般希望，学习外语得到的结果与付出的努力相称。如果代价太大，尽管学习外语很有价值，也会产生得不偿失的想法。但学好外语往往需要长期的努力，如果学生认为花上几年甚至几十年的时间学习外语，而达不到令人满意的程度，很容易产生失衡心理，学习效价就低，最终导致学习动力的下降。

4. 归因理论（Tribution theories）

归因理论探讨的是人们对过去行为的解释。如维纳（Weiner，1979）认为，人们主要从个人能力、努力程度、任务难度、个人运气、身心状况和他人评价等方面分析成败的原因。归因可从三个维度进行归类：内在性（外部原因／内部原因）、稳定性（稳定原因／不稳定原因）和控制性（可控原因／不可控原因）。从而形成八种类型的因素。

（1）内部、可控稳定因素，如平时努力。

（2）内部、可控、不稳定因素，如方法。

（3）内部、不可控稳定因素，如能力。

（4）内部、不可控、不稳定因素，如疲劳。

（5）外部、可控、稳定因素，如人际关系。

（6）外部、可控，不稳定因素，如他人帮助。

（7）外部、不可控稳定因素，如任务难度。

（8）外部、不可控、不稳定因素，如运气。

成功时的能力归因和失败时的不稳定可控归因为适应性归因（adaptive）。前者能增强学习者的学习信心，提高动机水平；后者有助于学习者在失败的情况下仍坚持努力，并相信将来能取得成功。但失败时的稳定不可控归因，则为非适应性归因（maladaptive），因为个体不相信靠自己能改变现状而放弃努力。概括起来，归因研究有如下发现：①结果归因与成绩有非常密切的关系（Weiner，1979）；②把成功归因于能力的学生比把成功归因于外在因素的学生更有信心在未来的学习中取得成功（Forsterling，1985）；③失败时的学习方法归因更能提高学习积极性（Platt，1988）；④失败时的努力归因能增强动机强度，但在任何时候把学习失败归于努力不够不一定能促进未来的学习。

归因也是外语学习中的普遍现象。学生一般根据过去的学习经历、反馈和社会比较，从外在和内在方面进行归因。外在因素主要包括学习环境（如教学质量、他人的帮助、语言使用环境、教材质量等）、任务难度（语言本身的难度和考试难度等）和考试中的运气。内在因素有语言天赋努力程度、使用学习策略的有效性以及情绪等。根据归因理论的观点，学生试图维持一种积极的自我形象，因此如果外语学得好，倾向于将其归因于自己的努力或能力等内在因素；如果学得不好，则更多地将其归因于自己无法控制的外在因素。

5. 目标理论（goal theories）

在目标理论中，人类动机被看成是对任务目标进行认知处理的结果。目标理论有目标方向理论（goal orientation theory）和目标设置理论（goal setting theory）。目标方向理论认为，在学校教育情景下，学习者个体在完成学业目标时具有两种目标取向。一种是注重学习内容的掌握型取向（mastery orientation），即任务相关的目标取向。另一种是着重展示个人能力的表现型取向（performance orientation），即自我相关的目标倾向。这两种目标倾向代表两种不同的成功标准，会产生不同的学习动机。前者认为学业上的努力最终会得到成功的回报，学习的意义在于知识的积累和个人的完善；后者认为学习只是完成目标并得到社会承认的一种手段。显然，前者更有利于提高动机水平。

目标设置理论认为，目标可以引导注意力和努力，从而从事与目标有关的活动，排除无关的活动；目标可以调节努力程度，即人们根据完成任务的难度付出相应的努力；目标可以激励行为的持续性，直至目标完成；目标可以促进寻求相关的行动计划或任务策略（Domyei，1998）。目标有一般和具体之分，也有难易之分。研究表明，设置比较具体的并且难度大的目标的学习者，成绩优于目标不具体的学生或目标具体但难度不大的学生。

目标方向和目标设置是外语学习中的普遍现象。如有的学生更看重的是自己在同学和老师中的形象，因此特别关注考分的多少；有的学生更注重能力的提高，尽一切努力提高自己的外语能力；还有的学生两种目标方向兼而有之。外语学习中也涉及远期目标和近期目标，高目标和低目标，具体目标还是空泛目标等。外语学习者的目标设置方式直接关系到动机的高低，如特瑞布雷（Tremblay）等人（19959）发现，确定具体的、近期目标的学生有更强的外语学习动机。

6. 自我决定理论（self-determination theories）

目标理论关注的是学习本身应达到的目标，而自我决定理论则关注好的目标能带来的结果。德西（Deci）和赖安（Ryan，1991）的自我决定理论把动机区分为内在动机和外在动机。内在动机注重学习行为本身，即为了从中获得快乐和满意，行为的出现是自愿的结果。外在动机强调把行为当作实现目的的手段，即获得一定的外在鉴赏（如考试得高分、奖励、积极的反馈）或避免惩罚。也就是说，行为的发生是迫于某种压力。通俗地讲，内在动机是"我要学"，而外在动机是"要我学"。

瓦莱兰（Vallerand，1997）确认了三种内在动机：学习、成就和刺激经历等方面的内在动机。学习的内在动机与学习新知识、满足好奇心和认识世界等活动有关，具有这种动机的人从这些活动中可以得到快乐和满足；成就的内在动机与超越自我、迎接挑战、进行创造等活动连在一起，这些活动也能给人带来满足感；刺激经历的内在动机促使人们从事能带来感官快乐的活动。自我决定理论认为，内在动机能带来更有效的学习，因为它能给予内在奖赏，导致自愿坚持学习。内在动机注重技能的发展和掌握，表现了学习过程中的自我控制和自主性（Ushioda，1996）。德西等（1991）把外在动机分为四类：外在调节动机（external regulation）、融合调节动机（introjected regulation）、认同调节动机（identified regulation）和综合调节动机（integrated regulation）。外在调节是指完全不由自己决定的外在动机，如教师奖励和家长要求等；融合调节指学生必须遵守但能接受的规定；认同调节指学生能认识到其中的价值和作用的指定任务；综合调节是外在动机的理想境界，要求的任务完全与个人的其他价值和需要一致。

德西和赖安（1991）经过大量的研究后得出这样的结论：一旦创造了可以促进内在动机尤其是自主性的条件时，学习者的成绩远远优于处在以外在动机为主的环境中的学习者。潮田（Ushioda，1996）也证实，学习者如果只是为了满足外在需求而学习，最终会失去内在兴趣。然而，也有研究发现（Zanden&Pace，1984），两种动机在学习中具有不同的作用，它们对学习的贡献难分伯仲，而且当外在动机和内在动机结合在一起时，更有助于内在动机的提高。

7. 成就动机论

成就动机论最早是由阿特金森（Atkinson）等人提出的。成就动机论在外语教学界引起的关注相对比较少，但完全可以用来解释外语学习过程中学生的一些学习行为特别是学习者不同的课堂行为。所谓成就动机，是指按个人愿意去做，去完成自认为重要或有价值的工作，并力求达到完美地步的一种内在的推动力量。阿特金森等人认为人的许多行为可以用对成就的需要来做出解释。这种需要表现为两种不同的形式，一是力求成功的需要，二是力求避免失败的需要。

美国心理学家奥苏贝尔（Ausubel，1978）认为，一般称之为学校情境中的成就动机，主要由三种内驱力构成。

（1）认知内驱力（Cognitive drive），它是指一种掌握知识、技能和阐明、解决学业问题的需要，即一种指向学习任务的动机，求知的欲望。学生对任何一门课的学习兴趣和动力不是天生的。在有意义的学习过程中，学生不断取得成功，并享受到由成功带来的满足需要的情感体验，而成功的学习经验和情感体验又会使他们期望在随后的学习中获得进一步的满足。因此认知驱动力是一种源于学习者自身需要的内部动机，对学生的学习起很大的推动作用。

（2）自我提高内驱力（Ego enhancement drive），它是指学习者力图通过自身的努力，表现出能够胜任工作、完成任务的能力而获得相应地位的需要。这种需要源于人类自身要求得到他人理解和尊重以及自我发展的基本需要。与认知内驱力不同，自我提高内驱力并非直接指向学习任务本身，而是把取得一定成就看作是赢得一定地位和自尊心的根源，因此它显然是一种外部动机。

（3）附属内驱力（Affiliative drive），它是指学习者想获得自己所附属的长者（如价值、教师）的赞许和认可，取得应有的赏识的欲望。研究表明，具有高度附属感的学生，一旦得到长者的肯定和赞扬，会进一步努力学习并取得良好的成绩。如果自身的努力得不到师长的赞许，有时会丧失信心或降低学习积极性。显然附属内驱力不是直接指向学习任务，也不是为了赢得一定的地位，而是为了得到家长和教师的赞扬或认可，因此也属于外部动机。

成就动机的三个组成部分——认知内驱力、自我提高内驱力、附属内驱力在动机结构中所占的比重，在不同的年龄、性别、个性的学习者身上各不相同，并受不同的社会、家庭环境、文化背景等因素的影响。

（三）中国学生的英语学习动机

1. 中国学生英语学习动机研究特点和研究成果

我国关于外语学习动机的研究始于20世纪80年代，中国学者主要是在引入、介绍和翻译国外理论的基础上，把外语学习动机作为一项重要的社会心理因素来考虑，研究它在中国学生的外语学习过程中产生的影响和作用。最早致力于此的学者桂诗春、章谦中、王初明等发表了一些具有代表性的论著，如《心理语言学》（桂诗春1985）、《外语教育心理学》（章谦中，1986）、《中国学生英语学习心理》（桂诗春1991）、《应用心理语言学——外语学习心理研究》（王初明1991）等。

20世纪90年代以后，随着对外语学习者个性差异研究探讨的深入开展，人们开始关注语言学习者情感因素的研究，尤其是我国在外语教学重心发生了转移之后，不再强调以教师为中心，而是以学生和学习为中心，着重对学习者个人因素和学习过程加以研究。在此背景下，我国的学者越来越关注对动机理论的研究，与此相关的文献不断涌现。他们从不同的角度、以不同的语言学习者为研究对象、采用不同的研究方法和手段进行了动机在中国学生外语学习过程中影响和作用的研究。中国学者对动机的研究不再局限于单一的社会心理视角，而更多的是从心理语言学、应用语言学角度探讨动机在外语学习过程中的作用。研究对象主要以在校本科生、研究生为主，其中又以非英语专业本科生为主要调查研究对象。目前我国对动机的研究方法呈现出了多元化、规范化、理性化的特点。从早期的以思辨性、理论性、综述性和介绍性为主的研究到目前的定量和定性研究相结合，非材料研究和实证研究相结合。从早期的单纯使用调查问卷运用频率、均值、百分比等为主的简单统计方法到诸如因子分析方法（高一虹，2002，2003）、SPSS（马广惠，2005）、多元回归分析（吴一安等，1992）等较为复杂的统计手段和工具，研究设计和数据处理手段的复杂程度大大提高。

我国动机研究内容的着重点也存在差异，有些研究以思辨性、理论性、综述性和介绍性为主。刘润清（1990）介绍了西方语言学理论与研究成果，提到了移情性与学习动机的关系。王初明（1991）认为学习需求是产生动力的根源。华惠芳（1998）提出证书动机是中国学生的主要动机。她认为学生的学习动机是可塑的，激发学生内在动机是搞好外语教学的重要环节，个人学习动机是社会文化因素的结果。因此她提出了如何根据外语学习的实际需要为外语学习创造有利的社会条件以提高外语学习动机。吴丁娥（2000）分析了情感障碍如何影响外语教学和外语习得，并指出目前我国以求职为目的的工具型动机使大学外语教学与习得有了较大的进展。周福芹等（2001）认为我国英语初学者大多有增长知识、提高素质的动机。在外部政策压力和内部功利驱动的长期作用下，学习者的初始动机发生了转变。武和平（2001）概述了 20 世纪90 年代国外主要动机理论建构、动机与学习者其他因素的研究。秦晓晴（2002）讨论了动机的其他视角及相关理论，如需求理论、期望价值理论等对外语学习的意义。

而有一些研究着重探讨动机对学习成绩的促进作用，以及动机和其他影响学习者成绩的因素之间的关系研究。吴一安、刘润清等（1993）谈论了学生的心理因素、社会因素和语言学习策略对英语学习的影响，提出动机有助于外语学习，中国学生的学习动机以工具型为主。文秋芳（1995，1996，2000，2001）调查了英语学习者动机、观念、策略的变化规律与特点，指出了动机、观念、策略之间的关系具有较高的稳定性。动机影响观念和策略，观念也影响策略。深层动机对学习者的观念与策略影响大于表层动机。石永珍（2000）调查了大学生英语学习动机类型，分析了学习动机与学习效果的关系。指出学生的英语学习动机多为证书动机，成功者与不成功者差异性表现在成功者多具有强烈的内在动机，不成功者则大多具有外在动机。郝玫、郝若平（2001）分析了学生英语成绩、成就动机与状态焦虑的相关性。指出动机是决定不同学习者取得不同程度成功的主要因素之一，动机与个人对成功或失败的期望有关，成就动机与学生英语成绩存在正相关。秦晓晴、文秋芳（2002）将心理学动机理论引入外语动机研究，通过建立动机因子模型获得了对动机内部结构、动机内部变量之间复杂关系的全面了解。高一虹等（2002，2003）通过一系列自下而上的大规模分层抽样调查，总结归纳出在我国本土情景中学生的英语学习动机类型，分析了动机类型与自我认同变化的关系、动机类型与动机强度的关系以及个人因素对动机类型的影响。

2. 中国学生英语学习动机的类型和特点

不同的学习需要和学习目的会产生不同的学习动机。比如，学习者对学习另一种语言抱有很大的兴趣，此时的兴趣就成为动机之一；学习者的成功经历可能会影响其动机；外部影响和外部刺激（如奖惩）也会成为语言学习者的动机之一；长期目标（如要在事业上有所作为）和短期目标（如通过考试）会对学习者的学习动机产生重要影响。

为了探寻中国学生英语学习动机的特点，我国学者进行了一些相关的问卷调查。如郝玫（1999）针对研究生的英语学习动机进行了相关调查。结果发现，在调查中有91%的学生表示他们迫切希望在短时间内提高自己的英语学习成绩，53%和21%的学生每天学习英语的时间分别为2小时和1小时以上，83%的学生甚至为英语而放弃其他乐趣。可见他们在英语学习上投入多，肯努力。可以说研究生具有强烈的英语学习愿望。但是同时调查也发现，66%的学生为了将来工作有用而学英语，64%的学生承认自己无压力和很少主动学习英语，15%的学生学习英语是为了拿文凭。可见大多数学生把英语学习同短期成功相联系，其学习动机是外部因素在起作用，属于工具型动机。丰玉芳（1998）曾经针对英语专业学生的学习动机进行了调查。结果显示，68%的学生学习英语是为了毕业后找一份理想的工作，39%是为了通过专业四、八级考试，19%是为了考研究生，29%是为了了解英美文化，7%是为了出国深造。

关于中国学生英语学习动机类型研究比较令人关注的是高一虹等（2003）的研究成果。他们对全国30所大学的2000多名本科生进行了大规模自下而上的抽样问卷调查。问卷包括30个有关为什么学习英语的问题，采用了从"很不同意"到"很同意"的李克特五级量表形式。借用SPSS统计软件进行了因子分析和多元方差分析，探寻动机的类型以及个人因素对动机类型的影响。通过因子分析发现中国学生学习英语主要有7种动机类型，包括内在兴趣动机、成绩动机、学习情境动机、出国动机、社会责任动机、个人发展动机和信息媒介动机。内在兴趣动机指学习英语是出于对目标语和目标语文化的喜爱，如对目标语歌曲、文学、风俗习惯等的喜爱。内在兴趣动机具有明显的"内在动机"特征，又与加德纳和兰伯特经典模式中的"融合性动机"相近，但未必要融入目的语文化，只是单纯地欣赏、喜爱；成绩动机指对外语成绩的需求，如学英语是为了升学考试、获取毕业证书等；学习情境动机要素包含了与课程、教材、班级和教师有关的项目，学生个人对这些要素的期望；出国动机指学习者出国的意愿。学生出国目的可能是融合性的"体验文化""移民"，也可能是工具性的"寻找更好的教育和工作机会"；社会责任动机指学习者的社会责任感，实现社会价值的心理倾向，如学英语是"为中国的富强出力""让世界了解中国"等；个人发展动机指学习者利用外语作为工作、事业或人生的一种工具；信息媒介动机指学习者希望利用英语获得信息的心理倾向；如学习英语是"为了学好其他专业""了解世界经济科技发展情况"等。高一虹等人通过多元方差分析发现专业和英语水平对学习动机有显著影响。如在内在兴趣动机上，英语专业学生的得分都显著高于非英语专业学生，对英语的兴趣可能是当初他们选择英语作为专业的重要原因。在社会责任动机上，英语专业学生的得分也高于非英语专业学生。这可能是因为他们接触英语文化较多，在经历了一定的文化碰撞之后，能够更加深刻地感受到中国文化的魅力，以及中国与英美发达国家的差距，因而更希望为国家出力。另外通过统计分析还发现不同英语水平的学生在内在兴趣、成绩动机方面存在显著差异。四级以下学生的内在兴趣动机低于已过四级和六级的学生，而成绩动机高于其他学生，其中与六级学生的差异达到了显著水平。换句话说，高水平学生学习英语注重兴趣，而低水平学生注重成绩。

学习动机与其他因素的关系成为我国动机研究的重要方面，如动机与努力程度、动机与自我认同的关系等（马广惠，2005；高一虹等，2004），取得了一些对外语教学具有重要指导意义的结论。马广惠（2005）指出，将动机作为一种心理倾向未必能直接导致外语学习成绩的发展，而是需要通过努力才能对外语学习成绩产生影响，努力程度对外语学习成绩有直接影响。通过路径分析发现，工具动机对努力程度的影响最大。工具动机越强的学习者，越能够努力地学习外语。内在兴趣动机能促进外语学习者努力学习外语。出国动机对努力程度有一定影响，但影响力比较小。成绩动机对努力程度和其他动机有负面影响，似乎是一种消极、单一和排他的动机。高一虹等（2002）分析了中国大学生英语学习动机类型与自我认同的变化。自我认同变化主要包括自信心变化、附加性变化、削减性变化、生产性变化、分裂性变化和零变化。自信心变化指学生对自己能力的认识产生变化；附加性变化指两种语言、行为模式及观念并存，用于不同语境；削减性变化指母语及母语文化观念被目的语、目的语文化取代；生产性变化指母语与目的语水平、对母语文化与目的语文化的理解相互促进；分裂性变化指母语与目的语、母语文化与目的语文化观念相互斗争，产生认同分裂；零变化指自我认同未发生改变。结果调查研究发现内在兴趣动机与生产性、附加性变化有相当强的联系，即对目的语、目的语文化的内在兴趣越强，越容易有生产性、附加性的自我认同变化，而这两种变化反过来激发学生对目的语文化的内在兴趣。

（四）外语学习动机研究的意义

进行外语学习动机研究可以帮助我们理解外语学习的心理过程、社会因素及个体差异，其更重要的意义是探索激发学生外语学习动机的途径与策略。国内针对中国学生的动机研究成果对高校英语教学具有重要的启示意义。

首先，在高校英语教学过程中教师不宜过分强化成绩动机。在许多高校学生英语总成绩只是学生平时单元测验成绩、期中考试成绩和期末成绩的简单累计。这种单一的评价模式必然会强化学生的成绩动机。王晓为（2003）、高一虹等（2002，2003）、马广惠（2005）的研究都一致认为成绩动机是一种消极动机，不宜过分强化。王晓为（2003）的研究表明，为成绩而学的表层动机与英语成绩负相关，成绩动机越强，英语成绩越低。马广惠（2005）指出具有成绩动机的外语学习者可能会更多地实施一种短期行为，不注重外语学习过程，平时不投入大量时间和精力，只是在临考前突击复习，试图过关。高一虹等认为"成绩动机是一把双刃剑"。虽然成绩动机使学生有了短期学习目标，可以促进其学习，但它并不能从根本上提高学生的学习积极性，甚至可能会抑制有长远意义的内在兴趣动机。因此教师不宜将考试作为刺激学生英语学习积极性的主要手段（高一虹，2004）。

其次，高校英语教师应努力激发学生的内在兴趣动机。秦晓晴、文秋芳（2002）的研究显示，在所有动机变量中，学习兴趣对动机行为的直接影响最大，而且间接影响也最大。因此教师应特别注意培养学生对目的语、目的语文化的内在兴趣，让他们更多地了解英语作为交际工具的重要性，激励学生更加努力地学习外语。在此基础上加深他们对本民族文化的理解和认同，从而培养学生持久、深刻的学习动机。

另外，高校英语教师还应将英语学习纳入学生个人发展目标，帮助学生培养自信，提高他们的自尊心。高一虹等（2002）通过中国学生英语学习动机类型与自我认同变化关系的研究发现，自信是受到英语学习影响最大的自我认同维度，它受到"个人发展动机"的影响。因此英语教师的任务不应仅仅是对课文的讲解和语言技能的训练，而且还应帮助学生建立英语学习目标，并将它纳入更长远的职业、事业发展目标，帮助他们建立英语学习的信心和个人前途的信心，从而最大限度调动学习积极性，提高英语学习效率。

国外有关动机研究成果对我国的高校英语教学也同样有重要的启示。在国外外语学习动机研究领域中，有些研究者另辟蹊径，探索外语学生失去学习动机（demotivation）的原因，进而有针对性地提出提高学生外语学习动机的措施与方法。钱伯斯（Chambers）曾对英国利兹地区的 191 名缺乏外语学习动机的九年级学生进行问卷调查，发现了可能导致学生失去外语学习动机的十种原因。他认为，这些学生最需要的是对他们成绩的肯定奖赏及鼓励（Chambers，1993）。也就是说学生外语学习动机的最直接的来源是外语教师对待他们的态度。另一项比较有影响的提高学生外语学习动机的教学策略研究是由多姆（Domyei）和席译（Csizer，1998）主持的。他们对 200 名在匈牙利各级各类学校工作的外语教师进行了一项问卷调查，让这些教师把所列的 51 项提高学生外语学习动机的教学策略按重要性及使用频率排序，并据此列出在激发学生外语学习动机方面卓有成效的 10 项宏观策略。他们把这 10 项策略称之为"激发语言学习者动机十诫"（Ten commandments for motivating language learners）。他们推荐的教学策略如下。

（1）以身作则，树立榜样。

（2）创造轻松、和谐的课堂语言学习环境。

（3）正确说明学习任务。建立良好的师生关系。

（4）增强学生学习语言的自信心。使课堂语言学习充满乐趣。

（5）促进学生自主学习语言的能力。

（6）使语言学习活动个性化。

（7）增强学生的学习目标意识。

（8）让学生熟悉目的语文化。

牛津和希林（1994）通过研究，归纳出了提高学生外语学习动机的五条建议。一是教师应该明确学生为何学习外语；二是教师应该帮助学生树立他们对语言学习成败的正确信念；三是即使在同一班级学生学习外语的动机也不尽相同，所以教师应该从各个角度，运用各种方式向学生说明学习外语的诸多好处；四是教师应该创造一个和谐的语言学习环境，满足学生的心理需要，并把焦虑降低到最低；五是外在的奖励应该成为外语教学设计的一部分。更重要的是让学生建立自己的内部激励机制。

舒曼（Schumann）建议，为了不影响学习者的学习动机，教师应该避免四类活动。一是学生认为不愉快的活动；二是与学生学习目标相冲突的活动；三是低于或超出学生应付能力的活动；四是有损学生自我形象和社会形象的活动。

从国外教学研究专家们提出的这些建议可以看出，激发学生语言学习动机，提高语言教学效果的关键就在于创造安全和谐并充满个性化的语言学习环境，建立和谐的师生关系，培养学生的学习兴趣，让他们树立明确的语言学习目标和语言学习信心。其中多条建议是从情感维度出发来激发学生的外语学习动机，如创设轻松、和谐的语言学习环境、建立良好的师生关系、增强学习者自信心、使课堂充满乐趣等，这对高校英语教师如何在教学实践中提高学生英语学习动机具有极其重要的指导意义。

四、性格的内向与外向（extroversion&introversion）

性格（personality）一词源于希腊语，原意为"标记""特征"等。在现代心理学中，性格指个体在生活过程中形成的对现实的稳固态度以及与之相适应的习惯化的行为方式。心理学的相关研究表明，虽然性格不会决定学习是否发生，但它会影响学习者的学习方式。研究发现影响学习者学习差异的因素有五个，即年龄（age）、态度（attitude）、认知方式（cognitive style）、动机（motivation）以及性格（persoanlity）。可见，学习者不同的性格特征会产生不同的学习行为，进而带来不同的学习效果。

心理学家从各种不同的角度对性格进行了分类，其中应用最为广泛的是依据个人心理活动倾向性的分类，即根据个人心理活动是倾向于外部还是倾向于内部，把人的性格分为内向和外向两类。一般认为外向性格的人对外界事物关心、感兴趣，性格开朗，善于交际。内向性格的人对外界事物缺乏兴趣，反应迟缓，沉静，不善言谈和交际。

（一）人格心理学对内外向性的研究

学习者的性格被认为是影响外语学习效果的重要因素之一。比如说，人们通常认为外向型的学习者适合外语学习，并能把外语学习好，而内向型的学习者则被视为不适合学习外语。然而这一观点并没有在一些学者的实验室里得到证实。其实性格与外语学习之间的关系并非如此简单。在讨论性格与外语学习之间的关系之前，不妨先介绍一下人格心理学对性格内外向性的一些相关研究成果。人格心理学认为，所谓外向和内向之分指的是构成某人性格诸多因素中的一个。比如，按照艾森克（1982）的理论，人的性格应该包括三个主要层面：外向／内向、神经过敏／稳定、患精神病／正常。艾森克认为外向型和内向型的人有一些典型的性格特征，比如：

Extroverts are sociable，like parties，have many friends and need excitement；they are sensation- seekers and risk takers，like practical jokes and are lively and active. Conversely introverts are quiet，prefer reading to meeting people，have few but close friends and usually avoid excitement.（Eysenck&Chan1982）

简单地说，艾森克认为典型外向型的人是"开朗的、冲动的和非抑制的，有广泛的社交接触并经常参加群体活动，不愿一个人学习，喜欢热闹，碰运气，易冲动，并且热衷于追求变化"。而典型内向型是"一个安静退缩、内省的人，不喜欢交往而喜欢读书；他自我保守，除了亲密朋友外，与人的距离较远，不喜欢热闹场面"。当然，大部分人都是在这两个极端之间，每个人或许都有一点倾向于这边或那边。人格心理学关于性格内外向性的相关研究成果主要体现在以下三个方面。

1. 内外向性与遗传

为什么外向型的人开朗、喜欢社交，而内向型的人则喜欢安静、不喜欢交往？究竟是什么使一个人成为外向型或内向型的人？艾森克的观点是遗传在起作用。他认为，人对刺激的敏感性是与生俱来的，这一生理上的遗传差异在人的一生中都相对稳定并最终发展成外向或内向的活动风格（见陈会昌，2000）。由于他们遗传了生理上的差异，所以一个内向的人不可能像那些生来就具有较低唤醒敏感性的人一样地喜欢社会交往，也不可能让一个外向的人喜欢安静的一人独处的生活。当然需要指出的是，这并不是说，如果你是一个内向的人，你就不可能时不时地更开朗一些，或者如果你是一个外向的人，你就不能停下来思考一会儿。但是你经常表现出哪种类型，是由你继承的基因大体上决定了的。

2. 内外向性与刺激反应

很多研究者根据人对刺激的敏感性不同来描述外向者和内向者（Green，1984；Brebner & Cooper，1978）。通过实验发现，内向型的学生对刺激更敏感，在喧闹的地方他们会常常被各种事情所干扰，以至于他们很难进入学习状态。而外向型的学生如果受到的刺激太少则会觉得很令人厌烦。除非对学习的内容非常感兴趣，否则外向型的人会经常休息、环顾四周寻找分心之物，他们很难把注意力集中到当前任务上。这就可以解释为什么在现实中经常看到有些学生可以听着录音机、看着电视学习，而另一些学生必须要在图书馆里安静的地方看书。

3. 内外向性与快乐

外向的人与内向的人有不同的生活方式。外向的人喜欢聚会，参加群体活动，而内向的人喜欢独处，不喜欢与别人打交道。一些研究者认为，外向型的人比内向型的人幸福感程度更高（Brebner 等，1995；Coata & Mc Crae，1980）。原因主要有两个：一是频繁的社交活动会导致积极情绪，带来更多的愉快体验；二是外向的人对奖赏比内向的人更敏感。但也有一些研究者不同意以上观点（Larsen & Kasimatis，1990）。尽管外向型的人比内向型的人更喜爱社交活动，但同时他们也更容易冲动，而高冲动性往往会带来较多的消极情感。

（二）内外向性与外语学习

为了认识性格和外语学习之间的关系，研究者们对不同的学习者进行了大量的实验和观察，并得出了一些结论。艾森克（1957）认为外向型的人主要是喜欢社交和感情用事。他们爱凑热闹，精力不能长时间集中，学习时注意力容易分散，外向型的人记得快也忘得快，而内向型的人记住东西的时间要长一些。一般认为，内向型的人学习成绩要优于外向型的人（刘润清，2000）。

但不少研究者（Long，1985；Swain，1985）则持相反观点。他们指出外向型的人乐于与人交谈，喜欢集体活动，上课时积极踊跃，所以能广泛接触大量语言信息，参与更多的交际活动，尽量使用所学语言。克拉申（1981）认为，外向型的性格对语言学习有利，这些学习者能抓住机会在课堂里练习，因此能获得较大的益处（Elis，1985）。斯特朗（Strong，1983）通过实验发现，外向性格的学习者在掌握基本外语交流技巧方面会做得更好。因为外向性格的人喜欢社交，而喜欢社交就会有更多练习和实践的机会、更多的语言输入（input），从而有更多使用外语进行交流的机会。查斯顿（Chastain，1975）得出结论说，学生的外向性格与德语和西班牙语学习者呈显著的正相关。但上述的看法在一些学者的实验室里得不到证实。斯马特（Smart）等人调查一组大学生外语成绩的好坏与爱交际程度之间的关系时（王初明，1991），发现爱交际的学生并不一定是成绩好的学生。有些成绩好的学生不爱交际，喜欢单独学习。而有些成绩差的学生却喜欢吟诗作画，爱听讲座。成绩好与差的学生中，都具有内向型性格特征的。

这些争议也存在于其他方面的研究。罗西埃（Rossier，1976）发现外向性格与口语水平测试正相关，但并不影响其他水平测试的成绩。斯温（Swain）和伯纳比（Bumaby，1976），杰纳西和哈马亚（Genssee & Hamayan，1980）则发现人格因素与语言运用及成绩无明显关系。伊利（Ely，1986）曾推测喜欢社交的人在课堂上一定积极主动，但他的研究没能证明这一点。斯特朗（1983）把前人的研究列表做一总结，内容包括他们所用测试的类型，内向 / 外向与语言学习是否相关等。斯凯恩（Skehan，1989）将其改写如下表 3-3 所示关系。

而语言教学专家简·阿诺德（1999）认为，外向性其实与从别人那儿满足自身某些需要有关，如自我提高需要、自尊需要等，而内向性倾向于从自身获得这些需要。内向性格的人有较强的内在性格特征和较高的移情程度，而这两者对语言学习都是有益的，因此他们未必在学习语言方面有自我障碍。

表 3-3　语言成绩与内向 / 外向的关系

测试类型	代表学者	研究对象	语言	研究方法	研究结论
自然交际法	Pritchard（1952）	中学生	外语		正相关
	Rossier（1976）	成人	本族语	观察法	
	Wang-Fillmore（1976）	少年	本族语		
	Strong（1978）	儿童	本族语	观察法	
	Strong（1983）	少年	本族语		
	Morrison（1961）	成人	外语	观察法	
语言项目法	Chastain（1975）	成人	外语	问卷法	
自然交际法	Genessee（1980）	儿童	外语	问卷法	不相关
	Suter（1977）	成人	本族语	问卷法	
	Ely（1986）	成人	外语	问卷法	
	Strong（1983）	儿童	本族语	问卷法	
	Rossier（1976）	成人	本族语	问卷法	
	Smart（1970）	成人	外语	问卷法	
语言项目法	Swain（1976）	儿童	外语	评估法	
	Chastain（1975）	成人	外语	问卷法	

资料来源：《中国英语教育研究》，刘润清、吴一安等，2000：177

（三）内外向性研究对外语教学的启示

目前的研究还不能确定到底是外向型的学习者还是内向型的学习者更适合外语学习。但是我们还是可以从内外向性的研究成果中获得几点启示。

（1）人格心理学的研究成果告诉我们，人的内外向性与遗传有关。尽管许多教师喜欢开朗、上课积极主动、喜爱发言的学生（一般这样的学生外向性格较多），但不能忽视甚至抱怨那些上课沉默寡言、不喜欢参与课堂交流的学生，因为他们的这种性格很大一部分是与生俱来的。

（2）由于外向型的学生如果受到的刺激太少则会觉得很令人厌烦，而内向型的学生对外界刺激则很敏感，因此教师应该尽可能提供多种课堂活动形式，以满足不同性格学生的需要。

（3）对待不同性格的学习者，教师还应考虑到不同的社会文化背景对学习者的不同影响。如西方文化对外向型的性格成长有帮助。但在东方文化中，文静在很多人心目中是好的性格，太爱说话反而被认为是爱出风头、好表现。因此对于那些上课不爱讲话的学生不能一味抱怨他们学习缺乏自觉性，合作精神不够，相反教师应想办法加以积极有效的引导，多鼓励他们，学会欣赏他们，多提供一些适合内向型性格学生的活动，让他们逐步地参与到课堂活动中来。

第三节　高校英语教学中师生之间的情感因素

一、国外有关师生关系的相关研究

师生关系（teacher-student relationship）是西方有关教学中人际关系研究的重点。20 世纪六七十年代，美国一些教育学家和心理学家的研究表明，决定学生成绩和身心发展的主要因素不是学校，而是教师的个人品质，后者表现为"课堂行为角色"（behavioral role in classroom）。因此 20 世纪 60 年代以来，国外对"教师课堂行为角色"进行了大量的研究。但是，研究所得出的结果是非常令人沮丧的：在实际的教学活动中，教师一味地进行"指导"（direct），极度忽视师生之间的关系。

为了研究分析课堂中的人际关系，弗兰德斯（N.A.Flanders）曾经提出了著名的"弗兰德斯相互作用分析范畴"（the Flanders' Interaction Analysis Categories）（Flanders，1970）（见表 3-4）。简单地说，弗兰德斯将教师的"言语"分成七个范畴：接受情感、奖励或鼓励、接受或利用学生的想法、提问、讲授、给予指导、批评权威或为权威辩护。前四类属于"非指导"，后三类属于"指导"。弗兰德斯本人发现，在这些范畴中，"接受情感"最为罕见。一般来说，在 1000 个师生相互作用的记录中，大约只有 5 个记录被认为是"接受情感"的。通过大量的研究，他指出教师的直接影响较多时，会导致学生参与的不足；教师间接影响较多时，学生的参与就更多。因此，教师应该更多地对学生施加间接影响，多提问少讲授，要用更多的接受和表扬来激励学生，在教学中要充分地考虑学生所表达的想法和情感。

随后，西方学者用弗兰德斯的分类法对教师的课堂行为角色进行了大量的研究。这些研究揭示：在上课时，教师"谈论"的时间约占三分之二，其中绝大部分是教师在"谈论"，并且绝大多数教师是用"指导"这种方式讲课的。

国外对教师的"课堂行为角色"研究，在很大程度上集中在教师（对学生）的态度上。比较引起关注的是西尔伯曼（M.L.Silberman）在 1969 年发表的《小学教师对学生态度的行为表现》一文中提出教师对学生的态度分四类：喜欢；关心；冷漠；

嫌弃（见方展画，1988）。教师喜欢的学生在学业上常常是成功的，能服从学校的规章制度，与教师和睦相处；教师关心的学生在学业上有困难，但比较听话，同教师有私交，所以教师关心他们，并愿意花大量的时间帮助他们克服学习上的困难；被冷漠的学生对教师反感，不能同教师和睦相处；遭嫌弃的学生则不能与教师共处，而且调皮捣蛋。

表3-4　费兰德斯相互作用分析范畴（Flanders' Teacher Talk in FIAC）

Accepts feeling： accepts and clarifies the feeling tone of the students in a non-threatening manner；feelings may be positive or negative；predicting and recalling feelings are included	间接影响 Indirect Influence
Praises or encourages：praises or encourages student action or behaviour；jokes that release tension，not at the expense of another individual，nodding head or saying 'uh huh?' or 'go on' are included	
Accepts or uses ideas of student：clarifying，building，or developing ideas or suggestions by a student；as teacher brings more of his own ideas into play，shift to category five	直接影响 Direct Influence
Asks questions： asking a question about content or procedure with the intent that a student may answer	
Lectures： giving facts or opinions about content or procedures； expressing his own ideas；asking rhetorical questions	
Gives directions：directions， commands， or orders with which a student is expected to comply	
Criticises or justifies authority：statements， intended to change student behaviour from non-acceptable to acceptable pattern， bawling someone out；stating why the teacher is doing what he is doing，extreme self-reference.	

资料来源：Flanders' Interaction Analysis categories（Flanders，1970：34）

国外对师生关系的研究发端于20世纪60年代，但在我国这方面的研究相对比较滞后，仅在教育心理学类书籍中有所提及，缺乏较为系统的研究。外语教学界在该领域的研究则更为鲜见。

二、师生关系模式

（一）师生关系的内涵及其作用

师生关系是由师生的认知、情感、行为三方面因素组成的一个动态系统。任何因素都有可能影响师生关系，影响教学效果。就师生关系而言，认知关系是指师生之间是否相互了解？对集体的目标、行为规范是否达到内心的认同？彼此是否愿意承担必要的权利和义务？情感关系指相互之间是相互同情、支持、合作，还是冷漠敌对、破坏？情感关系是影响师生关系最重要的因素。行为关系一般是指动作，对好感者乐意接近，来往密切；对反感者态度冷淡，行为疏远。此外，行为关系还包括在言行、表情的交流中所反映的师生关系。压抑的，不和谐的师生关系会使学生大脑皮层细胞产生抑制，对学习产生阻碍作用。相反，轻松愉快的师生关系易于激活大量的脑细胞，促进对知识的理解和记忆。罗杰斯在《学习的自由》（Freedom to Learn）一书中指出："我知道，这种学习（系指自发的有意义的学习）的发起，不依赖领导（系指教师）的教学技术，不依赖他在该领域的精博学向，不依赖他的授课计划，不依赖他对视听教具的运用，不依赖他的讲授和演示，不依赖众多的书籍，虽然他们当中的每一种都会在此时或彼时被当作一种重要的资源受到利用。不，促进意义学习依赖于促进者（facilitator，这是罗杰斯用来取代教师一词的更常见的术语）和学习者彼此关系之中的某些态度"（Rogers，1994）。可见在罗杰斯的教育理论中，"师生关系"被摆到了一个前所未有的高度。

教育心理学认为，师生关系的不同状况，会影响学生学习过程的各个方面。良好的师生关系会对学生的学习起极大的促进作用。主要表现在四个方面。

1. 动力作用

良好的师生关系可以使学生在与教师交往过程中获得对教师热爱、尊敬、崇拜等积极情感，而这些情感是促使学生学习的动力之一。

2. 期待作用

即"期待效应"的表现。"期待效应"最早是由罗森塔尔和雅各布森（Rosenthal & Jacobson，1968）在一项研究中发现的（见卢家楣，2000）。在研究中，他们告诉相关教师，学生中的某些人经过一个特别测验，被鉴定为大有潜力，具备"学业"冲刺的能力，而实际上对这些学生的选择完全是随机进行的。但是学年结束时的测验表明，这些学生的平均分数比其他学生要高出许多。研究者们的结论是，由于教师对被选中的学生有了期待、热爱、鼓励的表现，在这些学生身上就产生了促使他们进步的力量。

教师对学生的期待、热爱鼓励，会自觉或不自觉地通过语言、行动、态度等表现出来。而学生一旦感受到这种热爱和期待，会自觉或不自觉地向老师所希望和暗示的方向去努力。因此一旦师生之间建立起这种热爱、期待与响应热爱、期待的关系，就会对学生的学习产生巨大的推动力量。

3. 榜样作用

教师对学生榜样作用发挥的程度、大小与师生关系状况有着密切的关系。在良好师生关系的前提下，教师渊博的知识、认真的态度、刻苦钻研的精神会成为教师乐意效仿的品质，从而对学生的学习产生正面影响。相反，若师生关系紧张、淡漠，教师的优秀品质就无法对学生的学习产生积极影响，教师的榜样作用也就无从谈起。

4. 移情作用

移情是指对某一事物的情感或态度会自觉或不自觉地迁移到与这一事物密切相关的其他事物上，使人对其他事物也具有与该事物相同的情感或态度。"爱屋及乌"就是移情现象的高度概括，师生关系中也存在移情现象。学生对某位老师怀有热爱、崇敬之情，常常这种情感也会迁移到这位老师所教的学科上，对这一学科表现出极大的兴趣并努力取得好成绩。相反，与教师淡漠、敌对的关系会使学生对该教师所教的学科产生厌倦甚至抵触的消极情绪，从而对学生的学习产生负面影响。

（二）三种师生关系模式

和谐师生关系的建立受许多因素的制约，其中一个关键的因素是教师的领导方式（Leadership Style）。教师不同的领导方式决定了不同的师生关系类型，它会对学生的学习态度、班级的心理气氛和群体行为产生直接的影响。

1939 年，勒温等人进行了领导方式的经典研究（Domyei & Malderez，1999）。根据一些心理学家的研究，教师的领导方式基本可以划分为三种类型，师生关系也相应地形成了三种类型。如表 3–5 所示。

表 3–5　教师的领导方式与师生关系

领导方式与师生关系		专制型	放任型	民主型
教师对待学生的行为	对学生态度	简单、粗暴	冷漠	热情、公正、和蔼
	对待作业中的问题	不允许学生有不同意见，往往以教师的看法、答案为准	允许学生有不同意见，但既不鼓励，也不泼冷水	鼓励学生积极思考，提出问题，各抒己见
	对学生所提问题	不耐烦，不能耐心回答	能予以解答，但缺乏热情、耐心	热情、耐心地解答
	对学生的教学意见	不虚心听取	听之，但不认真教之	虚心听取，不断改进教学
	对学生的学业成绩	急躁求成	毫不关心	关心每个学生的成就
	课堂气氛	严肃有余，生动活泼不足	平静，缺乏生气	热烈、活跃
	学生课堂情绪状态	不愉快，甚至压抑	消极，甚至无精打采	积极愉快
师生关系	学生对教师的态度	畏惧，但不喜欢	既不喜欢，也不害怕	喜欢、敬佩
	师生间的感情	疏远，甚至紧张对立	冷漠	亲密无间、团结友好
	师生在课堂的合作状态	学生表面服从，但内心不服，以至对抗	各行其是，不合作，也不对抗	亲密合作
	师生交往	课堂交往属单向型，课外交往少，易发生冲突	课堂交往基本属单向型，课外交往较少，师生间冲突也少	课堂交往是双向和多项型，课外交往也较多

1. 专制型师生关系

这种类型的教师主要依靠传统力量和强制力量来影响学生，教师强调指导、控制和监督学生，自己决定课堂中的一切事项，甚至采取强迫手段，干涉学生行为。这些教师一般认为，学生的责任仅是听老师讲课，并加以巩固。他们不给学生以独立思考和活动的余地。一旦课堂上出现教师认为是违反纪律的现象，或有些学生学习不努力，就运用扣分数、训斥等惩罚手段，施加压力，或讽刺挖苦，伤害学生人格。教师的专制行为，容易导致师生关系紧张，用学生的话说，有些教师"成天板着脸，端着老师的架子"，使人见了既拘束又害怕。在这种情况下，学生容易形成对教师的表面服从，被动刻板，依赖性强，学习兴趣下降。如果师生关系过于紧张，有些学生会出现压抑或抗拒情绪，拒绝与教师合作。

2. 放任型师生关系

在这种领导方式下，教师对学生不管不顾，放任自流，疏于管理，任其发展。在课堂内只管自己讲课，或者照本宣读，从不注意吸取来自学生的反馈信息。上完课就走，不去了解和听取学生对教学的意见。对学生的态度，既不粗暴，也不热情，与学生在情感、心理上距离遥远。毫不关心学生的学业成就和喜怒哀乐，只关心自己（如进修、职称、职务、家庭等）。在这种教师的领导下，师生关系疏远、冷漠；师生之间互不关心，极少交往。

3. 民主型师生关系

这种类型的教师尊重学生，与学生平等相待。在课堂上教师并不包揽一切，而是根据教学要求，创造机会让学生自己参与课堂活动。课后能听取学生对教学的意见和建议，能与学生交流思想，融洽相处。师生间相互理解、信任、亲密友好。课堂内充满团结友爱的气氛，师生配合默契。教师的一个手势，一个眼神，一个轻微动作，都会使学生产生会心的微笑，从而使师生关系达到亲密的程度。

三、师生交往方式与教学效果

人际关系是通过交往建立的。师生之间的良好关系也是通过师生交往建立的，而且不同的交往方式对师生关系及教学效果有不同的影响。一般来讲，师生交往有以下多种形式。

（一）正式交往与非正式交往

课堂中的教学、班会中的发言、会议中的讨论等正式场合的交往属正式交往。教师正常工作以外的生活交往，如谈心、聚餐、旅游等属于非正式交往。非正式交往对良好的师生关系的建立具有积极的促进作用。

（二）单向交往、双向交往、三向交往和多向交往

1. 师生单向交往

如图3-3所示的是典型的师生单向交往教学模式。这种交往的特点是：第一，信息传递的单向性。在这种交往过程中，只是教师向学生发送信息，而学生只是接收信息，教师不要求学生有反馈或不注意学生的反馈。第二，学生学习的被动性。学生只是被动地听，不能主动发出信息与教师交往，学习缺乏主动性、积极性。第三，无视学生交往的需要，课堂气氛单调、沉闷。学生容易疲倦，缺乏兴趣。第四，缺乏因材施教。综上所述，这种单向交往的教学形式的教学效果是很不理想的。应该承认，目前高校英语教学中这种师生的单向交往仍在一定程度上存在。

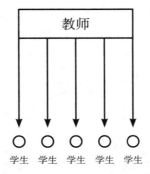

图3-3　师生单向交往示意图

2. 师生双向交往

其典型的代表是如图3-4的提问回答式。这种交往模式能保持师生间的往返联系，可使学生在一定程度上克服学习的被动性，学习气氛相对比较活跃，因而教学效果比单向交往好。但是这种交往模式仍然无视学生交往的需要，特别是缺乏学生之间的交往。

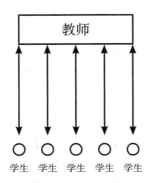

图3-4　师生双向交往示意图

3. 师生三向交往

这种交往模式是在师生双向交往的基础上增加了学生之间的交往（如图3-5所

示）。

三向交往的优点主要有：其一，交往的多层性。师生之间、学生之间均可广泛交往，从而使知识信息、情感信息、行为信息能充分显示、活跃传递。其二，学生学习的主动性。多向交往要求学生独立思考，积极回答，共同讨论，彼此启发，从而可以充分调动学生学习的主动性和积极性。其三，教学形式的多样化。多向交往反对教师满堂灌，重视富于创造性的讨论式教学。在具体的教学实践中，可根据需要选用启发式、答疑式、自由讨论式、小组讨论式、全班讨论式、师生讨论式等。其四，课堂气氛生动活泼。教学中三向交往，师生民主平等，气氛和谐友好、生动活泼。这样，学生的交往需要、尊重需要、求知需要得到了较好的满足。第五，有利于因材施教。三向交往学生可以有较多的学习自主性，可以有较多机会在交往中得到教师的指导。在分组教学中，教师可以放手让一部分学生独立学习，而给另外学生以更多的帮助。

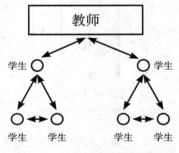

图 3-5　师生三向交往示意图

4. 多向交往

在这种交往模式中，教师作为集体一员，和学生广泛交往，并鼓励学生与学生自由地交往（如图 3-6 所示），这为交往打开了更多的渠道。在课堂教学中这种交往模式主要体现为自由讨论法和以学生自学为主的教学法。从理论上讲，多向交往的教学效果最好，但它的实施是有条件的：要求教师必须精心设计与组织，要求学生经过一段时间的训练，且有较高的纪律性和自控水平。

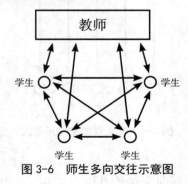

图 3-6　师生多向交往示意图

四、建立和谐师生关系的几点建议

为了帮助教师和学生建立和谐关系，戈登（T.Gordon）根据人本主义心理学原理，曾经设计了一个改进师生关系的训练计划，称为教师有效性训练（Teacher Effectiveness Training，简称 TET）（皮连生，1997）。

TET 要求教师区分三类问题：教师自身的问题，学生自身的问题和师生共有的问题。学生自身的问题可能是高度的焦虑或较低的自尊。对于这样的问题，戈登建议，教师只需耐心倾听学生对自己的关切和对问题的诉说，与他们交谈并积极地倾听。最后要向学生表示，他不仅注意到了学生所谈的问题，而且对这些问题非常关注。如果由于学生的行为使教师愤怒，使教师感到受挫，这便是教师的问题。解决的方法是教师一方面积极地倾听，一方面尽可能真诚和坦率地说出自己的情感。如果问题是师生双方共有的，则会有较复杂的冲突。例如，学生可能因为较低的自尊（学生的问题）做出使教师感到不愉快的举动（教师的问题）。在这种情况下，戈登仍然认为只要积极倾听并坦诚地陈述自己的看法，这些问题仍然可以得到解决。关键是，问题出现时教师应采取一种"不怕失面子"的策略：即问题的解决应使有关各方都满意，不以牺牲任何一方为代价。这对教师来说是一种挑战，因为教师有"师道尊严"的思想，他们希望使用自己的权利。戈登认为，教师如果不恰当地使用自己的权利，他们将失去与自己的学生建立真诚、有效的关系的机会。

可见，要建立和谐师生关系，教师必须努力做到以下几点。

（一）必须认识到"亲和力"是建立和谐师生关系中教师应具备的基本素质

亲和力是指"在人与人相处时所表现的亲近行为的动力水平和能力"。教师亲和力的高低常常取决于一个人的性别特征和性格特征，如有的人生来不爱笑，有的人从小不爱亲近人，有的人天性爱热闹，有的人具有丰富的幽默细胞，等等。但亲和力又与"亲和动机"密切相关，亲和动机强，比如迫切需要得到学生的友谊，得到他们的支持合作的教师，其亲和力就高；亲和动机弱，比如无视学生的存在，或把学生当作知识的容器，把自己的权力放在至高无上的地位，亲和力就一定很低。因此，亲和力是与一个教师的教学观、学生观紧紧地联系在一起的。

"亲其师，信其道"。教师的亲和力，可以赢得学生的尊敬和信任，可以获得学生的宽容和理解。因此，某个教师可能在教学方面有所欠缺，但学生却能热情地学习，主动地思考，由此就能获得最大程度的教学效果。反之，如果教师自视甚高，不顾学生的感受，我行我素，唯我独尊，那就容易引起学生的逆反心理，即使他学问最高，课讲得最好，最终却不一定能实现教学的目标。

教师的亲和力在本质上是一种爱的情感，只有发自肺腑地爱学生，才能真正地亲近学生，关心学生，也才能激发学生对真理的追求。教师亲和力的核心是民主平等的思想，只有把学生看成"真正的人"，当作自己的亲密朋友，才能容忍学生的缺点，尊重他们的表达权，才能控制自己的情绪，做到以理服人，以情动人。教师拥有较高的亲和力，才会拥有宽广的胸怀，因而能够理解学生的兴趣爱好，允许学生发展自己的特长，并真诚地帮助他们在非本学科领域里获得成功。教师要激发自己的亲和动机，真正成为学生信赖、敬佩爱戴的良师益友，必须要做到以下几点。

（1）增加师生交往时空，真正了解每一个学生。教师要循循善诱地教育学生，潜移默化地影响学生，这都需要在一定的时空中进行，都需要教师和学生进行频繁的交往来实现。师生交往的时间多少、交往的频率和场合等都会对师生关系产生一定影响。笔者的调查已经证实，师生交往时空的缺乏已经成为建立和谐师生关系的严重阻碍。师生交往缺乏的严重后果便是师生互不了解，互不关心，有的只是心理的鸿沟。因此，要增加教师的亲和力，增强学生的学习动机，提高学习效果，教师必须采取尽可能多的交往方式用心与学生交流，真正了解每一个学生的人格、情感、兴趣爱好以及他们的困难、痛苦。只有这样才能为建立和谐的师生关系提供可能。

（2）真诚对待学生，尊重学生。教育家爱默森说过：教育成功的秘密在于尊重学生。爱是教育者必备的条件，尊重则是教育者实施教育的根本前提。作为一名教师，要尊重学生的独立人格，并善于进行"心理移位"，设身处地体察学生的心理、处境，关心学生学习的细微变化和点滴进步，及时地加以引导、表扬鼓励，使学生逐渐对教师产生一种亲切感、安全感。教师信任学生，尊重学生，就能唤起他们的自尊心、自强心，激励他们发奋学习，战胜困难，产生强大的内在动力，人格得到充分发展。相反，如果一个教师不信任学生，不尊重学生，尤其在公共场合，哪怕是无意识地用羞辱的语言去刺激学生，其后果是严重的。教师在学生面前，就失去了教育的基础和权力。

（3）注意评价方式，保护学生的自尊心。现在的学生都是独生子女，心胸狭隘，容忍力较差，经不起挫折，更经不起教师的严厉批评，但是他们又非常渴望别人的承认，教师的表扬。在此情况下，当学生完成一件事情或回答完一个问题时，教师不能简单地进行对与错的评价，应暂缓评价，应客观地分析，先找出其中值得向同学们介绍的内容，让学生产生那种被人承认，受人信任的学生，而不是班级中无足轻重的学生的愉悦的心理，然后采用婉转的说法指出应该改正或改进的地方。这样处理可以避免对学生的心理产生伤害，并可鼓励学生敢于挑战自我。这样就能使学生在教师评价时产生成就感和满意感，这样可以鼓励学生主动讲出自己的观点和想法。

（二）在教学活动中，教师应以民主的方式领导学生集体

在民主型的领导方式下，学生采用相互合作的学习方式，共同探讨疑难问题，在独立思考、相互交流中感受集体的力量和个人的作用，调动了学生的积极性，形成了热烈活泼的课堂氛围。在民主型的领导方式下，每个学生的观点都被充分重视，激发了学生的学习动机，使在专制型领导方式下被忽略而产生消极抵抗情绪的学生主动投入学习。而在专制型的领导方式下，喜欢用惩罚手段的教师往往会增加学生的焦虑，学生因害怕自己的短处而退缩不前，导致集体计划、合作等出现低效甚至无效的局面。放任自流的领导方式导致学生学习不稳定，纪律松弛，没有合作，课堂缺乏生气，学生情绪消极。这两种领导方式都会对学生的学习产生非常严重的后果。

从总体上说，教师和学生要建立一种新型的关系，教师要从"独奏者"的角色过渡到"伴奏者"的角色，从此不再是以传授知识为主，而是帮助学生去发现、组织和管理知识，引导他们，而非塑造他们。国外的相关研究已经证明，人际关系的改善在很大程度上能够提高学生的学业水平。国外的一项研究曾要求一年级的学生做一种简单但非常乏味的工作。在从教室到实验室的途中，主试同一组学生边走边谈，对另一组学生则要求静默。前一组被称为"社交满足"（socially satisfied）组，后一组被称为"社交剥夺"（socially deprived）组。在工作时，对做对的答案采取两种方式，一种是亮红灯表示，一种是当众表扬。结果，"社交满足"组不管采取什么反馈方式，正确答案率平均从 55% 上升到 65%；"社交剥夺"组如果得到当众表扬，正确答案率平均从 55% 上升到 85%（见方展画，1988）。因此，在任何情况下都应特别重视师生关系，因为哪怕是最先进的技术，也只能对师生关系（传授、对话和争论）起支持辅助作用。遗憾的是，师生关系并没有在我国高校英语教学中得到应有的重视。教师对学生在英语学习状况、性格特征等方面缺乏基本的了解，师生间交往很少，师生关系疏远、冷漠，放任型师生关系普遍存在，这些无疑会妨碍学生学习英语的兴趣，不利于提高高校英语教学效果。因此高校英语教师必须意识到如何解决师生交往中存在的问题，以及如何发挥师生关系的积极作用应该是英语教学活动的重要内容之一。

第四节　高校英语教学中学生之间的情感因素

外语教学中师生之间的交往，在很大程度上影响着学生的外语学习效果。但师生交往毕竟是有限的，而同学之间的交往，无论是在交往时间上还是在交往的深度和广度上都远远超过了师生之间的交往。因此研究学生中的人际关系以及与情感因素密切相关的班级活力对提高外语学习效率有着极其重要的意义。语言教学专家斯戴维克曾经指出：In a language course success depends less on materials, techniques and linguistic analyses, and more on what goes on inside and between the people in the classroom(Stevick 1980）。可见，师生关系、生生关系对课堂教学活动的成功与否起着关键性的作用。研究表明，班级学习活动的诸多方面都与情感息息相关，如班级的构成、凝聚力、班级规范、课堂气氛、学习者之间的交流形式、合作程度等诸多方面对学习效果都有很大的影响。作为外语教师，如何发挥生生关系的积极作用以便提高学习者之间课堂交流的质量与数量，提高学习者之间的合作程度、形成并维持良好的课堂教学秩序应该是外语教学活动中的重要任务之一。要实现该目标，外语教师首先应了解构成班级集体的内部结构以及班级成员之间的关系现状。

一、学生中非正式群体的内部结构

学生在班级里相互交往中，与一些具有共同兴趣、话题及一起活动的同学结成伙伴，从而形成班级内部的非正式群体。非正式群体没有特定的群体目标及职责分工，缺乏结构的稳定性，但它有不成文的规范和自然涌现的领袖。课堂里的非正式群体主要是同辈群体，比较常见的同辈群体有朋友、小集团、帮和群。朋友是学生在共同兴趣爱好基础上形成的比较持久稳定的密切关系。朋友关系的固定化就是小团体，具有相互交流信息和共同决策的目标。帮与小集团的主要区别在于帮的成员更重视集体活动，且具有一定的结构。群则是松散的结合组织，通常由几个小集团组成，规模较大，且有相对的独立性。非正式群体对个体的影响是积极的还是消极的，主要取决于非正式群体的性质以及与班级目标的一致程度。非正式群体的性质主要有积极型、中间型、消极型和破坏型等，不过破坏型的非正式群体一般在学生中是比较少见的。要使非正式群体对个体发挥积极的影响，作为课堂管理的教师必须注意协调非正式群体与班级的关系。

二、班级凝聚力和班级规范

（一）班级凝聚力（group cohesiveness）

学生课堂里的人际关系会影响班级凝聚力的大小。班级凝聚力指 "the strength of the relationship linking the members to one another and to the group itself; that is cohesiveness corresponds to the extent to which individuals feel a strong idenification with their group"（Dimyei & Malderez, 1999）。简而言之，班级凝聚力就是班级对每一个成员的吸引力，它主要包括三个方面。一是班级成员之间的相互吸引；二是对学习任务的积极投入；三是因为属于班级而产生的自豪感。它可以通过班级成员对班级的忠诚、责任感、荣誉感、成员之间的友谊感和志趣等来说明。有关的研究表明，关系融洽、凝聚力强的班级会使同学们产生强烈的自豪感和认同感，顺利完成课堂教学任务。而同学间相互摩擦、关系紧张、凝聚力弱的班级，会使其成员灰心丧气，不利于课堂教学任务的完成。所以，凝聚力常常成为衡量一个班级集体成功与否的重要标志，它是提高班级活力的前提条件，因为在一个有凝聚力的班级团体里，团体成员觉得有义务去促进团体的成功，实现团体目标。因此，教师应采取措施提高课堂里群体的凝聚力。那么，如何提高班级的凝聚力？迪默里和蒙德瑞（Dimyei & Malderez，1999）提出了以下几条建议。

（1）Positive inter member relations. 增强班级成员之间的积极关系。

（2）Amount of time spent together and shared group history. 增加班级成员的相处时间，让每一个成员分享班级团队成长的历史。

（3）The rewarding nature of group experience for the individual. 增强班级成员因为团体的成功而带来的荣誉感。

（4）Group legends. 通过班级团体的荣誉感增加成员的归属感。

（5）Investing in the group. 通过每个成员对班级团体的奉献增强凝聚力。

（6）Public commitment to the group. 公众对班级团体的认可可以增强班级成员的荣誉感和归属感。

领导者的行为（Leader's behaviour），特别是教师的行为，如教师对班级的关心程度、教师与班级成员的接近程度（both physical and psychological distance）等对班级凝聚力至关重要。

因此，作为教师应帮助课堂里的所有学生对一些重大事件与原则问题保持共同的认识与评价，形成认同感。引导所有学生在情感上加入群体，以作为群体的成员而感到自豪，形成归属感。这样，当群体取得成功或遭遇失败时，成员都有共同感受，从情感上爱护自己所属的群体。当学生表现出符合群体规范和群体期待的行为时，教师应给予赞许与鼓励，使其行为强化而巩固，形成力量感。

（二）班级规范

班级规范是约束群体内成员的行为准则，包括成文的正式规范和不成文的非正式规范。非正式规范的形成是成员们约定俗成的结果，受模仿、暗示和顺从等心理因素的制约。正式的规范是有目的有计划教育的结果。班级规范的形成经历三个阶段。第一阶段是相互影响阶段，每个成员发表自己对某一事物的评价与判断。第二阶段是出现一种占优势的意见。第三阶段，由于趋同倾向而导致评价、判断和相应行为上的一致性。包括学习应付出的努力程度、学习应取得的效率、质量等内容的班级规范对班级成员的学业成绩有着非常重要的影响。科恩（1994）强调了班级规范对完成教学任务的重大意义："Much of the work that teachers usually do is taken care of by the students themselves；the group makes sure that everyone understands what to do；the group helps to keep everyone on task；group members assist one another.Instead of the teacher having to control every-one's behaviour，the students take charge of themselves and others." 所以说，良好的班级规范可以促进学习者的团结合作和相互帮助，达到共同进步的目的。

不可否认，班级规范会对学生的心理和行为产生极大的影响。例如，班级成员有可能放弃自己的意见而采取与大多数人一致的行为，这就是从众。1957 年，美国心理学家阿希（S.Asch）将 7 名男生编为一个试验组，让他们看两张卡片，要求他们判断右边卡片上三条直线中的哪一条与左边卡片上的直线一样长（见图 3-7）。每 7 名被试者中的 6 名是假被试者，他们一致作出错误判断，最后让真被试者判断。结果发现，各组的第 7 人中，共有 37% 的人放弃了自己的正确判断而顺从群体的错误判断。（皮连声，1997）

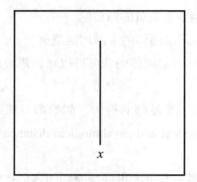 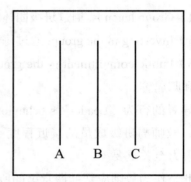

图 3-7　从众试验材料

从众现象的发生，一般认为有两个原因：一是人们往往相信大多数人的意见是正确的，觉得别人提供的信息将有助于他。如果学生越相信群体信息的正确性，自信心越差，从众的可能性也就越大。二是个人往往不愿意被群体其他成员视为越轨者或不合群者，为了避免他人的非议或排斥，避免受孤立，因而发生从众。

班级规范通过从众使学生保持认知、情感和行为上的一致，成为引导学生行为的指南。不过，消极的班级规范也有可能使不良的行为因从众而在课堂里蔓延，使意志薄弱的学生随波逐流。在课堂教学中，教师应自觉地帮助学生形成良好的规范。一方面要考虑规范对群体成员的适应性，尽量使群体规范与成员的个人价值趋同。另一方面，又要考虑班级规范与社会规范的一致性，使每个学生都能正确处理个体与群体的关系。

三、班级成员在人际关系中地位的变化及人际吸引的原因

（一）人际交往中的三种学生类型

学生随着交往的深入，他们在班级中的地位和作用也随之发生变化。一般认为，

在班级内的人际交往中学生可以分为以下三种类型。

（1）人缘型：这是班级中最受同学欢迎的人。这类学生一般具备以下的心理品质：组织能力强；学习成绩好，并乐于助人；有良好的品德，受人信赖、尊重。

（2）嫌弃型：这是在班级中受同学排斥的人。这类学生被排斥的原因主要有：其一，品质、纪律不好，经常给班级和同学带来麻烦，从而使同学对他产生回避、抛弃的心理。其二，学习不努力，成绩差，乃至发生恶性循环，从而使同学对其产生鄙视、讨厌的心理。其三，不善于或不乐于交往，由于心理不相容而使同学对其产生冷淡、疏远心理。

（3）孤立型：这是在班级中受同学孤立的人。这种人在班级中人数极少，他们既不受同学欢迎，也不被人排斥，成为被人遗忘的人。这些学生的共同特点是：其一，性格孤僻、怪僻，对人冷淡，不善交际；其二，对集体活动缺乏兴趣，似乎处于"中立"地位。从表面看，他们不合群、自由自在，实际上他们由于归属需要得不到满足，得不到友谊和尊重，内心十分痛苦。教师的责任在于发动同学们去团结、关心他们，决不能对他们另眼相看。

（二）学生中人际吸引的原因

学生为什么在相互交往过程中，有的会相互喜欢，有的却相互讨厌。教师如果能了解其中的原因，那就有助于学生搞好人际关系，从而提高教学效率。一般认为，学生中人际吸引的原因主要有以下几个方面。

（1）相似性。这是指由于态度、信息、价值体系以及目标上的相同导致人际吸引。一般认为，相似性对友谊模式的影响是广泛而重大的。伯恩和尼尔森（Byrme & Nelson，1964）在实验中发现，描述中的相似性决定了被试者喜欢他人的程度：对方被描述得越像他自己，他就越喜欢对方（骆伯巍，1996）。在学校教学中我们也会发现，不少学生在谈论朋友时往往有这样的话："我们兴趣相投，谈得拢""他有正义感，我们有共同语言"。

（2）接近性。由于同时入学、年龄相同、同住一个寝室、同乡等原因而引起人际关系，这在人际交往中也不是少数。心理学家的不少研究都表明，邻近性能提高喜欢的程度。

（3）报答性。人们总是喜欢那些也喜欢自己的人，或喜欢那些给自己愉快体验的人。尽管并不是所有的喜欢或不喜欢都是相互的，但在其他一切方面都相同的情况下，人们都有一种十分强烈的倾向，喜欢那些喜欢自己的人。

（4）补偿性。在某些情况下，人际吸引主要是为了以他人的优点或特点来补偿自己在某一方面的欠缺，比如在学习上、生活上、能力上通过人际吸引从对方得到帮助。

四、课堂里学生之间的人际关系：吸引与排斥、竞争与合作

人际关系是人与人之间在相互交往过程中所形成的比较稳定的心理关系或心理距离。它的形成与变化，取决于交往双方满足需要的程度。如果交往双方都能满足对方的需要，相互间容易形成接近、友好、信赖的心理关系，这种和谐的人际关系使双方都心情舒畅。如果双方不能满足需要，就会形成疏远、回避、甚至敌视的心理关系，使双方忧虑、苦恼甚至影响心理健康。显而易见，课堂里的人际关系直接影响课堂气氛，教师应该成为善于处理人际关系的艺术家。

吸引与排斥、合作与竞争是课堂里最主要的人际关系。

（一）吸引与排斥

人际吸引是指交往双方出现互相亲近的现象，它以认知协调、情感和谐、行动一致为特征。人际排斥则是交往双方出现关系极不融洽、相互疏远的现象，以认知失调、情感冲突和行动对抗为特征。

现有的研究表明，距离的远近、交往的频率、态度的相似性、个性的互补性等因素是影响人际吸引和人际排斥的主要因素。在一般情况下，学生的居住地和座位越邻近，交往的频率越高，态度越相似，个性特征越能互相取长补短，学生之间就越容易互相吸引。反之，彼此间就越容易排斥。

人际吸引和人际排斥使学生在课堂里处于不同的地位，出现人缘型、嫌弃型和孤立型的学生。人缘型学生在课堂里最受学生的欢迎，吸引力最强，有较高的安全感和自信心；被人嫌弃的学生是课堂里最不受人欢迎而被排斥的学生，他们常常感到不安与气愤，并由此而与集体对立，甚至产生敌意和对抗；遭受孤立的学生则被同学们冷落在一旁，既没有欢迎者，也没有反对者，很少与人交往，他们常因失意而埋怨班集体。因此，作为教师必须重视课堂里的被嫌弃者和被孤立者。一方面，针对这些学生的弱点，帮助他们改变不利于人际吸引的个性特征，让他们摆脱窘境，增强吸引力。在课堂上多给他们机会参与课堂活动，从而引起同学对他们的关注。另一方面，除了教师自己热情关心这些学生外，也要引导全班学生主动接近他们，通过增加交往频率，产生共同的话题和体验，结束不相往来的状况。

（二）合作与竞争

1. 合作的利与弊

合作是指学生们为了共同目的在一起学习和工作或者完成某项任务的过程。合作是实现课堂教学的重要条件。语言教学专家克兰德尔（Crandall，1999）认为合作学习有利于创造良好的情感氛围，主要表现在以下几个方面。第一，合作学习增加学习者的听说机会，尤其是害羞、胆怯、内向的学习者能够有更多的交流机会；第二，学

习者在小组中进行交流时的焦虑程度远远低于当着全班学生回答问题时的焦虑程度；第三，小组成员之间的相互合作和相互依赖有助于学习者找到归属感和增强他们的自尊心；第四，合作学习中，学习者得到更多的积极反馈和帮助，从而激发更高的学习动机；第五，合作学习促进小组成员之间的情感交流。

　　当然课堂里的合作也有其不足之处。首先，如果学得慢的学生需要得到学得快的学生的帮助才会有进步，学得快的学生可能要在一定程度上放慢学习进度，影响自身的发展。其次，能力强的学生或活泼好动的学生有可能支配能力差或沉默寡言的学生，可能造成沉默寡言的学生更加退缩，能力强的学生更加不动脑筋。

2. 竞争的利与弊

　　竞争指个体或群体充分实现自身的潜能，力争按优胜标准使自己的成绩超过对手的过程。课堂里的竞争包括群体间的竞争与群体内的竞争两大类。

　　（1）群体内的竞争。在一个班级与小组内部学生之间的相互竞争属于群体内竞争，这种竞争的好处在于：

　　①可以使课堂气氛显得活跃，集体生活富有生气，避免或减轻了学生对例行作业的单调感，增加了他们学习与工作的乐趣。

　　②能激发个人的成就动机，提高个人的标准与抱负，缩小个人的能力与成绩之间的差距，提高学习效率。

　　③能使学生在与他人能力的比较中，较好地发现自己尚未显示出来的潜力和自己的局限性，对自己的能力作出更符合实际的评判，有利于克服某些不良的人格特征。

　　但是群体内的竞争也有不利的一面，具体体现在：

　　①从学生的角度看，对于那些学习成绩一贯优异，知道自己不需要太多努力就能成功的学生，竞争缺乏激励作用；对于那些学习成绩一般，但又想在群体中获得好名次的学生，竞争会产生过分的压力；对于那些知道自己没有成功希望的学生，竞争会使其丧失信心。

　　②从学生群体的角度看，频繁的竞争会使学生之间产生敌意和失去信任感，从而使班级集体出现紧张、不安、不团结等消极气氛。此外，经常不断的竞争还会降低学生学习的内在动机，使学生的注意力集中于取得好成绩以赢得教师的称赞、同学的羡慕，从而削弱或失去学习活动本身带来的愉悦感。

　　（2）群体间竞争。学校之间、班级之间和小组之间的竞争属于群体间竞争。一般来说，群体间竞争的效果取决于群体内的合作，有利于集体主义的培养。

　　学生之间的合作与竞争是对立统一的，它们都以能否满足各自的需求而转移。在课堂活动中，教师应灵活处理合作与竞争的关系，不能片面强调合作，也不能片面强调竞争。相反，应该使两者成为调动学生学习积极性的有效手段。

五、建立和谐的生生关系

如前所述，生生之间的交往，无论是在交往时间上还是在交往的深度和广度上都远远超过了师生之间的交往。因此如何建立和谐的生生关系，发挥生生关系的积极作用，提高学习者之间课堂交流的质量与数量，提高学习者之间的合作程度、形成并维持良好的课堂教学秩序应该是外语教学活动中的重要目标之一。

（一）教师应正确协调正式群体与非正式群体的关系

非正式群体对个体学习的影响是积极的还是消极的，取决于非正式群体的性质及其与正式群体的目标是否一致。要正确协调正式群体与非正式群体的关系，首先要不断巩固和发展班级群体，帮助班级内学生之间形成共同的目标和利益关系，产生共同遵守的群体规范，并以此协调大家的行动，满足成员的归属需要和彼此之间相互认同，从而使班级成为坚强的集体。其次，要正确对待非正式群体。对于积极的非正式群体，应该支持和保护。利用成员间感情密切的特点，引导他们相互学习，取长补短；利用成员相互信任、说话投机的特点，引导他们开展批评与自我批评；利用其归属感强、爱好社交的特点，把一些班级工作交给他们去完成；利用其自发形成的领袖人物威信高的特点，可授予适当的权力，使之纳入班级目标的轨道。对于中间型的非正式群体，要积极引导，联络感情，加强班级目标导向。对于消极型的非正式群体，要教育、争取、引导和改造。

（二）正确引导学生之间的课堂人际关系

西方语言教学研究人员把学生课堂里的人际关系分为竞争型（competitive）、合作型（cooperative）和个人型（individualistic）三种。哪一种人际关系类型更适合学习者，更能提高语言教学效果，对此人们也进行了长期的争论。阿萨姆（Aames，1984）认为竞争型的人际关系只对那些课堂表现良好的学生有利，而对那些害怕犯错误或自尊感较差的学生来说则会造成焦虑，不敢参与课堂活动，从而影响课堂教学效果。克兰德尔（1999）提出建立合作型的课堂人际关系一般要遵循五个原则：积极的相互依赖（positive interdependence）、个体的表达能力（individual accountability）、积极的面对面交流（face to face positive interaction）、社交技巧的培养（the development of social skills）以及常规性的小组活动（regular group processing）。相关研究已经表明，无论小组活动的结果如何，对学生的满足感、自尊感都会产生深刻的影响。成功的小组活动可以提高学生的自尊感和满足感，而失败的小组活动则会给那些小组活动中个人表现良好的学生带来负面的影响，对原来积极的自我概念（self perception）产生怀疑。个人型的人际关系以个人目标为导向，可以提高学生的自我竞争意识。但个人型的人际关系忽视了学习者之间的相互交流和沟通，而这是外语学习的重要手段。

我国的大学生是在典型的集体主义文化熏陶下成长起来的。他们当中的大多数人不喜欢表现自己，他们的自我满足感来自他们感知到自己与他人的关系，找到归属感和完成自己分内的事。俗话说，"人怕出名猪怕壮""枪打出头鸟"。古语云：木秀于林，风必摧之；堆出于岸，流必湍之；行高于人，众必非之。这都反映了典型集体主义文化中的人的一种从众心理。目前我国外语教学中普遍采用的一些课堂活动方式，如提问式教学、全班同学参与的讨论式教学等都鼓励学生表现自己的能力，是典型的竞争式教学。尽管竞争可以激发学生的成就动机的可能，但是竞争会让一部分学生产生焦虑和压力，甚至对学习丧失信心。而且频繁的竞争会使学生之间失去信任感，使班级集体出现紧张、不安的氛围。因此在高校英语教学中应多开展以小组为单位的课堂活动，提倡小组之间的竞争，而不应过分强调个体之间的竞争。由于小组合作学习有利于激发学生的学习兴趣，增加学生的课堂参与程度，有利于和谐、民主、合作师生关系的建立，有助于消除学生的自我中心，培养学生的合作意识和自主学习精神，小组合作学习也确实在英语教学过程中得到了广泛运用。但如何确保小组活动的成功这是高校英语教师应该充分考虑的一个问题，因为小组活动的成败对学生的自我形象、学习动机以及学习兴趣等方面都会产生重要影响。哈德菲尔德（Hadfield，1992）提出成功小组活动应该具备的以下特点。

（1）小组成员有自己作为组员的明确意识。（Members have a definite sense of themselves as a group.）

（2）有积极的和相互支持的气氛，促进各成员的积极自我形象，从而使他们敢于表达个性。（There is a positive self-image which is reinforced by the group, so that they feel secure enough to express their individuality.）

（3）组员之间相互倾听，给对方谈话的机会。（Members of the group listen to each other and take turns.）

（4）组员之间相互宽容，组员有安全感和归属感。（The group is tolerant of all its members；members feel secure and accepted.）

（5）组员之间相互合作共同完成任务。（Members cooperate in the perfomance of tasksand are able to work together productively.）

（6）组员之间相互信任。（The members of the group trust each other.）

（7）组员之间相互理解，能设身处地地为他人着想。（Group members are able to empathise with each other and understand each other's points of view even if they do not share them.）

（三）通过班风建设和提高班级凝聚力来改善并加强生生关系，提高学生英语学习动机

如前所述，班风是班级中占主导地位的舆论导向、善恶观念与行为方式。作为学习心理环境的重要组成部分，班风对班级成员的学习、班级成员之间关系的建立和发展等都将产生重要影响。迪默里和蒙德瑞（1999）指出班级的发展是一个长期的持续过程，可以分为四个阶段：一是班级的形成阶段（formation phase），又称班级发展的初级阶段。班级成员之间开始相互认识，并开始在同一班级的学习。在班级的形成阶段，班级成员之间的关系相对和谐。二是过渡阶段（transition phase）。在这个阶段，学习者开始检验他们自己之间以及他们与教师之间建立的关系。生生之间以及师生之间的分歧和冲突变得频繁。班级的过渡阶段是班风形成的关键时期，教师应充分发挥教育和引导作用，善于发现问题，通过进一步协商和沟通，解除紧张的生生关系和师生关系，从而增强班级的凝聚力。三是行动阶段（performing phase），即班级成员共同执行和完成学习任务的阶段。良好的生生关系和师生关系为小组合作和师生合作提供了可能和保障。在这个阶段，班级成员充分利用已经形成的班级凝聚力和团队精神，为实现共同的目标，执行学习活动或学习任务，最后形成产出。四是解散阶段（dissolution phase）。可见，建立和谐生生关系的重要途径之一就是形成良好的班风，加强班级凝聚力。在一个班级凝聚力强的班级集体中，班级成员之间相互欣赏、相互尊重；他们对小组学习任务热情高涨，充分合作，为完成共同的目标而共同努力；他们也会因为自己是班级的一员而产生自豪感。

因此，在高校英语教学过程中，教师不仅应注重师生之间的纵向交流，还应加强学生与学生之间的横向交流过程。学生个体置身于班级集体这一环境之中，生生之间关系如何决定班级凝聚力的大小，而集体进取精神的强弱又直接影响学生个体的学习动机，这就要求教师在英语教学过程中善于通过培养并协调生生关系来加强班级集体努力向上的合力情感。教师在教学活动中应设计各种能够使学生互相交流、互相学习、互相启发、互相帮助、互相竞争的教学活动。要善于培养优秀学生的火车头作用，建立学生宿舍英语学习小组，组织英语学习经验交流会，激发男女学生之间进行英语学习竞赛和组织英语竞赛，经常利用学习效果评价机制强化学生的集体竞争意识和集体荣誉观念。要强调班级英语成绩对确立班级集体校园形象的重要作用，使"静态的班级背景"成为"动态的集体力量"，造成后进奋起直追、中等力争前列、优秀再上台阶的奋进局面。

目前，无论是国内还是国外关于教学中人际关系的研究主要侧重于师生关系，而有关生生关系的研究则相对较少。一方面，作为高校英语教师必须意识到生生关系在英语教学中的重要性，因为生生关系影响英语课堂教学中学生的参与程度、合作程度、生生课堂交往的数量和质量、班级凝聚力大小，进而对英语教学课堂秩序、课堂氛围、课堂活动取得的效果等产生不可估量的作用。另一方面，外语教学界应该加强生生关系理论与实践的相关研究，以便为广大的高校英语教师提供切实可行的理论指导，发挥生生关系在高校英语教学中的积极作用，最终提高高校英语教学效果。

第四章 高校英语教师情感投入教学的基本现状分析

第一节 高校英语情感教学要素及原则

一、英语情感教学的要素

英语情感教学模式是揭示英语教学过程中与情感因素有关的结构和程序，它只是单独从情感维度来理解英语教学过程，具体包含以下四个基本要素。

（一）诱发

诱发是指激发学生对学习内容的兴趣，以此使学生积极地参与当前的认知活动。英语教师是在规定的时间、地点，依照规定的教学程序、进度，传递规定的英语知识。这一系列的规定使英语教学活动变成一种固定的操作程序，无法迎合学生当时的实际需要。而且，求知需要往往不是学生最为迫切的需要，这一现象背离了英语教学目标。况且，即使学生当时拥有求知需要，其求知需要的具体内容也会与特定的教学内容有分歧。英语教学中普遍存在英语教学活动与学生当时的具体需要不符合的现象，因此英语教师应懂得如何使自己的教学成为学生学习的诱因，激发学习动机，使学生走在主动学习的路上。

（二）陶冶

陶冶是指培养学生高尚的情感以及良好的人格。教材蕴含丰富的情感现象，具体可分为以下四种类型。

（1）显性情感因素，即通过语言文字等直观形象材料等使人能直接感受到的情感因素，艺术、语文、英语等教材中较为多见。

（2）隐性情感因素，是指在反映客观事实的过程中使人感受到的情感因素，在史地类教材中较为多见。

（3）悟性情感因素，是本身不含显性或隐性情感因素，但却具有引起情感的某种因素，主要存在于理科类教材中。

（4）中性情感因素，是目前的认识水平无法体会到的情感因素，仅限于理科教材中，但教师可以通过情感教学策略使学生感受到情感。

（三）激励

激励是指在学习过程中，不断增强学生的自信心，激发学生的动力。随着学习任务的加重、学习难度的加大、学习挫折的积累，学生需要补充学习动力。教学评价就是一种情感激励手段，并且它还是学生获得学习反馈的主要形式。教师对学生多进行肯定、鼓励，同伴们对彼此多给予支持、赞赏，会使学生产生良好的激励效果。情绪对人的学习行为具有强化作用，积极愉悦的情绪有助于学生调动积极性，提高创造力，养成良好的情感品质和能力。教师要创设条件让学生体验成功，并利用好强化这一手段。

（四）调控

调控是使学生的情绪始终处于有利于学习活动的状态。情绪在很大程度上决定着身体的成长、智力的发展和情感的培养。但是，持续的、愉快轻松的情绪状态不一定最有利于学习。例如，焦虑对中等以上学习成绩的学生来说，能提高认知活动的效率，强度过大的焦虑使中等以下成绩的学生削弱创造力。一般地，强度适中的情绪状态总能为认知活动提供最好的动力。

二、英语情感教学的原则

众所周知，情感并不是在课堂中直接学习的内容，但是它会间接影响学习效果。因此，在实际的英语教学活动中，教师应该根据情感教学的原则来指导教学实践活动。下面就对几种常见的情感教学原则予以分析。

（一）移情原则

一个人的情感可以从人的身上转移到相关的对象身上，将其放在具体的英语情感教学中，主要包含两个方面：一是教师的个人情感影响学生情感，这里面的情感包含教师水平、道德品质、人格魅力等；二是文章的人物情感影响学生情感，在这一原则的贯彻过程中，教师应该引导学生体会作者的写作情感和意图，让学生在实际的学习中陶冶情感。

（二）寓教于乐原则

寓教于乐原则是最核心的英语情感教学原则，主要是让教学活动在学生快乐的情绪下进行，教师在教学活动中要能够预测和把握好一切的变量，激发出学生的学习兴趣和积极性，使学生乐于接受、乐于学习。在这一原则的贯彻过程中，教师不能整节课都是处于调节情绪上，应当把调节情绪作为教学活动的一个突破口，使学生的学习状态达到最佳的层次，同时也保证课堂活动的正常进行。

（三）以情施教原则

以情施教原则主要是以情促知，达到情知交融，通俗地说，就是英语教师在授课的时候应该引入积极的情感，使情感和知识融合为一体。在这一原则的贯彻过程中，教师首先要控制好自己的情感，将自己置于积极的情感之上，只有教师自身的情感积极性强才能带动学生的情感积极性。此外，这一原则也可以用于处理实际的教学内容。

（四）情感交融原则

情感交融原则是指师生之间的情感，这种情感的优劣影响到学生的情感反应，和谐的师生关系有助于学生的学习积极性以及教学效果的优化。众所周知，教学活动是在教师和学生二者之间进行的，属于一项传递师生之间情感的特殊交流活动。因此，这一原则在教学活动中必须遵守。

第二节　高校英语课堂设问中的情感教学

在英语教学中，课堂是英语教学的主渠道，要想使英语课堂产出"健康的孩子"，必须遵循情感教学原则，掌握和运用好"产婆术"——课堂设问技巧。课堂设问的质量直接影响到英语课堂教学的效果。

一、设问应激发学生的学习兴趣

在课堂设问方面，教师应以学生感兴趣的话题切入问题，把学生的注意力先引入课堂，就他们感兴趣的话题展开讨论，从而把学生从"已知世界"引入"未知世界"，让他们产生强烈的求知欲。设问的方式可分为事实性设问和启发式设问。

（一）事实性设问

如在教学"The Great Sports Personality"这篇课文时，我们就以事实性设问开头。

（1）Do you have any favourite sports star？ Can you tell us something about them？

（2）What's your favourite sports？ When do you have sports with your friends？

很多喜欢体育运动的学生心中都有各自崇拜的偶像，他们很乐意向别人谈论他们的偶像。一旦教师提出这些问题，学生都很兴奋，立即产生了兴趣。教师给出充分的时间让学生发言、表演，从而引入本节课的课程内容，让学生翻开书，从课文中寻求答案，相信每个学生都会怀着极大的兴趣阅读此文。

（二）启发式设问

如在学习"Animals in Danger"这篇课文时，教师可以不直接问 antelopes 的情况，而是以人人皆知的中国的另一珍稀动物 panda 提问："Why do Chinese people protect pandas？"相信学生会很容易谈道："China is the only country where pandas live."然后教师可以进一步提问："In China，there lives another important kind of animal–antelopes. How are they living now？"这样，学生就带着兴趣和疑问去阅读课文。

二、设问应增强学生的英语学习自信心

教师可根据班级学生的具体情况，设计难易结合，因人而异的问题。例如：

（1）Where can you see or read advertisements？

（2）Do you enjoy watching ads on TV？ Why？ Why not？

（3）Do you have any favourite ads？

（4）Why do companies advertise？

（5）Who pay for the advertising？ Why is that？

对于前面三个问题，教师可以要求英语基础较差的学生来回答，因为这些答案来自他们自己的生活，有话可说，有情可表。对于后面两个问题，可以留给英语基础较好的学生，因为这两个问题的难度有所增加，需要更多的逻辑推理和语言结构。只有当学生对问题感兴趣，并且能够回答的时候，才能产生积极的情绪，体验到成功的喜悦，建立起对英语学习的自信心，英语教师应该牢牢把握这一点。

三、设问应培养学生的合作精神

严格地说，英语课堂交际实际上是一种虚拟的社会交际。正因为它是虚拟的，教师就可以人为地设计交际的情景和形式。在课堂交际中，以两人对话的形式最多，这也符合现实生活中的交际情形。有些教师会这样设问：

（1）Alice，what do you do in your spare time？ Do you have any hobbies？

（2）Why do you like them？

同样这两个问题，只要在设问技巧方面稍加改进，就可以组织两人对话，让学生汇报对方的观点或信息。教师不妨如此设问：

（1）What hobbies does your partner have？

（2）Why does she/he like them？

学生就此展开两人交际，在交际过程中，一方遇到难以表达的句子或词语。自然会寻求对方的帮助，同时也可以通过对方的表述丰富自身的词汇和知识。在课堂组织

形式中，小组活动也是一大特色。因此在设问中，教师也可以不问个人意见，而询问小组的意见或观点。如：

（1）Which side does your group support？

（2）What's the decision of your group？

教师可以组织学生展开讨论，每个小组的学生集体确定自己所在小组的立场或观点，集中集体智慧，找出理由。最后教师可以组织正、反两方的小组辩论。为了自己所在小组的集体荣誉，所有的学生都会积极参与，互相学习和帮助。如果自己的小组最后获胜或得到教师的肯定和表扬，他们就会充分体验到集体的荣誉感，学会合作学习。

四、设问应提升学生的跨文化交际能力

由于中国文化崇尚含蓄、谦逊、内敛，而英美文化则推崇坦率、直接、外显，因而，在日常交际当中，会有很大的反差。例如，对于别人的赞美，中国人与英美人士的反应就完全不同。课堂内外与学生的交流当中，教师就应该经常使用"How smart you are today！""It's very kind of you to help me. Thank you very much."等语言表达，在实践当中反复地再现，使学生逐渐习得符合英美文化的交际能力。

在英语学习中，词汇学习是一个很重要的部分，大量的英语单词、片语、习语都具有和英美文化密切相关的内涵。比如，学习 cool 这个单词时，教师可以设问"Is it cold or cool today？ Who looks cool in our class today？ Can you keep cool in trouble？"通过具体的语境，学生可以学习和了解 cool 的文化内涵。

某些与颜色有关的词汇在中英文化中也有不同的含义。例如，black 在英语文化中就比汉语内涵丰富。教师将其做如下归纳，并设问"Do you know the meanings of the following phrases？ Black tea（红茶），black coffee（苦咖啡），black beer（黑啤酒），black and blue（遍体鳞伤），a black sheep（害群之马），in a black mood（情绪低落），give sb. a black look（恶狠狠地瞪某人一眼），the black market（黑市）"。

总之，学习一门语言就是学习一门文化。如果在英语学习中不渗透文化内涵，学生就无法掌握这门语言的精髓，也无法自如地运用英语进行交流。

综上所述，情感教学原则是促进和提高英语课堂教学质量的有效保证。情感教学理论是新时期的英语教师提升自我素质必备的理论基础。掌握好课堂设问技巧是每一位英语教师必备的技能。当代的英语教师应该学习和遵循情感教学原则，巧妙构思教学过程，有创造性地进行课堂设问，为中国的英语教学和课程改革探索出更好的发展道路。

第三节　高校传统英语教师情感投入教学现状与策略运用

情感对认知活动具有极大的推动作用，关于这一点中外教学活动研究人员已经达成共识。教学是师生双方围绕着教学内容所发生的一种特殊的人际交往活动。在这一活动中存在三个最基本的教学要素——教师、学生和教材。其中，教师和学生是教学过程中最为重要的两个因素，因此教师的情感状态和学生的情感状态对认知信息的传递、课堂教学活动的开展、教学效果的好坏有着非常重要的影响。教师的情感包括对教育和教学工作的情感、对学生的情感、对所教学科的情感、对具体教学内容的情感体验、对教学过程和效果的情感体验、主导情绪状态、情绪的表现、作为教师的人格情感和对教学环境的情感体验等。学生的情感包括对学习活动的情感、对教师的情感、学生间的情感、对所学学科的情感、对具体教学内容的情感体验、对学习过程和效果的情感体验、主导情绪状态、情绪的表现、自我情感体验（自信心、自尊感等）、课堂情绪气氛、对学习环境的情感体验等。教学活动中的教师和学生情感状态错综复杂、处于不断变化之中，对教学活动以及最终的教学效果产生决定性的影响。

一、高校英语教学中教师运用情感因素现状的调查

"认知"和"情感"是高校英语教学活动过程中非常重要的两个方面，在充分重视认知因素的同时，教师也应充分重视情感因素，发挥情感因素的积极作用，改进教学的各个环节，挖掘教学的潜力，优化教学效果，促进学生素质的全面发展。然而，在现实的学校教学中，重知轻情的教学失衡现象却时有所见、时有所闻，并在应试教育的背景下更趋严重。虽然近年来，素质教育在全国范围内的推进，非智力因素理论在学校教育中的传播，对教学中情感因素的重视和运用都创造了越来越有利的条件，但在现实的教学中，特别是笔者有针对性研究的高校英语教学中，教师运用情感因素的程度和状况如何？存在什么问题？有关这方面的调研报告却很少见。

至今为止，笔者发现在我国仅有情感教育专家卢家楣教授有这方面的针对性研究（卢家楣，2011）。他针对中学教学分别做了三项调查，其中针对教师的调查有两项：一是对上海中学教学中教师运用情感因素的现状调查，二是对全国中学教学中运用情感因素现状的调查。这两项调查得出的结论主要有三点：一是重知轻情现象在当前的中学教学中仍十分普遍。二是中学教学中重知轻情现象主要表现在行动上而非认识上。

三是导致中学教学中重知轻情现象的原因主要有两个：一是对情感因素在教学中的作用和价值认识不足；二是缺乏有关情感教学方面的理论和方法上的指导。为了探究高校英语教师对教学中情感因素的关注和运用程度，是否会和中学教师存在同样的问题，笔者针对高校英语教学的特点，对教师有选择地进行了相关调查。

（一）调查对象

为了提高调查对象的广泛性和增加调查问卷的有效性，笔者利用四、六级高校英语作文阅卷的机会，随机抽取了 150 名教师。被抽取参与调查问卷的都是大学一线英语教师，分别来自全国各地高校。在发放的 150 份问卷中，共回收问卷 118 份，其中有效问卷 110 份。

（二）调查问卷

在笔者自行编制的《对高校英语教学中教师运用情感因素的现状调查》问卷中总共有 11 个问题，其中 1~7 题旨在调查高校英语教师对高校英语教学总体情况的感受和在教学中运用情感因素的总体状况，后 4 个问题调查运用情感因素的具体细项，其调查结果将在其他章节中运用，本节仅反映前 7 题的调查结果。每一个调查问题后面设立若干项目或等级选项供选择。这 7 道问卷题以及每题后设立的项目或等级选项在文中的表格和分析中得到反映。

1. 教师对高校英语教学现状满意程度

在调查中，当问及"您对目前的高校英语教学状况满意吗？"选择"不太满意"和"不满意"的教师居然多达 73 人，占被调查人数的 66.4%；而只有 33.6% 的教师认为"非常满意"和"基本满意"，其中选择"非常满意"的只有 1 人。可见，很多教师对目前高校英语教学效果是不满意的。

2. 教师对高校英语教学现状不太满意或不满意的原因

针对第一题的选择结果，笔者设计了第二个问题。当问及"如果您认为不太满意或不满意主要原因是什么"时，可在问卷给出的 6 个选项中进行不限量选择。结果认为造成对目前高校英语教学效果"不太满意"或"不满意"主要原因依次为：①学生学习英语的自觉性不够；②应试教育造成的；③学生缺乏学习英语的兴趣；④学生的合作精神不够；⑤缺乏必要的教学设备；⑥师生直接沟通不够，缺乏和谐的师生关系。从调查结果可以发现，教师把教学效果不满意的原因主要归咎于学生、应试教育和教学设备的缺乏。其中分别有 28.4%、13.4% 和 17.3% 的教师把原因分别归咎于学生自觉性不够、合作精神不够和缺乏学习英语兴趣，仅有 7.3% 的教师把缺乏和谐师生关系列为造成对目前教学现状不满意的原因之一。可见，绝大多数教师很少从自身或情感角度找原因。

3. 教师对"理想英语教师"应具备的条件的认知

在调查中，当问及"您认为理想的英语教师应具备的条件（要求按重要性先后顺序排列）"时，大多数被调查教师认为，理想的英语教师必须具备足够的英语专业知识、学生认可的教学方法、喜欢和学生沟通、尊重学生并善于创造安全、和谐的课堂氛围。但从首选比例来看，英语教学中的情感因素没有得到应有的重视。有高达 82.7% 的被调查者认为，作为英语教师最重要的是应具备足够的英语专业知识和学生认可的教学方法，只有 17.2% 的被调查者认为理想的英语教师首先应处理好英语教学中的情感问题。

4. 教师对当前高校英语教学中"知识输入"与"情感因素"关注情况的基本估计

在调查中，当问及"您认为当前高校英语教学中教师对知识输入与情感因素的关注情况如何"时，被调查者选择"很轻视情感因素"和"不太关注情感因素"的多达 63 人，占样本总数的 57.2%，其中认为"很轻视情感因素"的教师也达到 16 人，占调查总样本的 14.5%。可见，当前高校英语教学中确实存在"重知轻情"现象，并且达到相当高的程度。

5. 教师对高校英语教学中运用情感因素提高教学效果感到困难的原因

在调查中，当问及"您认为在英语教学中运用情感因素提高教学效果的困难主要在于什么"（可在问卷给出的 6 个选项中进行不限量选择）时，结果显示，教师认为在教学中运用情感因素提高教学效果感到困难的主要因素依次为：①应试教育的压力；②缺乏可操作的方法；③缺乏理论；④缺乏观念转变；⑤缺乏精力；⑥学生素质差。其中"应试教育压力""缺乏可操作的方法"和"缺乏理论指导"为主要困难，分别占 29.5%、25.8% 和 18.9%。

6. 教师对从情感维度进一步提高教学效果的必要性的认知

在调查中，当问及"您认为在当前大学教学中是否有必要从情感维度进一步提高教学效果"时，选择"非常必要""必要"和"有一定必要性"的教师共达 107 人，占总数的 97.2%，其中认为"非常必要"和"必要"的教师有 69 人，占总数的 62.7%。可见，大多数教师已在一定程度上认识到从情感维度进一步提高教学效果的必要性。

7. 教师在英语教学中自己对情感因素的考虑和运用所处的状态的估计

在调查中，当问及"在当前高校英语教学过程中，您自己对情感因素的考虑和运用处于什么状态"时，认为自己在教学中能想到（包括有时想到）运用情感因素的教师竟然有 108 人，占总数的 98.2%；其中"经常考虑"的教师也有 60 人，占总数的 54.5%；但在教学实践中能真正去实践的教师则很少，仅有 13 人，占总数的 11.8%；而多达 42.7% 的教师仅处于尝试阶段；在高校英语教学中从未运用情感因素的教师也多达 50 人，占总人数的 45.5%。可见，目前不少教师对于情感因素的运用尚处于想得多做得少的状态。

（三）调查结论

从本次调查结果来看，尽管随着素质教育的不断推进，许多外语教师的教学观念正在发生深刻的变化，以及在外语教学中运用情感因素促进教学效果的思想乃至实践都已经有了不同程度的发展，但是也要看到目前高校英语教学中教师运用情感因素方面存在的问题，概括起来主要有以下几个方面。

1. 大多数英语教师对自己的教学效果不太满意或不满意

根据一项针对毕业生英语应用能力的调查，许多用人单位对大学毕业生的英语综合能力普遍感到不够满意，对口语及写作能力则更加不满。对于大学毕业生的口语能力，他们认为"非常强"或"强"的仅占 5%，认为"一般"的为 52%，"差"或"极差"的为 37%（黄建滨、邵永真，2013）。这应该是预料之中的，因为本调查结果显示，大多数英语教师对自己的教学效果不太满意或不满意，比例高达 66.4%。教师对自己学生的英语学习效果尚且不满意，用人单位又怎么会满意呢？造成该现状的原因是错综复杂的。但令人遗憾的是大多数教师把教学效果不满意的原因归咎于学生、应试教育和教学设备的缺乏，其中分别有 28.4%、13.4% 和 17.3% 的教师把原因归咎于学生自觉性不够、合作精神不够和缺乏学习英语兴趣，而只有 7.3% 的教师把缺乏和谐师生关系列为造成对目前教学现状不满意的原因之一。绝大多数教师很少从自身或情感角度找原因，可见，许多教师对情感因素在提高教学效果等方面的重要性认识不够。

2. 重知轻情现象普遍存在

从调查结果来看，有将近 60% 的被调查者认为当前高校英语教学中教师"很轻视情感因素"或"不太关注情感因素"。虽然调查涉及对当前高校英语教学中对"知识输入"和"情感因素"关注情况的基本估计时，教师的回答依据的是本校的教学现状、他们的所见所闻，但这是他们最直接、最真实的感受。因此，其回答在一定程度上是通过教师所在学校的状况折射出当前高校英语教学的现状，具有一定的真实性，说明当前高校英语教学中重知轻情现象确实较为普遍。

3. 重知轻情现象主要表现在行动上而非认识上

从调查结果来看，大多数教师（比例高达 97.2%）已经认识到从情感维度进一步提高教学效果是必要的，这是一件好事，值得欣慰。但令人感到忧虑的是，人们对该认识不够深刻，更多的还是停留在头脑中，尚未落实到实践中、行动上。调查结果表明，在高校英语教学中能想到（包括有时想到）运用情感因素的教师占总数的 98.2%，但在教学实践中能真正去实践的教师则很少，仅占总数的 11.8%，而在英语教学中从未运用情感因素的教师竟占总人数的 45.5%，可见大多数教师对从情感维度提高高校英语教学效果尚处在"想得多而做得少"的状态，这也许是重知轻情现象至今仍然非常普遍的直接原因。

4. 导致重知轻情现象的主要原因

何以造成目前大多数英语教师在从情感维度提高高校英语教学效果方面处在"想得多而做得少"的状况呢？调查结果显示许多教师把主要的困难首先归因于"应试压力"，其次是"缺乏理论和可操作的方法"。在调查中有 29.5% 的教师认为"应试压力"是阻碍他们在高校英语教学中运用情感因素提高教学效果的主要因素之一。持续了将近二十年的高校英语级别考试（特别是高校英语四、六级考试）确实给教师和学生增加了巨大的压力。许多学校把学生的四、六级成绩和学生的学位直接挂钩，而对教师则根据学生的考试结果给予经济上的奖励或处罚，所以就出现了"教学以考试为目的""唯考分定优劣"等十分普遍的现象。这必然导致一些教师重视语言知识的传授而轻视学生的情感需求。在这样的背景下更需要教师通过调动情感因素来缓解应试压力造成的令人窒息的紧张学习氛围，改善只见分数不见学生的畸形师生关系，促进知情和谐发展。另外两个阻碍教师在英语教学中实施情感教育的因素是"缺乏理论"和"缺乏可操作的方法"，选择这两项的比例之和达到 46.7%。可见加强这方面从理论到实践的教学心理研究，特别是针对高校英语教学进行这方面的研究已经成为外语教学界的紧迫任务之一。

二、高校英语教学中运用情感因素现状的学生调查

教学是师生双方共同参与的双边活动，教学过程进行得怎样，教师的教学思想及其实施情况如何，既要从教师那里获取信息，也要从学生那里得到反馈，既要知道教师是怎么认识的，也要知道学生是如何感受的，这样才能从"教"和"学"两个方面更全面、客观地反映真实情况。为此，在对英语教学中教师运用情感因素的现状调查的同时，对学生进行调查也是十分必要的。本节便是从学生角度进行调查研究的一个总结，这对我们了解学生的情感需要、教学现状与学生需要之间存在的差距，以及如何解决这方面存在的问题无疑具有极其重要的现实指导意义。

（一）调查对象

本次对高校英语教学中运用情感因素现状的学生调查是以全日制本科非英语专业一、二年级学生为调查对象。为保证调查的代表性，对院校的层次、类型、性质等做了筛选，确定的调查抽样院校为普通本科院校。调查样本为随机抽样。本次调查共发出问卷 300 份，回收 293 份，其中有效问卷 285 份。

（二）问卷调查

在笔者自行编制的《对高校英语教学中运用情感因素现状的学生调查》问卷中总共有 16 个问题，其中 1~6 题旨在调查学生对高校英语学习和教师在教学中运用情感因素的总体状况，后 10 个问题调查教师运用情感因素的具体细项和学生上课的心理状态，其调查结果将在其他章节中运用，本节仅反映前六题的调查结果。

（三）调查结果与分析

1. 学生对理想英语教师的条件的认知

在调查中，当学生被问及"您认为理想的英语教师应具备的条件"时（要求按重要性先后顺序排列），学生认为的理想英语教师应具备条件重要性排列次序依次为：①具备足够的英语专业知识；②学生认可的教学方法；③平易近人，关心学生，喜欢和学生沟通；④热爱学生，尊重学生，公平对待每一个学生；⑤善于创造安全、和谐的课堂氛围。笔者在上一节中就同一个问题对教师的调查结果进行过分析和讨论。教师和学生的选择结果有以下几点明显差异，其不同点主要表现在首选项上。

（1）教师选择理想英语教师应具备的首要条件是"具备足够的英语专业知识"的比例大大超过学生，教师选择此项的比例高达 64.5%，而学生选择此项作为首选项的只有 32.3%。

（2）学生选择"平易近人，关心学生，喜欢和学生沟通"作为理想英语教师应具备的首要条件的比例大大高于教师。学生选择此项作为首要条件的比例达 26.7%，而教师选择此项作为首要条件的比例只占被调查人数的 4.5%。

（3）高达 82.7% 的被调查教师认为，作为英语教师最重要的条件首先是"应具备足够的英语专业知识和学生认可的教学方法"。只有 17.3% 的被调查教师认为理想的英语教师首先应处理好英语教学中的情感问题。学生认为作为英语教师最重要的条件首先是"应具备足够的英语专业知识和学生认可的教学方法"的比例大大下降，只有 59.3%，而认为理想的英语教师首先应处理好英语教学中的情感问题的比例则大大上升，达 40.7%。

这几项不同说明了一点：教师更看重专业知识的积累、传授和教学方法的改进。学生尽管承认作为理想英语教师具备足够专业知识和学生认可教学方法的重要性，但他们对关注高校英语教学中的情感问题给予了差不多同等的重要地位，学生渴望和教师多一点沟通，上课能给他们提供一个安全、和谐的课堂氛围。

2. 学生对从情感维度提高英语教学效果必要性的认识

从整体上看，被调查学生普遍认为教师有必要从情感维度提高高校英语教学效果，认为"非常必要""必要"和"有一定必要性"的选择频数高达 263 人，占被调查人数的 92.3%，只有 7.8% 的学生认为"不太必要"和"没必要"。

3. 学生对当前高校英语教学中教师运用情感因素所处情况的基本估计

从总体上看，被调查学生认为目前高校英语教师在教学中较少运用情感因素来提高教学效果。只有 25.3% 的学生认为教师在教学中"总是积极"或"经常"运用情感因素；而 39.6% 的学生认为教师只是"有时"运用情感因素；另有 28.8% 和 6.3% 的学生则选择了"很少运用"和"从来没有运用"。调查结果显示：教学现状与学生的愿望相去甚远，学生很少感受到高校英语教师在教学中对情感因素的重视。

4. 学生认为在高校英语教学中从情感维度提高英语教学效果的作用

在调查中，当问及"你认为在高校英语教学中运用情感因素提高教学效果的作用主要表现在哪些方面"时，学生可在问卷给出的六个选项中进行不限量选择。结果被调查者认为运用情感因素提高教学效果的作用依次是：①增进学习英语的兴趣；②更容易使学生接受知识；③能缓和上课紧张气氛，使学生有安全感；④融洽师生关系；⑤增加学习动力；⑥有利于学生身心健康发展。因此，从调查结果可以看出，学生普遍认为在高校英语教学中重视情感因素无论对提高学生学习英语兴趣、接受教学内容、创设和谐的课堂氛围，还是融洽师生关系都有积极的促进作用。

5. 学生学习英语兴趣的状况

从调查结果来看，被调查学生学习英语的兴趣并不是很高，选择"兴趣一般""不太有兴趣""根本没兴趣"的学生多达 164 人，占被调查学生人数的 57.5%，而选择"很有兴趣"的只占被调查人数的 11.2%。

6. 影响学生学习英语兴趣的因素

调查结果显示，影响学生学习英语兴趣的因素依次是：①教学内容枯燥乏味，不太考虑学生的兴趣；②教学方法平淡，不能调动学生的积极性；③课堂氛围过于紧张、压抑；④英语对我来说太难，跟不上；⑤缺乏融洽的师生关系；⑥教师上课面部表情过于严肃、呆板、冷漠；⑦教师过于专制、严厉；⑧英语对我来说学了没用；⑨教师对学生采用过于严厉、甚至有损学生尊严的评价方式。我国情感教育研究专家卢家楣教授通过调查发现，学生的学习兴趣与教师在教学中注重情感因素的程度、能较好运用情感因素的教师比例之间存在显著的正相关，而与运用情感因素较差的教师比例之间存在显著的负相关。卢教授在与一些学生的个别访谈中发现，学生在谈到缺乏学习兴趣的原因时，其中有许多涉及教师在教学的情感方面处理的问题，诸如"老师教学主要针对考试，不太考虑学生的兴趣""老师面部表情古板""老师过于严厉""教学方法平淡，不能引起兴趣，很烦""听了没意思，积极性调动不起来"等。

（四）调查结论

1. 认为在高校英语教学中应该重视情感因素的看法

在学生中占据主流，认为教师有必要从情感维度提高高校英语教学效果的学生占被调查人数的 92.3%，与教师调查方面调查结果（97.2%）十分相近。这表明从"教"与"学"两个方面都证实从情感维度提高教学效果的思想已经逐渐为广大师生所接受。

2. 在我国当前高校英语教学中"重知轻情"的现象仍十分普遍

从被调查者在高校英语教学中直接感受到的情况来看，只有四分之一的学生认为教师重视教学中的情感因素，而近七成的学生认为他们的英语教师只是有时或很少运用情感因素，更有一些学生认为他们的英语教师在教学中根本不考虑情感因素。

3. 运用情感因素的积极作用得到学生认可

学生普遍认为教师在教学中运用情感因素有多方面作用，如增进学生学习英语的兴趣、更容易使学生接受知识、有利于创设安全的课堂氛围、融洽师生关系、增加学习动力，等等。

4. 学生学习英语兴趣与教师在教学中运用情感因素的程度具有较大的相关性

学生认为学习英语"兴趣一般""不太有兴趣""根本没兴趣"的超过半数，而选择"很有兴趣"的只占一成左右。而学生学习兴趣与教师在教学中运用情感因素的程度具有较大的相关性。紧张、压抑的课堂氛围，融洽师生关系的缺乏，教师呆板的面部表情等消极情感因素对学生的英语学习兴趣会产生重要的影响，而"是否平易近人""是否尊重学生""是否善于创设安全的课堂教学氛围"等已经成为学生衡量教师是否合格的重要标准。

三、高校英语情感教学策略

长期以来，我国在教学实践中形成了教师对不同的教育对象进行目标同一、内容同一、方式划一的大统一的教学观。具体表现为：在教学目标上搞一刀切，试图用一个模子把学生造就成统一的标准件；在教学任务上只注重知识传授，无视个性发展和素质培养；在教学方法上，注入式教学独占课堂，主要向学生灌输；在教学评价标准上，衡量学生能力发展的唯一尺度是考试分数。这种"齐步走，一刀切"的统一教学观，以共性替代个性，完全忽视了学生的个体差异，严重束缚了学生的身心发展。

实际上在教学过程中，"教"的手段应当服务和服从于"学"的目的。学生作为学的主体，存在个体差异，如学生的需求、知识和智力水平、爱好、学习风格、学习习惯以及对语言学习的认识。当自主学习成为教学的目标时，课堂教学就应将策略培养纳入课堂教学。教学所培养的是学生综合使用语言的能力，这就要求根据不同的教学目的选择不同的教学手段。教师针对差异性因材施教，实施个性化教育，为多元化人才群体的成长打好基础。这正是情感教学策略所要研究的问题。

（一）优化英语课堂教学，激发学生兴趣

唯物辩证法告诉我们，外因是变化的条件，内因是变化的根本，外因通过内因起作用。在教学的过程中，教师的水平、教学的内容、教学的方法、教学设备等外因对学生来说的确很重要，但是无论外因再怎么好，起主要作用的还是内因。再高明再优秀的教师，也不可能取代学生学习。只有兴趣才能让学生用心地学习。

兴趣是一种学习动力，学习的兴趣越浓，学习的效果就越好。英语课堂教学是教师激发学生学习兴趣，提高学生参与行为的重要场所之一，教师应尽自己最大的努力使课堂充满生机和活力以激发学生的兴趣。学生产生兴趣之后，其学习态度和方法会逐步改善，继而产生强烈的参与愿望。学生在英语课堂教学过程中发挥的主体作用反过来又促进教师课堂教学质量的提高，教与学真正进入良性循环。

1. 营造积极的课堂心理气氛

课堂心理气氛，即班级集体在课堂上的情绪状态。课堂心理气氛有积极主动、健康活泼的积极形式和消极被动、冷漠沉闷的消极形式。积极和谐的课堂心理气氛是实现师生心理互动的前提条件。课堂心理气氛处在积极状态的基本特征有如下几点。

（1）学生的求知欲和心理发展特点与课堂情境相符合。

（2）基本的人际关系（师生之间、同学之间）友好和谐。

（3）学生对课堂产生满足、高兴、羡慕、体谅、团结等积极的态度体验。

2. 使学生保持良好的心理状态

心理状态是指个体在一定时间内心理活动相对稳定的状况与水平。学生的心理状态是直接影响其学习效率的内部条件。在情感教学中，学生处于良好心理状态时，表现为感受性提高，思维活跃，记忆清晰、迅速，情绪开朗、稳定，求知欲强烈、持久，学习效率高；处于不良心理状态时，则表现为感受性降低，思维迟钝，情绪压抑波动，注意力不集中，缺乏明确动机，学习效率低。

英语情感教学要求师生均应保持良好的心理状态，其中学生的学习心理状态是关键。因此，在英语教学中教师要善于观察、了解学生的心理状态，有意识地激发学生良好心理状态的产生，消除不良的心理状态。

3. 重视英语课堂教学中的多向交往

一般来说，师生交往有单向交往、双向交往和多向交往三种基本形式。在教学过程中，教师只负责传授学生知识，学生只负责接受知识，并无其他联系，就是师生的单向交往。在单向交往的基础上，师生间还有着传授与接收往返的联系，就是双向交往。师生、生生之间相互联系就是多向交往。不同的交往方式，影响信息的沟通效果。

单向交往在速度上是最快的，但是在正确度和建立良好关系上是最差的。多向交往的教学效果最好，具有以下特点。

（1）多向交往的层次多，能满足不同层次学生的各种求知欲望。

（2）多向交往具有很强的自主性，能够使学生的主观能动性得以发挥。

（3）多向交往具有求异性，能提高学生的探究能力。

（4）多向交往具有较强的情趣性，能够调动学生的积极性。

（5）多向交往具有差异性，符合因材施教原则。

（二）以情促知，培养良好学习习惯

英语教学的目标是培养学生初步运用英语的能力，而这种能力形成的基础是语言知识、语言技能、情感素质、学习策略以及跨文化交际意识等方面综合的发展。作为英语教师，应不断提高学生英语学习的情感素质，点燃学生对英语的求知欲望。

1. 理解与宽容

人人都渴望理解，尤其是学生更是渴求得到老师、父母、同学的理解。教师应当多主动与学生谈心，并经常在评语中写一些表示关心、理解以及鼓励的话语。批评是伤人的语言行为，如果教师出言不慎，无视学生的感受，不仅会影响师生间的互动交流，还会造成更严重的后果，师生双方给彼此留下的不良印象会制约甚至干扰学生日后的发展。

课堂教学时有些学生开小差的情形时有发生，与他人小声说话会直接影响到课堂教学效果。这时如果教师只是简单地大声呵斥，或者是找出违纪的学生直接对其点名批评，虽然都能一时压制住学生，使其立即安静下来，但学生会因犯错受批评感到尴尬或难过，负面的情绪自然会影响接下来的课堂教学效果。这时，教师可以平心静气地说："Could we discuss minutes later？Let's come to a quiet work first." 这种表达方式以较委婉的方式制止了学生的违纪行为，同时也提出了对学生的要求，顺利地把学生的注意力转移到教学中来。

教师和学生是完全不同的两个独立个体，他们的社会地位不同、知识水平不等，课堂教学中所起的作用也不一样。课堂教学是师生相互作用的过程，教师在开展教学活动时必然需要学生的参与和配合。教师是教学权威的象征，如果教师对学生的课堂要求过于严厉，处于弱势地位的学生就会心生畏惧，不敢或不愿参与课堂互动。要促进有效教学，达到预期效果，离不开师生间的有效互动。教师应善于营造融洽的课堂气氛，与学生建立和谐的师生关系，理解宽容学生。

2. 尊重与信任

教师需要学会表达关爱，而尊重学生，维护他们的尊严是教师表达关爱的重要途径，也是学生能够接受教师关爱的方式。学生知道教师会倾听他们的苦恼，从他们的角度去考虑问题，并能在处理时公平对待。他们相信教师可以帮助自己解决在校内遇到的问题。当需要帮助时，他们敢于向教师求助。当学生受到尊重时，他们便会很在意自己在课堂上的表现。

尊重学生也应该体现在语言表达上，学生对老师礼貌用语，老师对学生也应该礼貌。比如教师在回答学生疑问时，不应给学生提太过主观的建议，如"You should act this way.""Let me show you how to"诸如此类的建议容易限制学生的思维空间，使英语教学缺乏灵活性。教师应采用以下方式指导学生："If I were you, I would do this way""What do you think of doing this way？"这样的话语达到了委婉、礼貌、间接地给学生提供建议的标准。老师给学生提供了帮助，学生也感到舒服，师生之间的关系能够更加和谐。

3. 赞赏与激励

英语教学中教师应多发现学生的长处，发掘其"潜能"，以赞赏的目光看待每一个学生，多表扬鼓励，多让学生体验成功的喜悦。课堂上，学生都希望得到教师和同学的肯定，渴望被表扬，害怕在众目睽睽之下受老师的批评和同学的嘲笑。老师应尽可能地满足学生的这种心理需求，多使用赞赏性话语。如，"Perfectly done.""You did a very good job."这些话语都是对学生行为表现的积极肯定。

激励赞赏能够促使学生学习更加努力。当学生学习不够用心或是因粗心大意而犯错时，教师既想指正学生的不良表现，但又不想让学生感到难堪，就可以这样说："You have made much progress, but I think you can do it better if you..."学生会很愉快地接受老师的建议，因为老师充分尊重了学生的人格，既指明了缺点所在，又提出了殷切的希望。

教师对学生所做的评价影响是极其深远的。无论学生表现得是好还是差，教师都要注意评语的措辞，尽量不要打击学生的自尊心。无论何时，教师都应当激励学生，而不是用讽刺、挖苦的话语来摧毁学生的学习热情和自信心。对表现好的学生，要及时予以褒奖，期待其做得更好。对表现较差的学生，应当给予鼓励，培养和保持他们的学习兴趣，增强推动他们的学习动机。

在教学中教师应当采用分层次教学，因材施教，设计问题任务时应当根据学生的实际水平，让基础好的学生回答难度大些的问题，让基础差的学生回答难度小的问题，尽量满足各层次学生的需要。使学生都能够感受到成功，给他们不断增加自信。

教师要懂得赞赏的艺术，表扬分为有效表扬和无效表扬，如果在激励学生的时候总是说"你很棒""真聪明"这样笼统的话语，学生也许会没有太大的反应，效果并不明显，这样的表扬就是无效表扬。在教学中把激励点放在对学生某一方面才能的赏识上，会给学生带来较大的触动。

（三）注重情感交流，构建和谐英语课堂

1. 尊重学生情感、实现教学民主是打造和谐课堂的前提

课堂是学生成长的土壤，只有民主和谐的课堂氛围，才能促进学生自主、探究、合作学习，实现学习方式的根本转变。在民主化、生活化的课堂中，教师必须尊重学生、热爱学生，要态度和蔼，语言亲切，把微笑带进课堂，把期望带给学生，把爱心留给学生，平等对待，尊重、理解、宽容学生，建立浓浓的"情感场"，以此唤起学生的积极情感。用自己的真情与爱心点燃学生心中的希望之火，不断加强师生之间的情感交流，使学生觉得师生是朋友、伙伴。

此外，还应体现英语课堂的民主性，正确处理教与学的矛盾关系，使学生以宽松的心态、自主的思维，亲历认知过程，让学生因能主动获取英语知识与技能而对英语学习充满自信。

2. 教师情绪上的感染力是打造和谐课堂的催化剂

教师的语言应该含蓄并注重启发。教师的传授并不代表一定要把问题说尽说全，在知识传授中还应做到适可而止，给学生留出一定的思考空间，引导学生通过已有的知识和经验去发现、感受和理解新的知识。也就是说，教师既要授之以"鱼"，又要授之以"渔"，让学生既积累知识，又懂得如何利用自己原有的认知去理解新事物、新知识。

语言是人们交流思想感情的工具，也是教师开展教学活动的手段。教师是语言大师，应该善于用语言的力量打开学生求知的心扉。一个真正的教育者应当完美地掌握规范语言的各种表达方式，使自己的语言、思想、信念的教诲进入学生的心灵。

3. 教学语言含蓄、注重启发是打造和谐课堂的有效手段

教师的语言应富有思想上和情绪上的感染力，这样才能调动学生的感情，使自己表达的观点更容易被学生接受。教师的语言还应该生动、形象。形象的语言和贴切的比喻能唤起学生已有的知识、经验，可以帮助学生更好地学习和理解新的知识，给学生一种豁然开朗的感觉。夸美纽斯（Comenius）指出，一个能够动听地、明晰地教学的教师，他的声音应该像油一样浸入学生的心里，把知识一道带进去。

（四）开展积极评价，强化成功体验

如果学生在学习过程中体验到成功的快乐，学生学习就会更加积极。因此教师应该以鼓励为主，激发学生学习的积极性，让他们树立起对英语学习的信心。清代教育家颜元说："教子十过，不如奖子一长。"所以，要善于发现学生学习上的长处，及时给予肯定的赞扬。

教师对于学生学习中出现的问题要正确对待。切忌动不动就斥责学生，打击学生

的自尊心。要善于发现学生学习中的一面，给予肯定，然后再指出不足，启发学生改正错误的自觉性。对学生的某些进步，哪怕是微小的进步也要及时给予肯定和表扬。在引导学生学习时，教师应对他们提出力所能及的学习要求。

1. 学生参与评价

学生经常展开自我评价，就会不断提高自己。因此，英语教师要为每一位学生创造实践的机会，让学生主动地参与评价，使他们成为评价的主体。学生的主动性评价，实际上是学生自己对学习过程的反思。通过思考，学生进一步提高了自己的修正能力，完善了自己的知识体系，形成了良好的学习习惯，肯定优点，找出不足，为今后的英语学习积累了经验。

2. 同学鉴赏性评价

同学鉴赏性评价是为了改变学生作业只有教师一人评阅的不良局面，通过扩大评阅群，适度增强学生的学习内动力，激起学生的学习热情。同学鉴赏性评价采用定人评价和自由式评价相结合，定人评价要求每个同学必须对指定的对象进行评价，确保每个人的作业均有同学评价。自由式评价要求每个同学在完成指定评价任务外，自由选择同学作业进行评价，目的在于广泛学习，数量不限。

为了让学生对这一工作认真负责，教师还可以要求学生对同学的作业进行力所能及的修改，提出合理化的建议，并请评改人签上自己的姓名。在评改的过程中有意识地进行优劣交叉搭配。如果他们能提出一些合理化建议，教师应及时给予鼓励，这样做的目的是让他们在评议别人作业的同时提高自己的能力。

3. 教师肯定性评价

在教学互动中，教师应多采用积极肯定的评语，尽量不用或少用打击性强的否定评价。无论学生的配合和应答正确与否，教师都要先给予学生充分的肯定和鼓励，随后再做进一步较详细的点评。在点评的过程中，尽量遵循赞扬准则，运用 excellent，wonderful，well done 等不同程度的褒义词对学生的应答做出相应的评价。教师对学生礼貌地点评和尊重，不仅不会有失教师的身份，反而会赢得学生的信任，拉近师生间的距离，使学生感受到老师对他们的厚爱与呵护，这样有利于增进师生感情，确保教学活动的顺利进行。

肯定评定是贯穿教学活动始终的，但某些情况下否定评定在教学过程中也是难以避免的。因为学生在学习过程中是必然会犯错的，当然事情都有两面性，犯错也不一定是坏事，从错误中学习更能促进一个人的进步。教师在这一过程中要及时指正学生的错误，纠错会挫伤学生的自尊心，如何将其受伤程度降到最低，关键在于老师如何恰当地运用礼貌原则和礼貌策略具体实施纠错行为。

首先值得强调的是，教师不能对学生带有偏见，不能对所谓的"差生"冷嘲热讽，也不能说些偏激、损伤人格的话语。在英语教学过程中尽量不要出现 "How stupid you are!" "Why are you always making such mistakes？" 这种语言的使用不仅伤害了学生，有损教师的光辉形象，同时也严重违背了英语情感教学中的礼貌原则，是非常不可取的。

教学过程如果遇到师生观点不同或学生观点错误时，为了不影响学生的自信心，避免挫伤其积极性，教师可选用迂回的方式巧妙地应对这个状况。如果学生给出了错误的应答，教师也尽量不要完全对其进行否定评价。

4. 教师激励性评价

评价的奥秘就在于如何爱护和激发学生的积极性，在承认每个学生存在价值的前提下，通过尊重、关心、激励，唤醒学生"心中的巨人"，激发学生的潜能。心理学研究表明，每个人都有强烈的自我表现潜能，只要没有受到压抑，他们的潜能就能发挥出来。英语教学采用多种科学有效的评价方式，开展积极的评价，强化成功体验，目的就是激发学生学习兴趣，培养学生良好的学习习惯，发展学生的创新思维。激励是向别人提供积极性，或以积极性影响别人的一种正向动力，是让学生获得成就感的一种方式，是开发潜能的促进剂。

虽然激励是一种外力，但其作用是通过激发人内心的潜能来体现的，因此它是一种持久的动力。如果激励能让学生形成积极的心态，树立强大的自信心，那么这种外力就会变为内力，学生就能快速持久地进步。教师应该保持敏锐的观察力，对学生取得的任何一点进步都要及时予以肯定，这样才能很好地激发学生学习的信心和动力，达到英语教学期望。

第四节　高校线上英语教师情感投入教学现状与策略运用

2020 年，猝不及防的新冠肺炎疫情将在线教学推到了时代的前沿。疫情改变了人们的工作和生活方式，也随之在一定程度上改变了高校的教学方式。在后疫情时代，疫情很有可能不会在短时间内完全消失，而是随时都可能会小规模爆发，这些因素对教学工作会产生深远的影响。可以预见的是，在线教学由于具有平等性、超时空性、便利性等优势，其地位与作用在后疫情时代还会大幅提升。

但是，随着在线教学的全面深入推进，一些影响教学效果的问题也逐渐凸显出来。就大学英语课程在线教学而言，其局限性主要表现在：师生无法再像传统课堂教学那样进行生动活泼的英语对话、丰富细腻的眼神交流、深入细致的当面互动。概括起来，就是情感缺失成为制约教学效果的一个亟待解决的突出问题。在线教学中，教师如何采用合理的情感迁移应对策略，如何打造有温度的课堂，直接关系到教学的成效。为了解决大学英语在线教学中的情感缺失现象，笔者建议，可以尝试在大学英语在线教学中采用情感迁移策略，从教学内容、教学方式和教学服务三个方面采取有效举措，打造有温度的课堂。

一、情感因素的概念及在线教育中情感因素的研究现状

现代心理学认为，一个人的成功，80% 取决于非智力因素——情感因素。根据《心理学大辞典》中的观点，情感是人对客观事物是否满足自己的需要而产生的态度体验。研究人员发现，学习者的情感状态直接影响学习者的学习行为和学习效果，积极的情感能创造有利于学习的心理状态，而消极的情感会影响学习潜能的发挥。人本主义心理学认为，教育应该以促进人的全面发展为目标，而要实现该目标，必须要把认知和情感两个方面统一起来。美国人本主义心理学家罗杰斯认为，人的活动总是伴随着一定的情感因素，当情感因素受到压抑甚至被抹杀时，人的自我创造潜能就得不到发挥。只有真诚地对待学生，秉持尊重学生和理解学生内心世界的态度，才能激发起学生的学习热情，增强他们的自信心。

情感教学，是指教师在教学过程中，在考虑认知因素的同时，又注重发挥情感因素的积极作用。教学过程不能止于单方面的知识传授，而是既需要学生的全身心参与，又要尽可能地满足学生的情感需求，从而有助于培养学生积极的情感和健全的人格。语言学习过程本身就是充满情感活动的过程，语言教学更要关注情感。在语言教学中，情感包括学习者在学习过程中的感情、感觉、情绪、态度等。美国教育学家克拉申也认为，情感因素直接影响第二语言习得，学习者的学习态度、学习动机和个性特征等都直接影响学习进程及效果。

2001 年，教育部明确提出了课程改革的"三维目标"，即知识与技能、过程与方法、情感态度与价值观，将培养学生的情感态度与价值观放在和培养学生的知识与技能同等重要的位置。2016 年，习近平总书记在全国高校思想政治工作会议上发表重要讲话，提出"要坚持把立德树人作为中心环节，把思想政治工作贯穿教育教学全过程，实现全程育人、全方位育人"。自新冠肺炎疫情爆发以来，疫情不仅对人们的生命健康安全构成威胁，更对人们的心理产生了强烈的冲击，深刻影响着人们的情感体验。因此，在后疫情时代的大学英语在线教学中，教师要特别关注学生的情感需求和期待，培养学生积极的情感。

目前，国内学术界对大学英语在线教学中情感问题的研究尚不多见，对于在线教学中情感因素的研究更是少而又少。笔者梳理了中国知网上的若干外语教学期刊近几

年来发表的文章，发现涉及语言教学中的情感问题的文献只有寥寥数篇。其中，比较有代表性的文章，如王西娅指出学生的英语成绩和学生的情感因素相关。有关情感教学的实证研究文章只有两篇，项茂英分析了情感因素在语言教学中的作用，欧阳建平等提出情感策略培训有助于提高情感策略意识。除以上文章外，鲜有对于后疫情时代的大学英语在线教学中的情感因素的研究。

二、大学英语在线教学中学生的情感缺失的原因

英国语言学家简·阿诺德（Jane Arnold）指出，影响语言学习的情感因素可以分为两大类：第一类是学习者的个体因素，包括焦虑、抑制、自尊心、学习动机、自信心等；第二类是学习者与学习者之间以及学习者与教师之间的情感因素，包括移情、课堂交流、互动等。情感缺失是指人的某一部分的情感因素缺失或者情感需求无法得到满足，可能表现为焦虑、退缩、回避、自卑、懈怠、学习动力不足、缺乏安全感、情绪低落、在空间和心理上产生疏离感等，从而对学习产生疲劳感、排斥感、厌倦感。在后疫情时代，在大学英语在线教学过程中学生不可避免地会出现一些情感缺失问题。之所以会出现这些问题，有着多方面的原因，如疫情引发的焦虑、在线学习带来的学业压力、人际交流的受限等。

（一）疫情焦虑

焦虑是指个体由于不能达到预期的目标或者碰到不能克服的障碍、威胁等，使其自尊心与自信心受挫，或者是由于失败感和内疚感增加而形成的紧张不安、带有恐惧感的情绪状态。焦虑是影响语言学习的情感障碍，会分散学生课堂的注意力，对语言学习造成恶性循环，妨碍学生高质量完成学习任务。在大学英语在线教学的过程中，笔者通过课前与学生交流、课上观察学生表现、课下与学生互动等方式，尽可能地收集学生的反馈意见。从反馈的情况可以发现，一些学生表现出不同程度的焦虑情绪，有的学生表示自己跟不上课堂的节奏，有的学生抱怨在线学习难以进入状态。

学生的焦虑心理可能是多种原因导致的。一方面，疫情打破了人们原本的生活方式，这一场没有硝烟的战争给一些年轻学子带来了巨大的心理冲击。他们可能会产生焦虑、抑郁、恐慌、悲观、烦躁、无聊、无奈等负面情绪，导致出现学习兴趣下降、注意力不能集中、做事动力不足等情况。另一方面，由于疫情的原因，一些企业的生存较为困难，毕业生的就业形势变得更加严峻，这些因素都会对学生的心理产生一定的影响。当然，还有其他一些原因，这里不再赘述。

（二）学业压力

值得注意的是，相对于传统的线下课程，在线学习给学生带来的压力往往更大。

这一结论可能出乎不少人的意料。然而，如果教师能设身处地地从学生的视角来看问题，就可能会对学生的这一心理有所理解。

第一，目前网络在线学习平台较多，且许多学校没有关于规范使用在线平台的相关规定，不少教师使用的在线教育平台不一样，一定程度上增加了学生的负担。从有的学生反馈的情况来看，有时一门课程的学习需要用到的在线学习平台就有 4~5 个，学生需要频繁地在各个在线学习平台之间转换，同时还要应对各种在线作业，在线学习给他们的感觉是"好像什么内容都学到了，却又好像什么内容也没有学到"。

第二，虽然通过在线学习，一些学生的自主学习意识显著增强，但是，还有一些学生对在线学习适应较慢，有时还很容易受到身边环境的影响，甚至有的同学虽然看上去是处于在线学习状态，但实际上是"人机分离"的状态。这些情况会导致部分学生的学习进度明显跟不上教师的节奏。

第三，在线教育由于缺乏面对面的直接交流，有的学生可能会因为游离于教师视线之外而感觉被忽视，有的学生可能会在学习过程中采取回避和退缩的态度，有的学生本来比较喜欢当面与教师进行沟通交流，此时也可能会显得比较沉默。

（三）人际交流的限制

大学生正处在青春年少的时期，探索意识强烈，多数学生比较喜欢与他人交流、碰撞思想，同时，他们往往渴望得到外界的关注、关心。但是，在线学习时，学生往往只能居家学习，缺乏在校园里师生间、学生间的人际交往形式，尤其是日常的面对面的情感交流更少。一些学生在网络课堂上似乎变成了"隐形人"，由于缺乏存在感，就比较容易产生孤独感。从学生的反馈情况来看，绝大多数学生还是渴望面对面的、真实的交流，渴望与同学们在一起时的集体生活。笔者认为，无论是学生之间，还是师生之间，通过面对面的交流，能更细致入微地观察对方的"微表情"，对话往往也显得更有温度，有利于触及人的深层次情感。从这个意义上讲，面对面交流在目前依然是无法取代的，且更能凸显教师专业工作的价值和意义。在这个方面，线上教学的效果明显要弱于课堂教学。

三、大学英语在线教学中的情感运用策略

在后疫情时代，在大学英语在线学习过程中，学生的情感缺失现象可能会较为普遍，并且直接影响学生的学习动机、态度、方法和效果，这就需要教师寻找有效的教学方法来解决这个问题。笔者认为，使用灵活多样的情感迁移策略，或许是个有效的方法。

学习迁移是一个心理学术语，是指一种学习对另一种学习的影响。根据迁移性质的不同，迁移可分为正迁移与负迁移。正迁移是指一种学习对另一种学习产生积极的

促进作用，反之则为负迁移。情感迁移指的是一种情感对另一种情感的影响。一种情感对另一种情感的生成起积极促进作用是正迁移，反之则为负迁移。在日常教学过程中，我们也会发现这样一个比较普遍的现象：当学生喜欢某位授课教师时，学生往往也会乐于学习该教师所教的课程，学生对教师的情感会迁移到相应的课程学习上，正所谓"爱屋及乌"。这就是比较典型的教师情感的正迁移对教学效果的促进。教师有意识地采用情感正迁移策略，可以有效解决疫情期间在线教学中学生可能出现的情感缺失问题。

本研究着重探讨教师情感对学生情感的正迁移，分别从教学内容、教学方式和教学服务三个方面进行探讨。

（一）教学内容的情感迁移

教育的根本任务是立德树人，教师的天职是教书育人，引导学生确立正确的世界观、人生观和价值观，坚定理想信念，是产生积极情感的基础和保证。以大学英语课程为例，教师在教学内容选择方面，要不仅仅局限于教材和知识点，还要帮助学生更好地了解和适应社会，帮助学生厚植爱国主义情怀，坚定理想信念，打牢理论基础，学好专业本领。

以笔者的实践为例，教师在教学内容的选择上，可以充分利用万众一心全民抗疫这本活生生的教材，挖掘抗疫斗争中蕴含的积极的情感元素，开展好抗疫主题教育，深入挖掘此次抗疫斗争中涌现出来的典型事例，培养学生积极的情感和良好的心态，引导学生增强爱国情怀，鼓励学生树立远大的志向和目标。例如，笔者结合抗疫背景以及所在学校的学科专业特色，开展了抗疫精神专题讲座，选取了《中国日报》的相关英文报道，讲述了在抗疫斗争中医务人员义无反顾、救死扶伤的感人事迹，将中国人民伟大的抗疫斗争过程融入学生的语言学习中，帮助学生树立爱国主义情怀，增强理想信念和责任担当，培养学生大医精诚、仁心仁术等积极向上的情感，鼓励学生"用知识缝制铠甲"，以备他日"披甲上阵"。与此同时，笔者设计了贯穿整个学期课程的有关抗疫主题的演讲，让同学们结合医学院学生的身份和专业知识，分享中国的一系列抗疫举措、伟大的抗疫精神以及医学院学生的责任担当等，自制了一堂堂有滋有味的思政课，滋养了学生健康向上的情感，实现了良好的情感迁移。

教师还可以灵活设计教学内容，注重以契合学生当下学习环境的最佳方式灵活使用教材，创设联系生活和生动有趣的情境，调动学生对于人生和社会的思考和体验，为学生营造宽松愉悦的学习环境，激发学生的学习兴趣，引导学生用积极的态度和情感面对学习和生活。例如，笔者教学所使用的英语教材中某一个单元的主题是"Who is great？"，在授课过程中，笔者便结合了抗疫中的英雄人物的事迹，如钟南山的逆行而上、医务人员的前线奋战、志愿者的无私奉献等，以此培养学生积极的情感和态度。

（二）教学方式的情感迁移

为有效解决在线教学的局限性问题，教师可以采用情感融入和互动式教学，以弥补在线教学的不足，从而感染和带动学生，打造有温度的在线课堂。教师的情感融入，一方面要发挥自身的情感因素的感染作用，提高个人的思想修养和教学水平，用本人饱满的积极情感和教育情怀感染和带动学生形成积极的情感态度，促进情感教育的顺利实施。另一方面，要关注学生的情感因素，做到心里始终装着学生，给予学生细致的情感关怀，关注学生的思想动态和心理健康，培养良好的师生关系，营造和谐友好的在线教学氛围，让学生在轻松愉快中学有所得。互动式教学，可以有效调动学生的学习积极性，产生情感共鸣。

教师教学效果产生的前提，是学生在情感上接受了教师，才会向教师敞开心扉，从而接收知识和信息。教师应该在教学中注重与学生的思想沟通，关心学生的心灵成长和学习状态，以积极的心态感染和带动学生，将情感融入教学活动的每一个环节，营造轻松愉快的课堂氛围，打造有温度的线上教学。例如，在每节课的前面几分钟，可以从"情感热身"开始，找好一个切入点，与同学们聊一聊身边发生的并且大家也感兴趣的话题，询问一下同学们的学习和生活情况，拉近与学生的心理距离。经过前面的交流，课堂学习就容易自带温度，学生也能感受到温暖。对于大学英语在线教学来说，教师出境进行视频直播比语音和录播更便于开展互动教学，更容易吸引学生上课注意力，也便于拉近与学生的情感距离。

（三）教学服务的情感迁移

对于在线教学的授课教师来说，情感教学要从网络课堂的界面延伸到课前和课后的教学服务，为学生提供无微不至的、全方位的情感关怀。要以情入心，走进学生心灵，了解学生所思所想所困，解决学生学习和生活中遇到的实际困难。例如，教师可以每次上课前在班级 QQ 群中发布本周上课内容预告和预习材料，每次课后及时解答学生疑问，平台上布置的作业也应尽可能给予个性化回应。

同时，还可以尝试以下方法。一是构建学生课下学习共同体。除了在线教学的平台之外，教师可以组建其他师生交流平台或学生之间的交流平台，如课堂派、云课堂、微信群等，作为在线教学的课外交流阵地。依托相关平台营造虚拟的共享交流平台，设计丰富的教学活动，可以融入闯关、打卡、弹幕、表演、抢答、答题、讨论、互评等元素，让学生以积极的情感和状态参与到学习中来，让学生在情感上有归属感。二是建立学生个性化的电子学习档案，注重形成性评价。可以为学生建立个人电子学习档案，记录学生在线学习过程中的表现、所取得的成绩、所反映出的情感态度，以及教师的点评反馈等。同时，也鼓励学生对自我学习进行反思，营造有温度的英语学习氛围。

综上所述，情感因素对大学英语在线教学至关重要。而无论教育技术如何发展，教育始终都是一个"以人为本"的过程，始终是一颗心感染另一颗心的过程，教师应该以积极向上的情感去感染和引导学生，以情优教，以情润心，实现良好的情感正迁移，培养学生成为身心健康的、全面发展的人。当然，我国大学英语在线教学还面临着诸多挑战，有待解决的问题还有很多，情感迁移策略未必能够解决教学中的所有问题。同时，情感教学对授课教师提出了更高的要求，而对情感教学效果的评价也是一个值得进一步思考的问题。

第五章 高校英语教学内容的教师情感投入处理策略

首先需要指出，这里所说的高校英语教学内容主要是指高校英语教材的内容。目前我国相对比较盛行的高校英语教材主要有三种：一是由复旦大学和上海交通大学主编的《21世纪高校英语》（2000），二是由浙江大学编著的《新编高校英语》（1999），三是由上海外语教育出版社出版的《全新版高校英语》（2001）。教师、学生和教材是教学活动的三个基本要素，其中教材是教学内容的载体，是师生双方开展教学活动的根本依据，是教师和学生传递、加工和转化信息的主要来源。因此要改进高校英语教学现状，提高学生学习英语的兴趣，教师有必要从情感维度对教学内容进行适当地加工、处理，以便满足学生的需要，提高学生学习的积极性。

第一节 教学内容的相关研究

我们经常听到有老师听完别人的课后会说，这节课上得很热闹，气氛很活跃，却不知道学生能学到什么。这就是教学内容的问题。合理的教学内容是保证教学效果至关重要的一环。编写教材如果不能及时更新内容，也会致使学生兴趣受挫，影响教学效果。

目前，对于大学英语教学内容一直存在工具性与人文性之争，抑或是内容驱动还是语言驱动之争（俞理明、韩建侠，2012）。目前针对教学内容改革有三种主要观点：①大学阶段英语教学内容为专门用途英语（蔡基刚，2009；蔡基刚，2012）；②大学阶段英语教学内容为普通英语叠加通识教育类英语（吴鼎民、韩雅君，2010）；③大学阶段英语教学内容重点在于以英语为教学语言推广通识教育（王哲、李军军，

2010），涵盖通用英语、专门用途英语、学术外语等内容，即普通英语、专门用途英语、通识教育类英语共存（王哲、李军军，2010；王守仁，2011）。蔡基刚（2009，2012）认为，大学英语教学应当考虑对学生的文化素质培养和国际文化知识的传授，但和培养外语工作者的专业英语不同，大学英语首先是工具性，即是获取信息的工具和国际交往的工具，因此主要是语言实际应用或工作。我国大学英语教学必须从普通英语教学和一般英语技能的培养转变到专业英语教学上来，帮助学生用英语作为工具，在专业学习和工作上做好语言准备。提倡通识教育的人则认为，外语不仅是工具，而是在语言的载体中包含了极其丰富的人文性。语言一旦用于交流或者交际就必然承载信息、思想或者情感等方面的内容，这些内容从各方面体现了人文性、人文学科的特征（庄智象，2010）。吴鼎民、韩雅君（2010）所说的通识教育与王哲、李军军（2010）的观点趋同，他从提出在普通英语教学中融入通识教育，提高学生素养（吴鼎民，2003），发展到构建"三套车"的内容框架，提出将英语语言、中外文化和多学科知识融为一体，而多学科知识的获取就是通过专门用途英语教学来达成。

除理论探讨之外，研究者认为外语教学中需求分析是确定教学内容的有效手段，大学英语学习者的需求分析对我国大学英语教学的定位有着举足轻重的作用。在这个理念的基础上，不少研究者试图就"何为合适的大学英语教学内容"这一问题，以问卷调查、访谈等手段对用人单位和学生进行调查，了解社会对英语人才的需求，以及学习者的实际需要（傅正等，2001；王斌华、刘辉，2003；朱鲁子，2004；蔡基刚，2012；许可新，2014；杜永辉，2015）。研究者对用人单位的调查涵盖了事业单位、民营企业、中外合资企业、个体及私营公司等。调查大都表明，用人单位要求英语毕业生的英语具有较强的实用性和针对性，社会需求的英语人才是英语口语好，交际能力强。业务能力强，是专业技术与英语能力均强的"双料"人才。可见，"英语口语好""懂与工作相关的专业外语"是用人单位的首要需求。针对学习者的调查显示，他们对目前的大学英语教学内容并不满意，或者因为目前的大学英语教学内容重文学和语言知识（赵庆红等，2009），与中学所学内容重复多（王海华、王同顺，2003）；或者因为内容以通用英语为主，与专业无关，而学习者却表现出对专业英语教学浓厚的兴趣，希望能把专业英语课程和通用英语结合起来，以专业英语为导向（杜永辉，2015；龙宇，2015）。上述研究表明，无论是用人单位还是学习者自身，都期望大学英语教学能够依托专业内容进行语言教学。我国大学英语教学应该根据社会发展的需求和学科发展的需求，逐步实施以内容为依托的专门用途英语教学（蔡基刚，2012）。

那么，大学英语教学内容改革究竟该何去何从？束定芳（2010：7）指出，大学英语教学内容不应该是千篇一律的，由于各个学校的办学层次不同，学校定位不同，培养的人才规格不同，对英语教学的定位和学生的要求也应该不同。各高校可以根据各自的具体情况进行具体分析，进行社会和个人需求调查，确定自己的教学目标和教学内容。张珊珊（2015）认为，为实现我国高等教育的中长期人才培养目标（培养国际化人才），高等院校可以将普通英语教学、通识教育类英语教学、专门用途类英语教学、双语全英专业课程类教学组成大学阶段英语教学内容体系，它们有各自独特的作用，又相互关联，相辅相成。普通英语教学为通识教育类英语教学和双语全英专业课程类教学提供必备的英语水平；专门用途类英语教学在普通英语教学和双语全英专业课程类教学之间搭建桥梁，为双语全英专业课程类教学提供专业词汇、文献阅读和论文撰写等方面的培训；通识类英语教学和双语全英专业课程类教学为培养国际化人才直接服务。因此，这四个教学类别不存在取舍的问题，都应予以保留并各司其职。

第二节　高校英语情感化教学内容的提出

众所周知，教师、学生和教材是教学活动的三个基本要素。其中教材是反映教学模式的知识载体，是决定教学效果的重要保证。可以说，在教学活动中，教师对教学内容的处理方式，会直接影响学生对教学内容的接受程度，从而影响学生的学习效率和学习效果。

尽管教学内容是由教学大纲规定的，是教材编写者根据学科特点、一般学生的年龄特征、接受知识的特点等来编写的，但在实际课堂教学中，教师需要针对特定的班级、特定的学生重新考虑选择和组织相关的教学内容，根据具体情况对教学内容加以修改或补充，以便增强学生对教学内容的兴趣，提高课堂教学效果。

然而遗憾的是，长期以来教育界对教学内容处理方面的研究一直是一个薄弱的环节。"过去教学论并未将教材列入研究内容，只是近二十年国外教育心理学家才把教材作为当前研究中的一项崭新课题。但是研究范围也只限于精选教材、教材的难易程度和易读性等方面"（李蔚、祖晶，1999）。因此教师在教学内容处理方面所要解决的核心问题是，如何提高学生对教学内容的可接受性，从学生的学习能力和教学内容难易程度的配合上发掘教学潜力，增进教学的效果和效率。

美国当代著名的教育心理学家奥苏贝尔从意义学习理论（Theory of meaningful learning）出发，提出了学生在进行意义学习时所需要进行的两个内部条件。一是学习者必须具有同化学习材料的适当的认知结构；二是学习者必须具有意义学习的心向（卢家楣，2000）。所谓心向，是指学生学习有关教学内容的意愿，即主观上是否乐意去学。

奥苏贝尔提出的这两个内部条件，第一个涉及的是教学内容处理中认知维度上应解决的问题，即要把教学内容与学生头脑中的认知结构联系起来，帮助学生组织所学习的材料。第二个条件涉及的是教学内容处理过程中情感维度上应解决的问题。我们知道，无论教学内容本身，还是接受教学内容的学生，都是情知并存的实体。因此对教学内容的处理不仅要从认知方面进行研究，也要从情感方面加以探索。但是由于种种原因，从情感方面对教学内容加以探索一直被忽视了。

在教学实践中，长期以来人们也养成了从认知维度上进行思考的习惯，导致在对教学内容的处理上，更多的是关心如何提高学生对教学内容的可接受性，从学生的学习能力和教学内容难易程度的配合上发掘教学潜力，增进教学的效果和效率，而很少从情感维度上考虑教学内容的处理，以调整学生的学习心向，从学生的学习需要和教学内容趣味度的配合上发掘教学潜力，使学生愿意去学，乐意去学。同样，在外语教学中对教学内容的处理往往也更注重对学生语言知识的传授，而教学内容是否能满足学生的需要，学生是否愿意去学，课堂教学活动是否能激发学生的学习兴趣等因素却考虑得比较少。如外语教学史上曾经非常盛行的语法—翻译法就是强调通过背诵语法规则、背诵词汇、应用语法规则做翻译练习等途径学习外语。语法—翻译教学法在我国目前的高校英语教学中还占有一席之地，其教学内容的传授主要通过以下几个步骤完成。首先，教师会把作者和写作背景作简单的介绍，然后对课文逐句进行翻译和一些语法现象的讲解，最后做一些巩固性的练习。逐句翻译和语法讲解是语法—翻译教学法的中心活动，两者占去课堂活动的大部分时间。显而易见，语法—翻译教学法对教学内容缺乏必要的处理和加工，其教学过程十分机械和枯燥，不易激起学生学习语言的兴趣，而且课堂氛围缺乏生动性，学生受到很大束缚，很难发挥主动性、积极性和创造性。

虽然近20年来我国的外语教学取得了一定的进展，但"费时低效"现象依然严重。许多学生对基础阶段的高校英语教学效果表示不满，一些学生通过两年高校英语学习后对英语丧失兴趣（王奇民，2002）。造成该现状的原因是多种多样的。但教学内容作为知识的载体，教学过程的主要依据，其过于单调、乏味，缺乏美感的呈现方式必然会扼杀学生学习英语的兴趣。目前的高校英语教学依然存在教师"满堂灌""抱着走"的"习惯势力"；教学模式刻板、单调，缺乏外语教学必需的交际气氛；教学手段匮乏，依然没有摆脱粉笔加黑板的模式。课文朗读、句子翻译、课文大意译述、问答、句型操练、课文内容复述依然是高校英语教学中主要的课堂活动形式。教学内容是否符合学生的需要，其呈现形式是否被大多数学生接受，学生是否愿意去学等方面的问题教师考虑较少。许多教师只是一味抱怨学生学习缺乏主动性，参与意识不强，却很少从自身找原因。要改变目前高校英语教学现状，提高教学效果，首先高校英语教师应从情感维度对教学内容进行优化处理，激发学生对所学内容的积极性，使学生产生好学、乐学的积极情感。

第三节　高校英语教学内容教师情感投入处理的方法

高校英语教学内容的情感性处理，要求教师从情感角度对高校英语教学内容进行适当地加工、处理，使教学内容在向学生呈现的过程中发挥情感方面的积极作用。需要指出的是，这里虽然强调了从情感维度对教学内容的加工、处理，但也决不能忽视从认知维度对教学内容的整理和组合，两者相互联系，缺一不可。

在高校英语教学过程中，为了实现教学内容在向学生呈现的过程中发挥情感方面的积极作用，最终使学生对高校英语产生好学、乐学的积极情感体验，教师可以在实际的教学过程中采用两种策略：一是教学内容与学生需要相匹配策略；二是教学内容呈现形式与学生需要相匹配策略。

"匹配"原是物理学中的一个概念，指通过安放一个装置使两个物体在某方面相互协调、配合，以达到最佳效果。上面提到的两条策略，即教学内容与学生需要相匹配，教学内容呈现形式与学生需要相匹配就是指在高校英语教学过程中，教师应尽可能使教学内容及其呈现形式满足学生需要，以便有效调节学生的学习心向，激发学生的学习兴趣。

一、教学内容与学生需要相匹配策略

心理学研究表明，客观事物是否符合人的需要，既取决于人的需要状况，也取决于客观事物本身。美国人本主义心理学家卡尔·罗杰斯（1994）认为有意义的学习四要素之一便是自我评价，评价当前的学习是否满足自己的需要，是否有助于帮助自己获得想要的东西。当学生认为教学内容能满足自己的需要时，学习积极性就会增强，学习效率也会随之提高。

因此要提高学生学习英语的积极性，诱发学生学习英语的内在动机，英语教师首先应做到所传授的教学内容能满足学生的需要。要实现这一目的，首先教材编写者在编写教材时应该融教材的思想性、趣味性、实用性和时代性于一体，这样才能为实现教学内容符合学生需要提供基本保证。教材是反映教学模式的知识载体，是决定教学效果的重要保证。曾经被许多高校使用的高校英语修订版教材在选材上却忽视了实用性，缺乏时代气息，过多地强调了"出自名家，是读者喜爱的经典著作。"笔者（2001）

曾经对执教的三个班的学生进行过一次书面问卷调查，其中对"你对英语教材有什么看法"一项中，有98.6%的学生都认为课本内容枯燥陈旧，缺乏时代气息。王奇民（2000）也曾经对高校英语教材和教学内容进行过相关调查，结果发现多数英语学习者对英语教材及教学内容表示不满，主要体现在教材及教学内容不能反映时代的最新发展、缺乏时代气息、与生活实际脱节、实用性差，不利于学习者学习兴趣的提高和交际能力的培养。因此，要体现教材的实用性、时代性，激发学生的学习兴趣，选材范围必须延伸到社会生活的各个方面。可喜的是一些实用性、趣味性的教材已经应运而生，比如浙江大学编写的《新编高校英语》就在这方面迈进了一大步。

在实际教学过程中，由于教学活动的复杂性，教学内容往往不能完全满足学生的需要。因为在教学活动中，教师是在规定的时间、规定的地点按规定的顺序根据规定的大纲、规定的教材讲授规定的内容。这一系列的"规定"决定了具体教学过程中呈现的教学内容往往不能与学生在那个时刻的需要相吻合。学生作为活生生的个体，在具体教学活动中有各种各样的需求。因此在实际教学过程中教学内容与学生当时的具体需要不一致的现象十分普遍。我们时常可以听到学生抱怨，两年的高校英语学习除了多认识了几个单词和短语，好像没学到其他的东西，自己的英语水平并没有提高，反而有所下降，失望之情溢于言表。造成学生对教学内容接受程度较低的原因是复杂的，但可以肯定一点，教学内容是否与学生的需要相匹配，是否能引起学生的兴趣是值得英语教师去反思的。心理学的研究已经发现，个体对客观事物的认知评价不仅受其本身的价值观念、思想方法、知识经验等因素的影响，也会受他人劝说、诱导、启发等因素的影响。因此英语教师首先应发挥引导者的角色，在新生进校的第一节课就应让学生明白学习英语的重要性，还可以用实例证明英语学习好坏对他们未来生活、职业生涯的积极或消极影响，让学生从一开始就产生一定要把英语学好的欲望。其次面对统一规定的教材，教师应该根据实际情况和需要对教学内容进行适当的增减，以激发学生的学习兴趣。如在上由浙江大学编著的《新编高校英语》"Holidays and Special Days"这一单元时，教师就可以大胆选择一些介绍典型的中国节日的文章，比如中国人怎么过春节的，或者可以让学生自己来介绍，并与国外的圣诞节进行比较，可以进一步讨论中外节日文化的差异。这样可以让学生感受到所学的东西离他们的现实生活很近，从而激发学生学习英语的兴趣。

二、教学内容呈现形式与学生需要相匹配策略

目前很多的教材编写都强调实际性、趣味性，但不一定就能保证较好的教学效果。虽然用的是同一种教材，但教学效果却有很大的差异，这在一定程度上与教师以何种形式向学生呈现教学内容有关。所谓教学内容呈现形式与学生需要相匹配策略是指教

师在教学活动中通过改变教学内容的呈现形式，增加教学活动的趣味性，使该内容让学生主观上感到是满足其需要的，从而达到教学内容与学生需要之间的统一，提高学生学习的积极性。在高校英语教学中常有这样的情况，教师在教学中讲授的教学内容并不符合学生的需要，也很难通过启发诱导来改变学生对教学内容的看法。这时教师可以通过改变教学内容的呈现形式，使学生在他们所喜闻乐见的教学形式中不知不觉地接受教学内容。例如，在讲《21世纪高校英语》第一册第七单元时，笔者就打破了较为常规的教学次序，上课前先布置了一个思考题：A good teacher is。然后在课堂上以游戏的方式让每个同学依次给出答案，而且答案不能重复，否则会受到惩罚。该游戏带有比赛的成分，采用淘汰制，不能在规定时间给出不同答案的学生则被淘汰，坚持到最后的一名学生则会给予不小的奖励。大学生竞争意识较强，为了不至于在第一轮就被淘汰，大多数学生都会仔细阅读课文，以期在课文中找到他或她所需要的答案。我们知道大学生有极强的自我表现需要和自尊需要，该教学形式给予了每一个学生平等参与课堂活动的机会，使学生在游戏中、竞赛中学习英语，同时对于那些课堂表现好的学生来说，他们的自尊心会大大增强，这对语言学习无疑是非常有利的。该游戏形式也可以在上完该单元后进行，可以达到同样的目的。

其实游戏化的教学活动形式在高校英语课堂教学中已经被广泛采用，其实质就是利用游戏这种喜闻乐见的活动形式，使教学内容的呈现方式乐于被学生接受，实现在游戏中不知不觉提高学生对教学内容的接受程度的目的。当然除了游戏之外，还可以采用小组讨论、课堂辩论、学生上讲台、看影像资料等形式传授教学内容。需要指出，采用何种教学形式，取决于学生的年龄、性格特征、班级规模、班风等因素，教师应根据实际情况，针对不同的班级，不同的学生，采用学生乐于接受的教学形式，增加学生学习英语的积极性，以便提高学生对教学内容的接受程度，从而提高高校英语教学效果。

第四节　高校英语教学内容的教师情感投入策略运用

教师在高校英语教学过程中对教学内容的情感性处理可以采用两种策略：一是教学内容与学生需要相匹配策略；二是教学内容呈现形式与学生需要相匹配策略。面对统一规定的教材，为了使课堂上呈现的教学内容能让学生主观上感到满足其需要，教师应根据实际情况和需要对教学内容进行适当的增减，以便有效调节学生的学习心向，提高学生的学习兴趣。教师还应通过在教学活动中改变教学内容的呈现形式，使该内容能让学生主观上感到是满足其需要的，从而实现教学内容与学生需要之间的统一，激发学生的学习兴趣。

为了检验以上两种策略在高校英语实际教学过程中的可行性和有效性，拟以高校英语教材《21世纪高校英语》第三册 Unit One Text A How I got smart 为例，以具体的教学案例说明如何在高校英语教学实际中有效运用以上两种策略激发学生学习兴趣，提高高校英语教学效果。

21st Century College English Book III

Unit One Text A How I got smart

1. 学习目标（Learning objectives）

（1）认知目标（Cognative objectives）

①Learn how to write an essay according to time sequence.

②Master the key language points，grammatical structures and useful expressions in the text.

③Conduct a serious of reading，listening，speaking and writing activities related to the text.

（2）情感目标（Affective objectives）

Learn how to deal with love in students' daily life.

2. 热身活动（Warm-up activities）

Situation：

A boy falls in love with a girl who is charming and brilliant in study，but he attracts little attention from the girl.

Questions：

①In such a case，how will the boy probably deal with the situation？

②If you were the boy，what would you probably do？

③How did the boy in text A deal with the similar situation？

本环节通过设计一个简单的情境，以学生参与讨论的形式引入 Text A 要讨论的话题。大学生正处于男女情感的萌动期，对类似的话题比较感兴趣，有些学生可能有类似的经历。因此这样的话题很容易激起学生参与课堂讨论的积极性。两个问题采用不同的讨论方式，第一个问题采用灵活分组讨论的方式给出可能的处理方式并说明原因，各个小组进行比赛看哪一组提供的处理方式最多，最有说服力。成绩最好的一组给予某种形式的奖励。值得注意的是，分组时应依据自愿原则自由组合，在此基础上教师根据学生学业水平与个性做必要的调整。通过该活动，一方面不仅大大丰富了教学内容，活跃了课堂气氛，锻炼了学生说英语的能力，另一方面，学生也学会了在合作中学习英语。第二个问题采用自由式讨论。学生在自愿、自由、宽松的讨论气氛中，充分发挥各自的思维潜力，使思维处于最佳竞技状态。第三个问题采用教师点名和学生自愿的原则，让学生根据课文提供的信息进行回答。值得注意的是，教师应注意避免使学生产生焦虑感。

3. 阅读中的任务（While-reading tasks）

（1）学习单词和词组（Words and phrases study）

①devotee　②compulsory　③compel　④passion

⑤gaze　⑥relief　⑦joyous　⑧confidence

⑨perceive　⑩consequence　⑪out of focus

⑫beyond one's wildest dreams　⑬the apple of sb's eye

⑭sweep sb. Off his/her feet　⑮get something in　⑯file into

⑰step up　⑱hang on sb's words　⑲feed on

⑳go steady with　㉑in time　㉒pore over　㉓scheme

该环节需摆脱传统的词汇讲解三部曲，即：首先教师讲解该词汇的含义、主要用法，接着举例说明，最后叫学生进行包含该词汇的英译汉或汉译英练习。这样的词汇教学模式古板、单调乏味，很难激发学生上课的热情，学生很容易产生一些消极的情感体验。但是如果改变词汇教学内容呈现形式，以学生为主体，让学生来解决问题，设计问题，教学效果会有显著的不同。

首先，依据学生自愿原则自由组合，把全班分成几个小组，每个小组选一个小组长。教师将上面列出的本课文的焦点词汇和短语根据班级学习小组的数量分配到具体小组。然后每个小组根据分配到的任务课后进行准备。准备的内容教师可以进行适当的提醒，如介绍相关词汇知识、举例说明、提供进一步的词汇练习（可以是独立的句子，也可以是自编的故事，叫另一组学生用焦点词汇填空），允许每组有其特色。准备过程中教师提醒每个成员都应有相应的具体的任务，任务安排可以采用自愿与组长分配相结合的原则。最后就是各个小组的课堂演示，鼓励各个小组充分发挥小组特色。当然在该过程中，教师有必要进行补充点津，使知识系统化。

（2）与课文相关的问题（Questions related to text A）

①According to the writer，how do kids see their teachers？

②How interested was the narrator in school before he reached his sophomore year？What changed then？

③Why did the narrator decide to buy the first volume of a set of encyclopedias？ How did he manage to make his first impression on Debbie？ What was her reaction？

④What other opportunities did the narrator find to impress Debbie？

⑤What effect did his continued reading have on him？

⑥After Debbie was gone，what was the narrator's probable incentive for continuing to read the encyclopedias？

这些问题都是根据课文内容进行设计的。通过回答这些具有启发性和相关性的问题，学生对课文的篇章层次有了基本的了解。

Part one（paras.1~3）：introduction to the story

Para.1：A misconception—teachers were child prodigies

Para.2：One specific example of himself to show how wrong the misconception is. Just like nomal kids，I hate compulsary education with a passion.

Para.3：An incident changed the whole course—Cupid's arrow hit me and I began to enjoy going to school.

Part two（Paras.4~33）the whole story.

Paras.4~7：the beginning of the story

It was Debbie，a top student and the apple of the teacher's eye，who was the princess of my heart. As she came into my heart，I felt the intellectual gulf between her and me. I have a strong will to bridge the gulf，venturing into the world of knowledge to become a Chief Brain.

Paras.8~30：the major part of the story

The first episode in my endeavor to win over my princess's hear with my education（Paras.8~13）

The second episode in my endeavor（Paras.14~21）

The third episode in my endeavor（Paras.22~25）

The fourth episode in my endeavor（Paras.26~30）

Paras.31~33：the ending of the story

Part three（para.34）：the after events of the story.

其实课文的篇章理解只是课文阅读教学的第一步。通过分析课文的篇章结构，学生对课文的内容安排，各段之间的逻辑关系都有了初步了解。这对提高他们读和写的能力是有很大帮助的。第二步是课文的细节理解。培养学生发现问题、解决问题的能力是教学过程极其重要的一个环节。教师应该提供机会让学生自己去寻找课文中重要的语言点、句型结构、常用的表达方法以及语言难点。按照教师点名和学生自愿相结合的原则，选择一些学生暂时充当教师的角色。通过学生们相互一问一答，达到从语言点的角度去理解掌握课文的目的。当然教师也要进行适当的补充和解疑。第三步是深层理解和主题理解，主要采用故事复述和话题讨论的方式。这一般也就是一篇课文学习的最后一部分，即 after-reading activities.

4.阅读后活动（After-reading activities）

（1）复述课文内容（Retell the love story）

这一部分比较惯用的教学做法是叫一个学生用自己的语言复述课文的内容。但如果每一次的课文复述都一成不变采用这种方法，一方面学生容易产生焦虑感，另一方面学生可能很快会失去兴趣，产生厌烦。其实故事复述也可以通过多种方式进行。除了单个复述，还可以采用两人合作复述、小组合作复述以及全班接龙复述。教师应该根据文章的问题特点、学生的英语水平差异、学生不同的个性特征等采取相应的形式。例如本篇课文复述可以采用全班接龙复述的形式，即根据已掌握的课文内容、按照座位顺序，每个学生轮流一句接一句把课文的故事复述一遍。教师可以设定一定的规则，如必须在故事复述过程中用上 10 个以上学过的焦点词汇。对于表现好的学生可以给予一定形式的奖励，没有经过充分准备，表现不好的学生也可以给予一定形式的惩罚，并记录在册。

（2）主题讨论（Topic discussion）

What do you think of "fall in love" in college？

For：favorable to study personal right enrich college life not lonely

Against：distract attention from study time or money consuming too early

校园恋爱是很普遍的一个现象，不同的学生对此有不同的观点。有的支持，有的反对。该话题非常贴近学生的生活，容易激起学生的参与热情。但是在具体操作过程中应注意以下几点。

①学生按照自愿原则分成正反两方。如果双方人数悬殊，可以按照抽签的方法确定正反两方的成员。在此基础上，教师根据学生英语水平、个体人格差异进行适当的调整来最终确定正反两方的成员。否则到时会出现正方占绝对优势而反方无力回击或相反的情况，辩论很难进行下去。

②学生在辩论前必须进行精心的准备。准备的内容教师可以进行必要的提示。由于全班同学只分正反两方，两组人数可能都会比较多，因此每个大组可以选出一个大组长，由大组长再细分成几个小组，每个小组有小组长。大组长和小组长具体负责准备工作的分工，务必做到每个小组成员都参与进来。否则会出现只有小组任务，没有个人任务的结果，影响辩论的效果。

③教师可以提供一些学生在辩论过程中可能会用到的单词、短语、句型以及表达方法。可能的话，尽量用一些课文中学过的焦点词汇。这样可以增加学生的自信心和英语表达能力，从而提高他们参与课堂讨论的积极性。

④在辩论时，可以通过同学们推荐或教师挑选一名同学做主持。在辩论过程中，

教师要仔细观察和聆听，辩论精彩时点头微笑，辩论陷于僵局时给予必要的点拨，使辩论能够顺利进行下去。

⑤辩论结束时可以请全班同学评出表现最佳小组、最佳合作、最佳辩手等奖项。对于获奖的学生可以采用 10 制计分，作为平时成绩的重要参考并记录在册。发现辩论过程中表现不够积极的可以给予适当的惩罚，如扣除平时分等。

第六章 高校英语教学组织的教师情感投入处理策略

高校英语教学组织特指高校英语课堂教学组织。教学组织同教学内容一样是完整的课堂教学不可缺少的一部分。目前，高校英语教学组织形式普遍存在两个问题：一是师生课堂交往模式单一，知情脱离；二是课堂教学程序单调，缺少变化。因此如何改变传统单一的课堂交往模式和单调的课堂教学程序，从情感维度优化高校英语课堂教学组织形式是整个教学过程中必须考虑的极其重要的一个环节。

第一节 教学组织的相关研究

课堂教学组织是指教师通过协调课堂内各种教学因素而有效地实现预定教学目标的过程，是一项融科学性、艺术性和创造性于一体的工作。要做好这项工作，教师不仅要懂得课堂教学规律，掌握一定的教育学、心理学知识，还必须关注每一位学生，了解每位学生的特点，运用一定的组织艺术，调动学生全身心地投入学习。

一、课堂教学组织的形式

教学效果的优劣除了与教师自身的素质有关，还与教师课堂组织的方式有密切关系。教学组织严密能把学生有效地组织起来，充分调动其学习的兴趣和积极性，按照教师设计的教学方案有条不紊地听课、思考、讨论、发问、实践，教学效果良好。

教学通过一定的组织形式实现。为了达到教学目的，怎样把一定的教学内容教给学生，怎样组织好教师和学生，怎样有效地利用教学的时间、空间，怎样发挥教学设备的作用等，这些都是教学形式要解决的问题。教学形式具有相对稳定性，但随着社会对人才需求的不同，科学技术发展水平的不同，以及所采用的教学内容、教学手段的不同，教学形式也有所不同。

班级上课制是我国现阶段的主要教学组织形式。但过于单一地采用班级授课制可能带来些许问题。例如，一方面，即使在同一班级中，我们也不希望把学生当作"规格"和"型号"完全相同的"材料"进行批量加工；另一方面，当代学校的校园环境、技术装备发生了很大变化，现代信息技术改变了人与人的联系方式。因此，在班级授课制的基础上，教学的组织形式正在朝着多样化的方向发展。值得关注的形式主要包括以下几种。

1. 基于能力差异的分组教学

教师把同一个班级的学生根据学习程度分成若干小组，每个小组可能会获得不同的学习任务，采用不同的学习方法和学习进程。或者，学校根据学生的能力差异，把他们编排到不同班级。

2. 基于合作的分组教学

教师将学生分成若干小组，帮助学生彼此结成一种合作关系，共同完成教学任务。这些教学小组有时相对固定，有时则根据完成教学任务的需要灵活组成。

3. 开放式教学

开放式教学最典型的尝试是美国的帕克赫斯特设计的"道尔顿制"。教学过程不再按班级组织，传统意义上的班级制度被取消，个别指导分工协作取代了集体教学，各科作业室分工协作取代了教室。各科作业室按学科性质设置教学用具，1~2 名教师在相应的作业室里对学生进行个别化的指导，各科教师与学生按月制定"学习公约"，每个学生都有自己的学习计划和进度，但是，同一个作业室内的学生会在一起讨论和研究。开放式的教学组织对传统意义上的"课堂""班级"带来新的挑战。

4. 小班教学

传统的班级授课制中，班级人数往往较多，有 40~60 人左右。按夸美纽斯的看法，即使一个班级有 300 个人，也可进行集体教学。但是，人数太多，教师通常会感到操作困难，负担过重。小班教学的班级人数一般在 20 人以下。较少的人数让教师有可能对教学的过程进行更富有创造性的控制。

5. 小队教学

小队教学更侧重于对教师进行组织。采用小队教学的学校，同一个班级当中，往往会出现两个以上的教师，教师以"集体"的形式共同准备教学活动的全过程，共同完成与学生交流、对话的任务。

6. 协同教学

协同教学更加关注家庭的力量，教师、家长、学生组织在一起。协同教学组织方式的出现，对"学校"的传统意义提出了质疑，学校教育开始主动要求全社会的参与。

7. 网络化教学

网络化教学的出现反映了现代信息技术对教学的巨大影响。在网络化教学中，教师、学生相互联结的媒介和时空关系与传统课堂教学相比，发生了根本的变化，人们甚至开始质疑传统学校存在的必要。

8. 实践教学

传统课堂里最典型的活动是知识的灌输与接受，但是学生学习的内容不只是知识。当实践成为学生学习的重要内容时，实践教学的形式开始受到广泛关注。教学的任务是完成一定的活动，教学的组织形式也必然与传统的课堂教学产生很大的差异。

二、常用课堂教学组织的座位安排

根据教学内容的要求和学生的特点，学生的座位安排通常有以下几种形式。

1. 秧田式

基本的课堂座位安排以教师为中心。教师的活动主要在教室的前面，所有的学生都面向教师，学生的座位以纵横排列的秧田形安排。这种设计模式有利于教师的教学活动，如讲解和演示等。教师能较好地调节和控制学生，有利于学生的注意力集中于教师，适合于进行提问、回答和课堂作业。学生能更多地与教师进行接触和交流。在我国，班级人数比较多，课堂座次排列一般倾向于采用这种排列方式。

2. 作坊式

把一个班的学生平均分为几个小组，每个小组学生的课桌排在一起，组成一个大方桌，学生围在大方桌四周而坐。这种形式结构便于学生之间的互动交流与合作学习，是小组合作学习经常采用的课堂组织形式结构。

3. 圆形式

这种课堂组织形式结构，在教室内可以是班级的大圆形，或小组的圆桌式。班级的大圆形式便于活动开展，班级交流。小组圆桌式与作坊式的功能基本一致。这种形式便于教师组织，学生互动交流、表演展示。

4. 马蹄式

按照学习方式的需要，可把学生的座位按教室左、右、后三个方位安放，形成U形，即马蹄式的结构。这种形式结构，有利于小组间的展示与交流，特别是有利于活动性、游戏性的学习开展。

5. 灵活式

在实践过程中，许多大班教学的教师，因地制宜，为能进行小组合作交流学习，采用非常灵活的方式。例如：同桌的同学互动；前后两（四桌或六桌）排的同学讨论交流；下座位自由选择交流合作的伙伴。灵活式的形式结构打破秧田式的单一形式，有效地体现了学生自主、合作学习的精神。

形式结构的变化必然导致学习方式的改变，多元化的课堂组织形式结构是新观念、新学习方式的体现。某一课堂组织形式结构必须服从于某一学习目标、学习内容的需求而呈现。因此，在实施新课程的英语课堂教学中，必须把课堂组织形式结构与活动方式、学习内容、目标有机地结合起来。

第二节　高校英语情感化教学组织的提出

教学组织是指在教学过程中，教师和学生按照一定的制度和程序而实现的协调教学活动的结果形式。换句话说教学组织就是教师对整个教学过程的组织和管理。高校英语教学组织就是高校英语教师对高校英语课堂教学过程的组织与管理。它一方面指高校英语教师对参与教学的学生与教师的组织。具体地说，它包括高校英语教师对教学规模的选择，如集体教学、小组教学或个别教学等；教学座位的安排，如秧苗形、半圆形、车厢形等；对师生、生生交往方式的选择等。另一方面，高校英语教学组织还包括教师对课堂教学程序的安排，如不同教学组织形式（集体教学、小组教学或个别教学）如何组合，如何安排先后顺序。教学组织与教学内容一样，是完整的课堂教学不可缺少的要素。因此，高校英语教师应采取何种课堂教学组织形式来提高高校英语教学效果，这是广大高校英语教师必须考虑的一个决定教学成败的非常现实的问题。

从当前的高校英语课堂教学组织形式的选择及应用的普遍状况来看，还存在着种种不尽如人意之处。这主要表现在以下两个方面。

首先，课堂交往模式单一，知情脱离。美国人本主义心理学家罗杰斯认为，人的认知活动总是伴随着一定的情感因素，当这种情感因素受到压抑甚至是抹杀时，人的自我创造潜能就得不到发展和实现。而只有真实、对个人的尊重和理解学生的内心世界等态度的出现，才能激发起学生的学习热情，增强他们的自信心（Rogers，1969）。然而，传统教育片面强调知识和智力，严重忽视与学习活动及创造潜能发展相联系的情感因素，从而导致学生的被动与盲从，导致认知和情感的分离。一方面，许多教师将"教师讲，学生听"的单向信息交流作为班级授课的主要形式，很少有师生之间的双向交流，是一种典型的"以教师为中心"的课堂教学组织模式。尽管很多教师意识到让学生主动参与课堂活动的重要性，但是由于种种原因他们主观上采取的还是以教师为中心，以掌握书本知识为目的的传统教学模式。另一方面，师生交流知情脱离，课堂上只有简单、机械的语言知识的传授，知识成为师生交流的唯一纽带，忽视学生的兴趣、动机和愿望，教师和学生之间是一种畸形的"独木桥式"的关系，即单一通过知识发生联系。这种僵化的课堂教学组织形式只注重知识的传授，而忽视课堂上师生之间、学生之间的双向交流，忽视师生之间的情感交流，使教学常常陷入一种硬邦邦、无生气的状态，结果学生上课参与意识不强，学习英语普遍缺乏兴趣，最终影响高校英语教学效果。因此要激发学生学习英语的热情，提高高校英语教学质量，教师首先要转变观念，强化情感因素对语言学习影响的意识，重视学生情感的释放和情绪的表达，以真诚、接受、同情理解的态度对待学生，以合作者的身份平等地与学生进行思想交流。这样，师生之间不仅仅通过认知结构发生交流，而且还通过情感内容发生交流，师生关系由直线型结构变成了菱形结构。如图 6-1，6-2 所示。

图 6-1　直线型师生关系

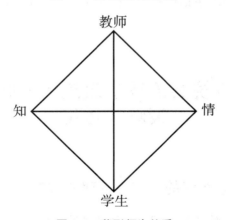

图 6-2　菱形师生关系

其次，课堂教学程序单调，缺少变化。从课堂教学组织的教学程序方面看，传统课堂教学特别重视对课堂教学程序的设计，试图对每一节课的进程都进行规定，以求科学合理。在这一倾向的影响下，许多高校英语教师的课堂教学程序单调、缺少变化。高校英语一个新单元最典型的教学程序是：领读、讲解单词导入课文——讲解课文（主要是语法、句型）——讲解练习——布置作用。尽管并非所有的高校英语教师、并非每节课都准确无误地按照这一程序来组织课堂教学，但是根据笔者的观察和与学生的访谈发现，这种机械的、只注重教学的外部组织形式而忽视学生心理感受的课堂教学组织形式确实普遍存在。长期在这种单一的、缺少变化的教学组织程序下进行的教学，课堂气氛难免会沉闷、单调，难以激发学生学习知识的兴趣和热情。

因此，如何打破目前这种单一、僵化的高校英语教学课堂组织形式，增强学生的学习动机、激发学生的英语学习兴趣，这已经成为目前许多高校英语教师亟待解决的一个问题。从目前高校英语课堂教学组织的现状可以看出，其存在的重大弊端之一是忽视高校英语教学中的情感因素，即重知轻情。在这种教学组织模式下，课堂教学组织是仅仅为学生的认知学习服务的，上课成为单一、机械的语言知识的传授，忽视与学生的情感交流，忽视学生的兴趣、动机、需求、愿望等。由于忽视了语言教学中的情感因素，导致学生上课参与意识不强，学习英语普遍缺乏兴趣，甚至出现有一小部分学生常常逃课的现象。

然而，情感是高校英语教学中不可忽视的因素。情感与认知不是两个对立的概念，相反，情感与认知相辅相成，学习者的情感状态直接影响到他们的学习效果。积极的情感，如愉快、兴趣、好奇等对语言知识的输入和输出都起着促进的作用。消极的情感，如焦虑、抑制、低自尊等会使学习者的学习效果大打折扣。因此，理想的高校英语课堂教学组织形式应当是对认知因素和情感因素同等重视。换句话说，应该从情感维度改进传统单一、僵化的高校英语课堂教学组织形式，充分发挥情感因素在高校英语教学课堂组织中的积极作用。

第三节　高校传统英语教学组织的教师情感投入处理策略及运用

一、高校英语教学组织的情感性处理的策略

高校英语教学组织的情感性处理要求教师从情感维度对高校英语教学组织形式进行优化处理，使教学组织形式在为教学活动服务的过程中充分发挥其在情感方面的积极作用。当然需要指出的是，由于教学过程中认知因素与情感因素密切相关，因此对高校英语教学组织的情感性处理只是对传统高校英语教学组织形式僵化、忽视情感因素的状况的一种改进，而不是对从认知维度进行课堂教学组织的全盘否定。从情感维

度优化高校英语课堂教学组织形式的作用表现在以下两个方面。

（1）高校英语课堂教学组织的情感性处理能促进教学过程中的情感交流，改善课堂上的人际关系。传统的课堂高校英语教学组织形式在学生的座位编排、师生交往方式、生生交往方式等方面都比较单一、缺少变化。因此高校英语课堂教学组织的情感性处理的作用表现在师生交流方面，通过以灵活的方式编排教室中的座位，拉近师生之间的物理距离；通过对学生的分组教学使教师的指导对象缩小了范围，因而更有针对性。

（2）在生生交流方面，分组教学与小组内的讨论改变了传统高校英语课堂教学中的交往方式，能产生更充分的交流。师生之间和学生之间的充分交流有利于建立良好的课堂人际关系，而这种在充分交流基础上的良好人际关系又是创设安全、和谐课堂氛围的基础。高校英语课堂教学组织的情感性处理有助于帮助学生创设积极的情绪。传统单一、僵化的课堂教学组织形式会使学生产生烦躁、厌恶的消极情绪，而高校英语课堂教学组织的情感性处理有助于学生产生良好的情绪状态。教师通过暗示、言语的、非言语的表情等来影响学生，如教师可以借助期盼性的眼神、讲课的声调变化、赞许性的点头等非语言形式向学生传递情感信息，利用情感的感染性功能，使师生之间除了有声的语言交流外，还有"无声语言"传递情感和信息，从而创设一个良好的课堂心理氛围，维持学生对学习内容注意的持久性。而在有些学生注意力涣散时，暗示、非言语表情等的提醒可以在不打断教学进程的情况下消除这类现象，维护学生的自尊心，改变忽视学生心理感受、以命令式的语言维持课堂秩序的做法。

我国情感教学研究专家卢家楣（2002）认为，要从情感维度优化课堂教学组织可以采用四种策略，即灵活分组策略、角色转换策略、身体语言调控策略和张弛调节策略。前两类主要是通过对学生座位编排、规模和课堂交往方式的改变来调动学生的积极情绪，后两类主要是在课堂教学过程中，着重运用心理暗示的方式来调节课堂气氛、学生的心理感受等。这四种策略同样可以优化高校英语教学组织，改变目前普遍存在的单一、僵化的高校英语教学课堂组织形式。基于高校英语教学课程的性质和高校英语课堂教学的特点，在采纳和吸收卢家楣教授提出的优化课堂教学组织的四种策略基础上，增加了灵活改变课堂教学活动形式策略。下面分别对五种策略加以阐述。

（一）灵活分组策略

以往的课堂教学组织改革往往过分关注班级规模，单纯以认知为中心考虑教学组织。这一倾向从国内外的有关教育理论和课堂教学改革的实践中就能明显看出。如20世纪20年代在欧美风行一时的"分组教学""小队教学"以及20世纪70年代以后流行于美国的"开放教育"等，多是围绕小班化教学的实验与探索开展的。我国也曾在不同的时期在一些地区开展过有关的实验与研究，但由于各种主、客观条件的限制，大班的教学一直在我国的学校课堂教学组织形式中占据主导地位。特别是我国的高校英语教学，由于师资限制、教学条件限制，大班教学依然是主要的课堂教学组织形式，少则三四十人，多则六七十人，有的甚至超过一百人。因此，高校英语的小班教学不符合我国的教学实际，想单纯从班级规模的改变上促进高校英语教学效果是行不通的。

基于以上的思考和目前我国高校英语课堂教学班级规模的现状，提倡从情感维度优化当前僵化的课堂教学组织形式，采用灵活分组的策略。灵活分组策略指教师在高校英语课堂教学中，将学生按学业水平、能力、个性等方面的差异分成若干个学习小组，通过促进师生、生生充分交流来增强学生课堂活动的参与性，达到活跃课堂气氛的效果。有一点需要指出，这一策略要求在分组标准上不以学生的智力和英语成绩的好坏作为分组的唯一标准，而是重视学生个性的互补性，以促进人际吸引。简单地说，分组的基本原则是：优差兼有，个性各异，自由组合与教师分配相结合；在小组活动的形式上，也应充分利用教室空间，采用不同于常规的座位编排形式，使小组成员之间的交流充分开展

在高校英语课堂教学中将学生灵活分组只是一种情感引发的手段，教师应通过这种灵活的分组激发学生积极的情感。在具体实施中，高校英语教师应注意以下几点：第一，在上课前就按照上述要求对班级学生进行不固定的分组；第二，课堂上的分组活动中应改变常规的座位编排方式。在人数较少的班级中，可让每个小组将座位排列成与其他小组相对独立的"马蹄形"，若班级人数较多，小组的规模较大，可采用每小组的座位组合成一个"圆形"的做法，以便小组内成员交流；第三，课堂教学以小组活动为主体，控制教师集中讲授的时间；第四，小组活动的内容、活动形式应多样化；第五，小组成员的确定原则为在学生自愿基础上，教师按照其能力、学业水平、个性特征等方面的差异进行灵活组合，以达到组合的最佳化。

（二）角色转换策略

在传统的高校英语课堂教学组织中，师生关系总是以教师作为教学内容的讲解者和教学活动方式的调控者这一形式出现的，师生的角色关系基本是固定不变的，即教师始终是站在讲台上"教"的角色，学生始终是坐在台下"学"的角色。这种单一的传统师生角色模式容易使学生产生厌倦感，剥夺学生参与课堂活动的机会，削弱学生学习的自主性。因此，如果对教师和学生在教室中的位置和角色进行暂时的转换，就能达到活跃课堂气氛，超出学生对教学活动组织形式预期的效果，从而充分调动学生参与课堂活动的热情，这就是角色转换策略。

因此，角色转换策略是指在高校英语课堂教学过程中，在以传统的师生角色分工

为主的同时，间或使用"师生角色互换"的方法，让学生暂时充当教师的角色，通过引起学生的新奇感、丰富课堂活动方式、发挥学生参与课堂教学的主动性来达到活跃课堂气氛的效果。在这种情况下，教师主要对学生进行鼓励、引导、协助和纠错，变单向传授知识为双向的信息交流。笔者在讲《21世纪大学英语》第二册第一单元 Text C Diana，princess of Wales 时就采用了角色转换策略。根据自愿及老师指定的原则，确定充当教师角色的人选，然后根据学生喜好进行任务的分工与合作。结果大大出乎意料，课堂气氛非常活跃。笔者当时任教的四个班级对课文的处理方法各不相同，带有各自鲜明的特色。就拿介绍黛安娜的生平来说，有的班借用一本黛安娜图片杂志上一张张生动的照片，有的班则利用现代丰富的网上资源，下载了大量黛安娜的生前照片。图片利用的方式也不一样，有的按照课文展现的事件顺序对图片进行整合，有的则按照黛安娜的几个重要生活时期把图片进行分类，如童年生活、婚姻生活、家庭生活、社会活动以及最后意外的香殒等。因此角色转换策略可以充分发挥学生学习英语的主动性和创造性，增强他们的自信心，使学生产生成就感和满足感。有一位学生在课后的总结报告中写道："这次讲课的经历让我学到了不少东西，我体会到了当老师的快乐和艰辛，谢谢老师给我这次机会。"

需要指出的是，教师在实施角色转换策略时应注意以下几点。第一，在课前教师应对学生进行必要的指导，要求学生对有关教学内容进行认真预习，为充当教师角色做好准备；第二，在课堂教学中，传统的师生角色分工与角色的暂时转换在一节课中可以交替进行；第三，在教学内容方面，教师可以提倡学生借用互联网等信息资源充实教材内容，利用多媒体等先进教学设备呈现教学内容，实现教学内容的丰富性、趣味性。当然教学内容的重点和难点可以由教师进行强调和补充；第四，教师应对充当"教师"角色的学生进行及时的鼓励、引导、协助纠错和评价；第五，在选择充当"教师"角色的学生时，不应以英语成绩好坏作为唯一标准，应坚持自愿和鼓励相结合的原则。

（三）灵活改变课堂讨论形式策略

长期以来，高校英语教学采取的是一种传统的串讲方式，即教师设计好教案，在课堂上仔细讲解，一讲到底，学生很少有机会发表见解，师生之间也少有沟通。教师讲得很尽力，学生却听得很乏味。传统教育片面强调教师在教学中所谓的"权威"，抹杀了学生学习的主动性。在教学过程中，学生是教育的对象，又是学习的主体，学生不是知识的消极接收器，教师也不可能机械地把知识填塞到学生的头脑中去。要激发学生的创造性和学习积极性，关键在于灵活有效地组织课堂讨论。

灵活改变课堂讨论形式策略是指在高校英语课堂教学过程中，教师应根据教学目标和教学内容的需要，根据学生课堂学习的心理特点和课文的类型、难易程度来精心设计课堂讨论活动形式，发挥学生参与课堂教学的主动性来达到活跃课堂气氛的效果。课堂教学活动形式多种多样，根据课文的类型和难易程度，可以采用不同的课堂讨论方式。比较常用的主要有以下几种。

1. 导向式

这种方式是从主导者的角度来着眼安排讨论程序。通常为定向导入——设坡点拨——归纳总结。"定向导入"是指教师根据课堂的教学目标和重点，提出讨论点，使学生有的放矢。"设坡点拨"是主要阶段，教师在学生的讨论过程中，把握时机，由浅入深，步步引导。"归纳总结"阶段是由学生自己对大家讨论的成果归纳出比较正确满意的结论。有时还可以把问题扩展开去，把讨论引向更深层次。这种讨论方式适用于对学生来说相对较难理解的课文。

2. 自由式

这是一种着力发展学生的个性、发挥学习自主性，侧重于学生"自由探讨"的讨论方式。这种讨论方式的优点是：学生在自由、宽松的讨论气氛中，充分发挥各自的思维潜力，使思维处于最佳竞技状态。同时，教师还能观察到学生的学习心理轨迹、认知心态和需求欲，为以后设计教学提供依据，使教学更富有针对性。学生在认真预习课文、做好阅读笔记的基础上，推出主持人。主持人根据同学们提出的一些具有共同性的问题，确定几个中心讨论题，在课堂上开展自由讨论，相互启发，并允许有不同答案。自由式讨论适合一些课文难易适中、与学生生活关系比较密切的话题。

3. 竞争式

这是一种根据学生好胜、竞争的"开放期"心理，引进竞争机制来组织讨论，最终达到教学目标的讨论方式。竞争可以是个人竞赛、团体竞赛或自我竞争。个人竞赛从能否勇于参与讨论、讨论结果的正确性、创造性和发言的流畅性等角度进行激励。在学生之间造成相互竞争，活跃讨论气氛；团体竞赛主要是指在平行班之间、班内小组之间进行竞争，提高效率，从而最终达到教学目标；自我竞争即引导学生从参与讨论的勇气、次数和讨论问题的创造性等方面形成"昨天之我""今天之我"和"明天之我"的竞争，促进自我提高。竞争性讨论可以运用于每一种类型的课文，也可用于教师组织的课外活动。比如，做一些英语填字谜游戏和谜语、讲故事比赛。如果有一些小小的奖励，效果就更好。

4. 双向咨询式

这是一种围绕中心论题，通过学生提问、教师回答或教师提问、学生回答展开讨论的方式。这种类似谈心的讨论方式的优点是课堂气氛平和，师生感情融洽，容易激发学生的讨论欲望和思维热情。双向咨询式讨论一般是前面几种讨论方式的有机补充。

由于学生存在个体差异，其思维角度、理解能力也必定有很大的差别，因此在讨论中教师要尊重学生的发言，尽可能从不同角度肯定学生发言中的合理因素和价值，使学生在讨论中获得"成功感"。

实施转换课堂讨论形式策略时应注意以下几点：首先，要成功地组织课堂讨论，教师要进行充分的准备。比如教师应提前告诉学生将要讨论的话题以及要讨论哪几个方面，也可以事先提出一些相关的问题以便学生进行有目的的准备。教师要尽量提供一些在讨论中可能会出现的有用的词汇和句型以便提高学生的表达能力。其次，教师要创设良好的课堂讨论环境，激发学生讨论的兴趣。如教师可以运用一些教学辅助材料和设施，如图片、卡片、录音机、投影机、数字化设备等多媒体手段使学生获得感性材料，加深对学习对象的印象，引起学生学习兴趣。另外，教师应尽量选择学生感兴趣的话题，设置具体情景，鼓励学生展开联想，锻炼他们的思维能力，激起学生的兴趣，从而取得良好的教学效果。

（四）身体语言调控策略

我国情感教学研究专家卢家楣教授（2002）认为，课堂教学组织包括两个方面：一是看得见的"人员组织"，即教师在课堂教学中对学生座位的编排、对参与活动学生规模的控制、对师生交往方式的调控等；二是不能直接观察到的"心理组织"，即教师对课堂心理氛围、学生注意力等的调控。其实灵活分组策略和角色转换策略就属于课堂教学的"人员组织"，课堂教学的"心理组织"可以通过身体语言调控策略和张弛调节策略来实现。

美国学者卡琳·勒兰德和基思·贝利的研究表明，当人们面对面交流时，从他人那里获取信息的过程中，有55%的信息来自对方的身体语言，38%的信息来自对方说话的语气，7%的信息来自对方的口头语言（邱国旺等，2000）。因此从某种意义上说，课堂中的非言语交流也许比言语交流为重要，而课堂中非言语交流主要通过身体语言实现的，包括面部表情（facial expression）、目光接触（eye contact）、手势（gesture）、姿势（postures）、触摸行为（touch behavior）等。一个人的身体语言在交际过程中起着非常重要的作用，它可以传递当事人的信息，表达当事人的情感。如当教师走进教室时，给全班同学一种亲切的、职业性的环视可以让学生增强对教师的信任感，使课程有一个良好的开端。一个人的姿势能够反映出他的参与程度和对某信息的反馈程度。例如在课堂上，如果学生们都向前微倾，眼睛注视着教师，这表明他们在仔细倾听，并且想从教师那儿获取更多信息。但是，如果学生们的坐势比较懒散，而且还抖着腿，这表明他时听时不听，或是听不听都无所谓。如果学生趴在桌子上，则表明他对课堂内容不感兴趣。教师应该根据学生身体语言所反映出的信息，及时调整自己的课堂行为。另一方面，在高校英语课堂教学中，教师的语言主要用来传达教学内容的信息，而对学生学习心理和学习情绪的影响、对课堂气氛的调节大多由教师的身体语言来承担。因此英语教师在课堂上必须充分发挥身体语言的积极作用，与学生进行信息和情感的沟通，通过无声语言的运用影响学生的情绪和心理，发挥目光和手势的期待、鼓励、赞许、提示等作用，使全体学生都处于一种感受到自己被关注和重视的积极心理氛围之中，从而创设和谐的课堂心理气氛，增强学生参与课堂活动的积极性。

实施身体语言调控策略时应注意以下几点。首先，身体语言调控策略应从两方面发挥其积极作用。一方面教师应该善于识别学生的各种体态语言，根据学生身体语言所反映出来的信息，及时调整自己的课堂行为。另一方面教师应懂得"身教重于言教"的重要性，有效运用各种肢体语言和目光接触来传情达意，促进师生交流，充分发挥目光和手势的期待、鼓励、赞许、提示等作用。其次，在座位编排上应采用更有利于师生之间交流的形式。教师在授课过程中身处教室的中心，与所有学生的距离几乎相同，有利于教师发挥身体语言的积极作用。最后，在表情交流对象的选择上，要做到全面性和选择性相结合的特点，既要面向学生全体，与全班学生进行普遍交流，又要特别照顾性格内向学习成绩差的学生，调动他们参与教学活动的积极性。

（五）张弛调节策略

美国人本主义心理学家罗杰斯（1994）倡导"心理安全"和"心理自由"，他认为课堂上民主、和谐、宽松的教学氛围才能使学生产生心理安全感和心理自由感。日本学者片冈德雄的研究也发现，课堂上的气氛有两大类："支持型气氛"和"防卫型气氛"。"支持型气氛"不但有利于消除个体的紧张情绪，也有助于个体的认知水平的提高，而"防卫型气氛"则会使集体成员处于不安状态。与焦虑情绪有关的研究也证实，课堂气氛越是紧张，个体的焦虑情绪越容易被引发，认知水平会在一定程度上降低。课堂焦虑已经成为妨碍学生参与课堂活动的第二大因素。因此怎样给学生创设一个"心理安全"和"心理自由"的课堂氛围，这是每一个高校英语教师必须要面对的问题，这也正是强调张弛策略的原因所在。

一般来说，不同的课堂活动形式会给学习者带来不同的心理感受，如竞赛、评比会让学生紧张；新课和课堂练习讲解容易使一部分学生分散注意力等。因此张弛调节策略要求教师在课堂教学中，注意激发和调控课堂气氛，使不同的课堂气氛，如紧张气氛、轻松气氛、欢快气氛等有节奏地交替转换，并与不同的认知活动相对应，从而使学生在课堂上处于有张有弛的良好心理状态，达到减轻焦虑和提高注意力的双重效果。在课堂教学中，教师可以将讲授新课、课堂练习与略为紧张的氛围结合，将集体竞赛、评比与轻松、有趣的氛围相结合，将小组讨论与平静的氛围相结合等。随着一节课中不同认知活动的交替，课堂氛围也交替转换。

教师在实施张弛策略时应注意以下几点。第一，教师应在一个课时中安排多种课堂活动组织形式，如既有较容易掌握的语言知识，又有需要思考的话题讨论；既有上新课，又有复习检查；既有个人或小组间的竞赛，又有竞赛后的总结评比等。第二，为每一种不同的活动形式设计一种相应的情绪氛围，如个体以及小组竞赛对应紧张；上新课对应好奇；学生查找资料展示对应有趣；总结评比对应轻松等。第三，在课堂教学中当某种活动方式进行时，教师应运用情绪化的、有感染力的语言、表情、动作等激发出相应的情绪氛围，并随课堂活动形式的改变而改变。

二、情感性课堂教学组织形式在高校英语教学中的运用

教师在高校英语教学过程中对教学组织形式的情感性处理可以采用五种策略。一是灵活分组策略。为了改变传统学生座位编排、师生交往方式和生生交往方式等方面比较单一、缺少变化的弊端，在学生自愿的基础上，教师可以将学生按学业水平、能力、个性等方面的差异分成若干小组，通过促进师生、生生充分交流来增强学生学习的自主性，活跃课堂气氛。二是角色转换策略。为了改变教师始终是站在讲台上讲，学生始终是坐在台下听的单一的传统师生角色模式，教师在授课时应注意师生角色在一定时间内进行"转换"，即让学生在一定程度上"代替"教师的角色，以充分调动学生参与课堂教学的主动性，活跃课堂气氛，使学生在情感和认知两方面都得到提高。三是灵活改变课堂讨论形式策略。为了改变传统的"教师讲，学生听"的单调的课堂组织形式，教师在课堂上应灵活运用多种讨论方式，让学生在一种轻松、祥和的氛围中参与课堂活动，激发学生学习兴趣，从而提高教学效果。四是身体语言调控策略。教师授课时应注意运用肢体语言和目光接触促进师生交流，发挥目光和手势的期待、鼓励、赞许、提示等作用，使全体学生都处于一种感受到自己被关注和重视的积极心理氛围之中。五是张弛调节策略。教师应从优化教学组织形式入手，利用学习新课、做练习、讨论等不同教学形式来创造不同的课堂气氛，使学生自始至终都保持注意力集中，从而提高英语学习效果。

为了检验以上五种策略在高校英语实际教学过程中的可行性和有效性，拟以《21世纪大学英语》第二册 Unit Five Text A Holding onto a dream 为例，以具体的教学案例说明如何在高校英语教学实际中有效运用以上五种策略激发学生学习兴趣，提高高校英语教学效果。

21st Century College English Book II

Unit Five Text A Hold onto a dream

1.学习目标（Learning objectives）

（1）认知目标（Cognative objectives）

①Master the key language points，grammatical structures and useful expressions in the text.

②Conduct a serious of reading，listening，speaking and writing activities related to the text.

（2）情感目标（Affective objectives）

Learn how to face and deal with difficulties in life.

2. 热身活动（Warm-up activities）

Questions

①Do you have any dream？ If"yes"，what is it？

②Do（did）you have any difficulties in realizing your dream？ How will（did）you overcome them？

每个人都有自己的梦想，对大学生来说更是如此。因此"梦想"这个话题能够让学生觉得有话可说，容易激起他们的参与热情。两个问题可以采用不同的讨论方式。第一个问题可以采用学生上台演讲的方式进行。教师应通过各种方式创设一种轻松的氛围，如学生演讲时可以播放背景音乐（注意音量的控制）。同时教师应充分发挥身体语言的作用，通过赞许、肯定的眼神给学生以鼓励。最后可以让全班同学参与评选，评出不同级别的奖项，并给予适当形式的奖励。第二个问题可以通过自由式发言的方式进行。教师应给学生一定的准备时间，如在正式发言前可以先让学生和各自的同桌交换意见。在学生自由发言结束后，全班同学可以就他在实现自己梦想过程中面临的一些困难进一步提问，也可以给他提供一些克服困难的建议。通过该活动，同学们不仅锻炼了口语，而且在用英语交际的过程中也增强了同学之间的情感。

3. 阅读中的任务（While-reading tasks）

（1）回答问题（Questions to answer）

①What was Priscilla's dream？

②Did she run into any difficulties in trying to realize her dream？

③How did she over come the difficulties and realize her dream？

第一部分的两个问题的导入式讨论结束后，很自然就过渡到课文的内容。这三个问题可以通过在灵活分组的基础上以小组讨论的方式进行。分组应遵循"优差兼有，个性各异，自由组合与教师分配相结合"的原则。小组讨论结束后可以选派一名代表上台发言，开展小组竞争和个人竞争。最后进行小组表现、个人表现的评比。当然教师应帮助学生确立一些评比的规则和内容，如哪个小组焦点词汇用得最多，哪位学生代表发言最流利等。根据评比结果给予某种形式的奖励。当然这部分练习也可以采用另一种形式进行。这三个问题其实组成了一个完整的故事。因此首先教师可以以课后作业的形式让每个小组下课准备，通过小组成员的合作，每个小组以书面的形式把这个故事写下来。然后拿掉一些关键词汇，通过多媒体展现在屏幕上，让另一个小组填空。小组之间通过相互设计问题、解决问题来达到学习英语的目的。

（2）文章结构（Structure of the text）

通过回答上面的三个问题，学生已经对整篇文章的结构层次有了大概的了解。教师可以设计如下表格，让全班同学一起完成。

Para. 1	
Para.2	
Paras.3~7	
Para.8	
Paras. 9~ 11	
Para. 12	

这部分要求学生用一、两句话概括出表格中相应段落的主要内容。以学生自由发言和教师随意点名的方式进行。

（3）学习新单词和词组（New words and phrases study）

①prospective　②eligible　③minimum　④clam

⑤postpone　⑥employment　⑦sponsor　⑧ultimately

⑨enroll　⑩priority　⑪prior　⑫distraction

⑬hold onto　⑭come up with　⑮get by　⑯sign up for

⑰make ends meet　⑱as of　⑲stay up　⑳throw oneself into

㉑get put down.

词汇的学习形式应该多样化。教师应该不断变化教学模式才能让学生保持学习英语的兴趣。词汇教学可以采取上文提到的学生主动参与的形式进行，也可以采用游戏的方式进行。例如学生经常反映教材词汇量太大，很难记住。针对这一问题，笔者采用了根据意思猜词语的游戏，收到了良好的效果。具体操作方法如下。

第一步，告诉学生必须要掌握的焦点词汇。

第二步，让学生对这些焦点词汇进行自主学习，教师给予必要的指导。

第三步，课堂上进行猜单词游戏。

挑选两个学生到台前，一个面向多媒体屏幕，一个面向全班同学。教师利用多媒体教学设备，把焦点词汇根据班级人数分成几组。屏幕上每次跳出一个单词，面向屏幕的学生必须用英语解释，解释过程中不能出现与屏幕上的词相关的其他词性的词。面向全班同学的学生必须根据另一个同学的英文解释给出相应的单词。如果班级人数较多，一次可以上来四个同学，两个解释，两个猜。通过相互合作完成任务。通过该游戏，不仅培养了学生自主学习的能力，学生对所学单词的记忆时间大大延长，而且在很大程度上活跃了课堂气氛。

（4）语法重点（Grammar focus）

①if only & only if

"Only if" is used to describe a condition, while if only is used to express a wish, desire or pity.

I will come ___nothing is said to the press.

___I had enough money to buy a house of my own!

He agreed to do it___you kept his secret. She could have lived a little longer!

②V–ing phrases–nominal and adverbial

V–ing phrases are normally placed in two categories: nominal and adverbial. The nominal v–ing phrase usually occurs in the positions of subject, direct object, predicative, appositive, prepositional object, etc.The adverbial v–ing phrases are used in place of adverbial clauses to express time relationship, cause or reason, circumstances, etc.

Seeing is believing.

I'm tired of being treated like a child.

Seeing that the weather has improved, we shall be able to enjoy our game.

Living in the country, we had few social engagements.

这一部分可以采用老师讲解为主，学生完成课堂练习的形式进行。过多口头式的讨论、竞赛评比容易使学生产生紧张、焦虑的情绪。教师可以将口头发言、集体竞赛、评比等容易产生紧张情绪的活动和语法讲解、课堂练习等较为放松的活动相结合。因此教师在课堂教学中，应注意激发和调控课堂气氛，使不同的课堂气氛，如紧张气氛、轻松气氛、欢快气氛等有节奏地交替转换，并与不同的认知活动相对应，从而使学生在课堂上处于有张有弛的良好心理状态，达到减轻焦虑和提高注意力的双重效果。

4. 阅读后活动（After reading activity）

How do Chinese college students pay their tuition fees ?

Parents；loan with low interest；financial support from relatives and friends；financial suppor from society；part–time job

无力支付昂贵的学费是课文中主人公遇到的问题之一。面对同样的问题，在不同的国家有不同的处理方法。结合文章内容，教师可以补充一些相关背景信息。中国大学生如果遇到同样的问题，有哪些处理办法呢？该环节可以完全让学生来完成，教师只起指导、提供咨询的作用。

第一步，挑选一到两名同学到台前组织讨论，暂时充当教师的角色。

第二步，教师可以在黑板上列出一些关键词汇，为学生提供必要的提示和帮助。

第三步，同学们可以自由发言，也可以先小组讨论，再自由发言（由主持讨论的学生确定）。

第四步，将讨论的主要结果罗列在黑板上，并随意点名询问班里一些同学支付学费的方式。

第四节　高校线上英语教学组织的教师情感投入处理策略及运用

学习组织与管理是影响在线学习投入水平的关键因素，也是在线学习的重要组成部分。本研究的学习组织与管理主要体现在学习内容和任务、学习情境、学习资源、情感交互。

一、合理设置学习内容和任务

当前线上教学关于学习任务与学习内容的安排，多半学习者认为设置不合理。此外，大部分受访者表示并不清楚在线学习课程的主要任务。因此，可通过合理设置在线学习内容和任务来提升学习者投入水平，提出以下建议。

一是教学内容的设置应符合学习者学习水平。在开始正式线上教学之前可进行诊断性测试，根据"最近发展区"理论，了解学习者的现阶段学习水平，并为学习者设置有难度但可完成的学习内容。

二是学习任务应结合学习者实际情况进行安排和调节。调查期间有受访者表示"课程太多空余时间少，但线上任务又很多，很难完成"。由此可知，学习任务的安排应结合学习者的空闲时间、学习水平、内容难度等情况。

二、增强学习情境的真实性

关于线上教学的学习情境，绝大多数的学习者认为线上教学并不具有真实的学习情境。此外，有受访者表示线上学习没有线下真实，缺少学习氛围，会影响到学习者投入水平。根据情境认知学习理论可知，学习情境至关重要，知识与情境活动之间有着密切的联系，学习的重点应该放在学习者的学习投入上。因此，可通过增强学习情境的真实性来提升学习者投入水平，提出以下建议。

一是增强学习者的线上教学参与感。教师作为教学活动的组织者可通过组织线上学习活动来引导学生参与进来。如组织线上讨论，邀请同学分享感想等。

二是保证教学过程的完整性。线上教学应像线下教学一样，具有完整的教学过程，尽可能还原线下教学的完整性和真实性。

三是借助大数据创设真实情景。通过平台优化设计和技术处理来增强学习者的真实感触，营造良好的学习氛围。

四是与生活实际相结合。教学者在进行教学活动时可将教学任务和生活实际结合起来，在一定程度上可增强真实性，学习者可充分利用所学知识来联系实际生活，学以致用。

三、提升线上学习资源的数量和质量

关于线上教学的学习资源，部分学习者认为线上学习资源并不能满足学习需求。此外，有受访者表示学习资源数量虽多，但是质量不行，也有受访者表示线上学习资源不实用。根据行为主义学习理论的代表人物班杜拉提出的社会学习理论可知，学习行为分为间接学习和直接学习，而在线学习资源的数量和质量将直接影响学习者间接学习的投入水平。因此，可通过提升在线学习资源的数量和质量来提升在线学习者的投入水平，并提出以下建议。

一是丰富线上学习资源学科的覆盖面。线上学习资源可尽可能全面地覆盖多学科，以满足不同专业线上学习者的学习需求。

二是利用奖惩机制提升线上学习资源质量。针对线上学习资源鱼龙混杂的局面，学校或平台可通过设置评分系统来进行学习者调查，对优秀课程给予奖励，对差的课程给予惩罚，以提升在线学习资源的质量。

三是设置针对学习资源的在线论坛。在线学习者可在论坛发表意见，同时针对缺乏的资源，线上学习者也可以互相交流补充。

四是增强线上学习资源的实用性，可征求学习者意见或优化评分机制。

四、加强师生和生生之间的线上情感交互

关于线上教学的师生情感交流状况，学习者认为与教师情感交流匮乏。根据关联主义学习理论可知，学习者或师生之间的交互行为对知识网络的扩展意义重大，对学习者的学习性投入也有影响。因此，可通过加强线上情感交互来提升线上学习性投入水平，并提出以下建议。

一是增加反馈的及时性和有效性。首先是在教学过程中注重对学习者反馈的及时性，能够给予学习者充分的安全感和深入学习的勇气，及时解决疑难问题。其次是丰富反馈的方式，可以通过文字、语音、视频、图表等多种形式反馈，从而增强学习者

交流的兴趣和深入学习的意愿。

二是平台应设置专门的交流论坛。设置专门的学习交流论坛以供师生和生生之间交流，减少在线学习者的孤独感，增强学习真实感，加强学习氛围。

三是借助第三方工具进行线上交流讨论，如微信、微博客户端。通过各种方式增加师生和生生之间的交流渠道，加强线上情感交互。

第七章　高校英语教学环境的教师情感投入处理策略

任何教学活动都是在一定的外围环境中进行的。环境条件对学习的影响不可低估。语言学习所在的宏观教育环境、微观课堂物质环境和人际环境对个体的学习会产生深刻的影响。社会和临床心理学家布朗芬布伦纳（U.Bronfenbrenner）指出，考察人的发展必须考虑他周围的环境系统（见 Williams&Burden，1997）。首先是微观系统（microsystem），它包括对学习者成长影响最直接的人际关系，如父母、教师、伙伴等；其次是中间系统（mesosystem），它包括范围较广的一些对学习者成长有重要影响的人际关系；然后是生态系统（ecosystem），即学习者与周围其他人的人际关系；最后是宏观系统（macrosystem），即整个社会文化环境，它是通过正规的课程内容或非正式的社会风气对学习者产生影响。因此如何认识、营造、利用和调控学生的学习环境是高校英语教师教学过程中的主要任务之一。

第一节　教学环境的相关研究

一、教学环境理论的形成与发展

对教学环境的相关研究发端于 20 世纪 30 年代，心理学家勒温（K. Lewin）将物理学中"场"的概念移植到心理学领域，研究人在心理场中的行为特点，由此拉开了环境研究的序幕。20 世纪六七十年代，美国、加拿大、澳大利亚等国的一些教育研究人员开始借用物理学、环境学、生物学和教育技术学的一些手段，从实证的角度研究学校内部的各种物理环境因素，如教学空间的形状、大小、光线、色彩、温度、声音和气味等对学生学习行为的影响。其中比较著名的研究有美国密西根大学主持的历时六年（1959~1965）之久，由数十位教学论、心理学、社会学、环境学等方面专家参与的大型课题"学校环境研究"（School Environments Research，简称 SER），着重对学校物理环境与学生学习行为的关系进行较为系统的实证研究，客观地证实了教学环境中的各种物理因素对教学活动以及学生学习过程中的认识行为和情感的重要影响。

进入 20 世纪 70 年代中期，研究人员在继续注重物理环境因素实证研究的同时，进一步将学校内部的各种心理环境因素，如师生关系、校风班风、群体规范、课堂气氛、课堂座位编排方式和班级规模等对学生行为、学生课堂心理感受、教学效果的影响，从而大大拓宽了教学环境这一研究领域的广度和深度。一批专家学者以其卓越的研究成果得到国际社会的承认，成为教学环境研究领域的国际性权威人士，如澳大利亚的弗雷译（B.J.Fraser）和美国的沃尔伯格（H.J. Walberg）都因各自在教学环境研究中的杰出贡献而逐渐成为这一领域的学术带头人。在研究手段方面，一批科学性较强的测量工具如学习环境调查表（Learning Environment Inventory）、课堂环境量表（Classroom Environment Scale）、教师互动问卷（THE Questionaire on Teacher Interaction）和个人化课堂环境问卷（Individualized Classroom Environment Questionaire）等逐渐问世，为教学环境的进一步研究提供了有效的测评手段，获取了一些调查结论。如"教师互动问卷"（QTI）是用来测评师生关系的工具之一，它考察八个方面的教师行为，即领导、帮助、友谊理解、学生自由度等。调查显示，教师人际关系行为是影响学生认知和情感的重要因素。学习环境调查表（LEI）、课堂环境量表（CES）、个人化课堂环境问卷（ICEQ）等调查研究都是为了了解学生对课堂气氛的感受。调查表明，学生对课堂气氛的正面感受对学习成绩和学习态度有积极影响。采用 ICEQ 的调查还能测出学生实际感受到的课堂环境与他所希望的课堂环境之间的差距，二者越接近，学生对学习的满意度越高，反之就越不满意。在研究成果方面，沃尔伯格主编的《教育环境及其影响》（*Educational Environments and Effects：Evaluation，Policy and Productivity*，1979）和弗雷译撰写的《课堂环境》（*Classroom Environment*，1986）等书相继出版。到了 20 世纪 80 年代末，教学环境研究已经成为世界范围的热门话题。

在我国直到 20 世纪 80 年代才开始出现对教学环境的一般性研究。我国著名教育家李秉德教授倡导要对教学环境进行研究，他在 1989 年著文讨论教学活动的要素时指出："有一个常被人们忽略的教学因素，那就是教学环境。任何教学活动都必须在一定的时空条件下进行。这一定的时空条件就是有形和无形的特定教学环境"。在他随后主编出版的全国高校文科教材《教学论》一书中，他进一步阐述了教学环境的重要性，设专章论述了教学环境的概念、内容、功能和调控教学环境的基本原则。1996年江西教育出版社出版了田慧生教授撰写的《教学环境论》一书，对教学环境问题作了较为系统的分析。这些初步的研究成果标志着教学环境理论的研究工作在我国已经起步。

二、教学环境的内涵

迄今为止，对于教学环境内涵的界定依然存在分歧，研究者们尚未形成较为一致的意见。例如教学环境问题专家、澳大利亚学者弗雷译认为教学环境是由课堂空间、课堂师生人际关系、课堂生活质量和课堂社会气氛构成的课堂生活情境（Fraser，1986）。这种理解把教学环境等同于课堂环境，当然不可否认，课堂环境是教学环境最重要的组成部分。美国教育技术学家克内克（Knirk）曾经指出，教学环境是由学校建筑、课堂、图书馆、实验室、操场以及家庭中的学习区域所组成的学习场所（Knirk，1979）。他把教学环境的范围拓展了，但只局限于物理环境，忽视了心理因素的作用。另有一种观点只强调心理因素的界定，如心理学家霍利（Hawley）认为教学环境是一种能够激发学生创造性思维的温暖而安全的班级气氛。

对于教学环境的划分也存在不同看法。有的将教学环境分为学校环境和班级环境，有的将教学环境分为社会、物理和智力三个部分。教学环境研究专家邓肯（Dunkin）将教学环境分为物理环境（physical environment）和心理环境（psychlogical environment）两大类。物理环境是指围绕教学活动存在的由物质条件构成的因素总和，心理环境是指围绕教学活动存在的由心理条件构成的因素的总和（Dunkin，1987）。在学校中，构成教学物理环境的要素主要指自然条件、教学设施以及活动空间等。构成教学心理环境的要素主要指个体心理因素舆论信息人际关系以及教学气氛等。本书采用这种分类法。

具体地说，教学环境中的物理环境按照影响途径的不同可以分为以下几个方面。

（一）视觉环境

主要指教室内外的可被视觉感受到的客观刺激。主要包括以下几个方面。

（1）校园布局：指校园中的建筑、道路、绿化、运动场地等的情况与分布，特别是校园的绿化和卫生。

（2）教室布局：主要指课桌的排放形式。最常见的主要有"秧苗形"和"马蹄形"两种。秧苗形排放即传统的排放方式，在教室的矩形空间内作剧场式的前后左右对齐的排放。马蹄形排放是以讲台为中心，呈"U"字形的排放。不同的教室布局会使学生产生不同的视觉效果和交流形式，从而产生不同的心理效应，对教学产生不同的影响。

（3）教室色彩：指教室的墙壁、地面课桌椅等的颜色以及总体的主色调。不同性质的色调也会对高校英语教学中教师和学生的意识水平和心境产生影响。

（4）教室布置：指教室中人为布置的标语墙报饰物等。有的可以在教学中起到警示作用，有的则为了营造一种"教室文化"的氛围。

（5）教室光线：指教室光线的强弱与分布。光线的强弱会通过对视觉系统的刺激影响人的心理。另外，不同的教学活动对光线的强弱也有不同的要求。随着多媒体技术在课堂教学中的广泛运用，对教室光线的要求也越来越高。

（二）听觉环境

主要是指教学过程中可被听觉感受到的客观刺激。根据与教学效果的关系，听觉环境可以分为信号音和噪音。信号音是指教学过程中用来传递教学内容的声音，如教师讲授的声音、多媒体教具发出的声音等。而噪音则是与教学活动无关的声音。信号音的大小与变化会对学生的心理与注意水平产生影响，如充满激情、抑扬顿挫的声音可以吸引并延长学生的注意力，而平淡、缺乏激情的声音则容易使学生的注意力分散。

（三）触觉环境

主要是指教学过程中可被触觉感受到的客观刺激，主要是指学生对课桌椅的触觉。

课桌椅是否适合人体的高度、其稳定性是否良好等都会影响学生在教学活动中的舒适感受，从而对其注意力产生影响。与物理环境相比，教学环境中的心理环境更为复杂，主要包括以下几个方面。

（1）人际关系。课堂教学中的人际关系可分为师生关系和生生关系。

第一，师生关系。它是课堂教学中经常发生作用的人际关系，师生关系的不同形式和特点会影响教学的进程和效果，它是构成心理环境的决定性因素之一。

第二，生生关系。在学校生活中，学生之间在相互交往中形成了各种各样的人际关系，并在此基础上形成同龄伙伴的群体。在学校教学中，同学之间的交往无论在交往的时间上还是在交往内容的深度和广度上都远远超过师生之间的交往。因此，生生关系同师生关系一样，在心理环境的形成中扮演重要的作用。

（2）班风，即班级的风气。

它包括在班级中占主导地位的舆论导向、善恶观念与行为方式等。根据对班级目标的影响，可分为良好班风与不良班风。良好班风的表现为纪律严谨、人际关系融洽、班级成员目标一致、正确的舆论导向占主导地位，而不良的班风则表现为秩序混乱、人际关系紧张、成员目标不一致。显然，班风通过教学秩序和成员的行为对教学效果的影响是很大的。

（3）课堂心理气氛。

它是指在课堂教学环境中大多数成员的主导情绪气氛的总和。课堂心理气氛是班级背景中人际关系、情感体验等特征在课堂中的综合表现，并在个体中以心理感受的形式存在，如轻松、温暖、亲和、焦虑、压抑等。在一个具有良好的课堂心理气氛的班级中，多数成员在教学过程中相互信任，讨论问题时能畅所欲言，对班级有责任感、归属感和依恋感。而课堂心理气氛差的班级则表现为课堂气氛沉闷、成员之间交流少，以及感情淡漠。课堂心理气氛作为课堂教学发生的直接的心理背景，影响课堂教学过程中班级成员的心境状况，并进而影响学生学习效果。教师的人际交往行为构成了课堂心理环境的一部分。

如前所述，与物理环境相比教学环境中的心理环境更为复杂，它对教师能否创设和谐的高校英语教学环境起着决定性的作用。而要创设良好的心理环境，关键在于能否建立和谐的师生关系和生生关系。教师应加强自身修养，使学生产生崇敬和乐于接近的心理。通过建立民主型的师生人际关系，使学生对教师产生认同和依恋，同时正确引导学生间的竞争与合作，本着以合作为基础，在合作的基础上开展竞争的原则来处理竞争与合作的关系。良好的师生关系、生生关系一旦建立，对良好的班风和和谐课堂氛围的形成将起着极大的促进作用。

第二节　高校英语情感化教学环境的提出

高校英语教学环境情感性处理的提出基于以下两个原因：首先，我国关于教学环境的系统研究并未真正进入课堂教学领域，只是在国内出版的教育心理学类书中有所提及；其次，从情感维度论述高校英语教学环境对高校英语教学效果的影响更是一块空白。很多的高校英语教师并未意识到教学环境对高校英语教学效果产生的显著作用。

影响高校英语教学效果的因素错综复杂。从目前的高校英语教学现状以及教师关注的重点来看，教学环境对高校英语教学效果的影响没有得到应有的重视。教学环境的相关研究发现，教学环境是课堂教学赖以进行的基本条件之一，教学环境与教学活动诸要素都有密切的联系。教学方法的选择、教学手段的运用、教学组织形式的安排，教学模式与教学策略的确定，课堂信息的交流与传递，师生课堂交往的形式以及教学活动的程序、进度和效果，都直接或间接受各种环境因素的影响。

有关研究证明，教学空间特性（包括空间大小、形状、空间的封闭或开放程度以及空间调整组合的灵活程度等）的改变，教室内温度、色彩照明以及师生关系、班级规模、课堂座位编排方式和课堂心理气氛等环境因素的变化都会对教学活动的效果产生显著的影响。大量的研究发现，教学环境对学生学习过程中的认知、情感、动机、行为乃至学习成绩有着十分明显的影响。学生的课堂行为表现与教室的色彩、温度、班级人数、座位编排方式等环境因素有着密切的联系。例如，有关研究证实，教室墙壁和课桌椅的色彩过于强烈和鲜艳，容易使学生分散注意力。教室内温度过高，容易使学生烦躁不安。班级规模过大，人数过多，学生的课堂行为也会发生一系列的变化。又如，在其他条件相同的情况下，班风的改善可以有效提高学生的学习成绩（田慧生，1995）。

　　然而在高校英语教学中，许多英语教师并未意识到教学环境对教学效果的诸多作用，这可以从他们对教学环境的关注程度反映出来。首先，从物理环境方面来看，许多教师忽视了教室布置、课桌排放方式、上课讲授音调等对学生学习的影响。例如，高校英语教师一般不会在教室布置上花工夫，而课桌的排放基本上是一成不变的"秧苗形"，这不利于教师开展多种形式的课堂活动。有些教师上课音调平淡、缺乏变化，这容易影响学生的注意程度和注意对象从而影响学习。其次，从心理环境方面来看，高校英语教学中目前的师生关系令人担忧，许多教师片面注重语言知识的输入，忽视学生的情感需要，缺乏与学生的交往、沟通。对学生的英语学习状况、性格特征缺乏必要的了解，师生之间普遍存在一种距离感、冷漠感。对于生生关系，许多英语教师也缺乏必要的了解和引导，竞争常常成为英语教师督促学生学习的主要手段，出现学生过度热衷于比成绩、比名次的现象，使一些学生常常处于焦虑、紧张的状态，甚至会导致一些同学关系紧张。不良的师生关系、生生关系导致不和谐的课堂心理气氛。师生关系过于紧张，有些学生上课会出现压抑或抗拒情绪，拒绝与教师合作。师生关系过于冷漠，容易使学生处于一种消极、麻木的心理状态，上课既不紧张，也不愉快。高校英语课堂中处于该种心理状态的学生比例较高。不良的生生关系使同学之间缺乏信任，影响学生之间的课堂合作，影响教学效果。因此如何从物理环境和心理环境两个方面最大限度优化高校英语教学环境已经成为高校英语教师必须面对并努力解决的一个问题。

第三节　高校传统英语教学环境的教师情感投入处理策略及运用

一、高校英语教学环境的情感性处理的策略

高校英语教学环境的情感性处理是指英语教师从情感维度对教学环境进行优化处

理，使其在高校英语教学过程中充分发挥积极作用。对高校英语教学环境的情感性处理主要从物理环境和心理环境两个方面进行。需要指出的是，在教学环境中，与物相比，人是主要因素，由人所构成的环境因素远比由物构成的环境因素生动得多、复杂得多。就高校英语教学来说，师生关系和生生关系是左右高校英语教学环境最重要的因素。因此，针对师生关系和生生关系的情感性处理是优化高校英语教学环境的主要途径。德国心理学家勒温曾经提出一个著名的行为公式，即：B=f（PE），其中 B 代表行为，f 代表函数，P 代表人，E 代表环境，即行为是人和环境的函数，行为随人和环境这两个因素的变化而变化。这里的环境并非指客观地理环境和社会环境，而是指一个人的"心理环境"，它包括对个体有影响的一切实事。环境会对人的行为产生决定性的作用。因此，对高校英语教学环境的情感性处理会使学生的行为产生一系列变化。第一，情感性的物理环境有助于提高学生课堂的注意程度，产生轻松、舒适的情感体验。教学环境研究的一些实验发现，环境中的光线、噪音、温度都可不同程度地影响学生的学习成绩。第二，高校英语教学环境的情感性处理，特别是良好师生关系的建立，有助于调动学生学习英语的积极性。这主要表现在三个方面：一是良好的师生关系可以使学生在与教师交往的过程中获得对教师的热爱、尊敬甚至崇拜等积极的情感，而这些积极的情感是学生在学习过程中的动力之一；二是教师对学生的信任、期待、热爱与关注会自觉或不自觉地通过语言、行动、态度等表现出来，而学生一旦感受到这种热爱与期待，就会对他们的学习产生巨大的推动作用；三是由于移情作用，学生对某位教师的热爱与尊敬会泛化到他所教的学科上，并对这一学科表现出极大的兴趣并努力取得好成绩。第三，高校英语教学环境的情感性处理有助于认知的内化，强化学生的学习效果。心理学研究发现，一个人接受他人言行时的情绪状态如何，与他人的情感关系如何都会影响一个人对他人言行的接受程度。当热爱、尊重、信任、期待、轻松、愉快等积极情绪体验发挥作用时，有利于学生对所学内容的接受和内化，提高学习效果。第四，教学环境的情感性处理有利于创设和谐的高校英语课堂心理氛围。教师对学生的关注、理解与期待，学生对教师的热爱与尊重以及学生之间的友爱、信任与合作无疑有利于和谐课堂氛围的形成，使学生在轻松、愉快的课堂氛围中参与学习。第五，高校英语教学环境的情感性处理有利于学生的身心发展。研究表明，教学环境中的人际关系是主导学生心理健康状态的主要环境因素。良好的师生关系和生生关系可以有效增强学生适应环境的能力，保持良好的心境和平稳的情绪，形成活泼开朗、积极进取的性格。相反，在缺乏关注、尊重、友爱和理解的人际环境中，学生容易形成抑郁、孤独、自卑冷漠、猜疑等一些不良心态，对学生的学习产生消极的影响。因此，创设一种情感性的教学环境是促进学生心理健康的一种有效手段。

　　教学环境主要包括物理环境和心理环境，因此高校英语教学环境的情感性处理主要是针对如何优化处理物理环境和心理环境两方面内容进行构建的。涉及优化物理环境的策略主要是创设积极氛围策略，涉及优化心理环境的策略主要有竞争合作策略、期待激励策略和良性积累策略。

（一）创设积极氛围策略

它适用于优化物理环境，指在教学活动中通过积极驾驭物质资源，营造融洽的有利于高校英语教学的课堂心理氛围。首先，教师要利用环境中的物理条件为高校英语教学营造积极的课堂心理氛围。教学中的物理环境因素包括教室场地、光线温度、色彩、声音、空间距离等，它不但是一种条件因素，更是一种影响因素。离开物理环境，教学便不能进行。不同的物理因素的组合，可以产生不同的影响力。比如色彩的冷暖、光线的明暗、声音的高低等，其不同的组合会唤起不同的心理感受。因此，英语教师的首要任务是精心设计高校英语教学的物理环境，让学生产生舒适的心理感受，为调动学生的学习积极性提供可能。其次，要灵活利用空间距离关系，为营造课堂气氛创造条件。涉及空间距离的因素，主要指座位的安排形式、课堂场地的大小及形状、教师的走动路线等等。空间距离会影响课堂的心理氛围，如，常规的秧苗形座位编排形式与自由放置座椅的形式相比，后者气氛活跃得多。可以采用的座位形式主要有：秧苗形、马蹄形、车厢形、自由式、围坐式等等。不同的形式适合于不同的教学方法，比如秧苗形适合于讲授式教学，马蹄形适合于讨论式教学、围坐式适合于辩论式教学。就笔者观察和了解到的现状来看，目前高校英语教学在绝大多数情况下主要采用秧苗形的座位编排形式，这主要跟传统的讲授式高校英语教学形式有关。因此高校英语教师应勇于改变现状，根据学生的特点和需要，采用相应的教学活动形式，按照不同的教学形式，采用灵活多变的座位编排形式，激起学生的新奇感，为学生最大限度地参与课堂活动创造条件。

（二）竞争合作策略

它是指在高校英语教学过程中通过引导学生进行相互间的竞争与合作，营造团结、紧张、奋发图强的心理氛围。竞争与合作是营造良好的教学环境的重要因素，教学环境问题专家沃尔伯格在其主编的《教育环境极其影响》一书中，就强调了竞争、合作的精神对优化班级心理环境的重要作用（Walberg，1979）。竞争的意识和活动有助于激发学生积极向上的学习动力，学生必须不断努力进取才能争得上游。在竞争的过程中，学生被引发的是自我提高的内驱力和附属的内驱力。前者追求成就是为了赢得地位与自尊心，后者是为了获得他人的赞许。竞争意味着有自由度，提供凭借能力获得成功的机会。在高校英语教学中属于竞争机制的活动方式很多，教师要善于发现和利用。例如，讨论式教学就是一种可提供竞争机会的方式。在讨论中，教师要鼓励学生表现自己观点的能力。但是，竞争会使一部分学生产生过多的压力进而产生焦虑感甚至丧失学习的信心，而且频繁的竞争会使学生间失去信任感，使班级集体出现紧张、不安等消极气氛。因此，必须强调竞争与合作相结合，学生之间不仅要提倡竞争，还需提倡互助合作。学习者得到更多的积极反馈和帮助，从而激发更高的学习动机（Crandall，1999）。笔者认为，目前的高校英语教学过多强调学生间竞争，忽视学生间的相互合作，这可以从英语教师采用的课堂活动形式反映出来。据笔者的了解和学生的反映，目前许多高校英语教师除讲授式之外，主要采用提问回答式的教学方式，造成许多学生的课堂焦虑，影响学生的学习效果。因此，英语教师必须根据不同的教学内容和学生的不同个性特点，灵活运用竞争与合作的策略。

（三）期待激励策略

它是指在高校英语教学活动中通过对学生行为表现肯定和鼓励，营造充满自信、追求成功的心理氛围。给学生以期待和鼓励，有助于学生充分发挥学习潜能，最大限度提高学习效果。教学环境问题研究专家麦克唐纳和伊利亚斯关于教师期望与学生学习成绩关系的实验研究发现，教师期望比性别差异、种族差异对学生学业成绩影响更大。在某种情况下，教师抱有高期待或低期待，会使同一水平上的学生成绩出现一个标准差的浮动（麦克米伦，1989）。罗森塔尔和雅各布森对教师期望的经典研究发现，教师对学生的不同期望会产生不同的行为反应（皮连生，1997），主要表现在四个方面。一是制造心理气氛。教师通过听取和接受学生意见的程度、评价学生的行为反应等，为高期望学生创造亲切的心理氛围，而为低期望学生制造紧张的心理气氛。二是提供反馈。教师通过交往频率、目光注视赞扬和批评等向学生提供不同的反馈。三是向学生输出信息。老师向不同期望的学生提供难度不等、数量不等的学习材料，对问题做出不同程度的说明、解释、提醒或暗示。四是输入信息。教师允许不同期望的学生提问和回答问题的机会、听取学生回答问题的耐心程度等。教师传来的不同期望信息被学生获取后，便进行归因，产生自我认知和自我评价，从而对教师作出不同的行为反应。因此实施期待激励策略，教师应做到以下几点。第一，要让学生相信自己的发展潜能，并感受到教师对他能力的信任。在教学中，对学生潜能表示肯定的方式有很多，一句评语、一次鼓励性的表扬，甚至一个眼神都能让学生感受到。关键是教师必须真诚地关爱自己的学生，认真细致地了解每一个学生，意识到学生之间存在的个别差异。这样教师对学生的评价才能恰如其分，而且会成为推动学生学习的巨大动力。第二，要让学生体验成功，看到自己学习英语的潜能。体验成功是树立和巩固自信心的有效途径，教师应尽可能让学生感受到成功的体验，促使其进一步努力。学习总会既有成功又有不尽如人意的结果，教师要及时强化其成功的体验，并对失败作出鼓励性的分析，肯定其中的积极因素，而不是一味地批评，更不能用刺激的言行挫伤其自尊心。要创造条件让学生体验成功，关键是学习的难度要恰如其分。换句话说，学习的难度要达到使学生在成功时能体验到自己的能力、增强自信，但是又是学生必须经过努力才能够解决的。

（四）良性积累策略

它是指在教学活动中通过师生关系、生生关系及学生个体身上培育、积累人际关系中积极的情感因素，营造良性循环的心理氛围。高校英语教师必须努力和学生形成一种相互关心、相互信任、相互合作、相互尊重的新型师生关系，引导学生之间的一种相互关爱、相互合作的生生关系，为创设和谐的课堂心理氛围提供保障。有些研究者将教师的行为分为教学方法层面（instructional-methodological aspect）和人际交往层面（interpersonal aspect）。前者指教材教学内容的选择、教学方法、教学策略、评价方式等与教学相关的行为。后者关系到创造和维持积极的课堂气氛，这是形成最佳学习气氛的基本要素。教师互动问卷（QTT）从领导关系、帮助／友谊、理解、学生责任、自由度等八个方面考察教师行为。结果发现，教师的人际交往行为对学生的认知和情感产生重要影响。如教师在与学生交往过程中所表现出来的友好理解性的行为有利于形成轻松、和谐的课堂氛围。相反，不满过于严厉等行为则会对课堂氛围带来消极影响。因此在教学过程中，教师应时刻意识到自己的行为对课堂气氛可能会产生的影响。另一方面，情感的形成过程是一种长期积累的过程，自觉的情感活动是在理性的支配下产生的。师生之间、生生之间经过长期积累的积极情感是一种比较稳定的情感，是形成良好教学心理环境的基本因素。

要实施良性积累策略，首先高校英语教师应加强与学生在时空上的交往，积极与学生沟通。相关调查已经证实，师生缺乏交往和沟通已经成为建立和谐师生关系的重大障碍，交往和沟通的长期缺乏形成了一种冷漠的师生关系，学生产生厌烦、麻木的心理状态，这无疑不利于创设和谐的课堂心理氛围。教师与学生的积极交往和沟通，可以增加彼此的相互理解，这是形成积极情感的基础。师生之间的积极交往，还可以给师生关系带来随和、亲近的心理氛围。因此教师切忌对学生不闻不问，这样会疏远师生关系，产生心理鸿沟，情感的良性积累便无从谈起。第二，真诚对待学生，尊重学生。作为一名教师，必须尊重学生的独立人格，设身处地体察学生的心理处境，关心学生学习的细微变化和点滴进步，及时地加以引导、表扬、鼓励，使学生逐渐对教师产生一种亲切感、安全感。教师信任学生，尊重学生，就能唤起他们的自尊心、自信心，激励他们发奋学习，战胜困难，产生强大的内在动力。相反，如果一个教师不信任学生，不尊重学生，尤其在课堂里，哪怕是无意识地用羞辱的语言去刺激学生，其后果是严重的。教师在学生面前，就失去了教育的基础和权力。第三，注意评价方式，保护学生的自尊心。现在的学生都是独生子女，容忍力较差，经不起挫折，更经不起教师的严厉批评，但是他们又非常渴望别人的承认，教师的表扬。在此情况下，教师应避免对学生的心理产生伤害，并尽可能鼓励学生敢于挑战自我。这样才能使学生在教师评价时产生成就感，满意感。学生就会信任教师，乐意讲出自己的观点，想法，有利于师生合作。

上述各种策略相互之间存在内在联系，形成完整的体系。创设积极氛围策略反映的是人与物的关系，竞争合作策略反映的是生生关系，期待鼓励策略和良性积累策略体现的是师生关系。高校英语教学环境情感性处理策略可以用下面的表格（表7-1）概括出来。

表 7-1　高校英语教学环境情感性处理的策略

适用对象	策略名称	内在关系
心理环境	竞争合作	学生与学生
	期待激励	教师与学生
	良性积累	
物理环境	创设积极氛围	人与物

二、教学环境情感性处理策略在高校英语教学中的运用

教师在高校英语教学过程中对教学环境的情感性处理可以采用四种策略。一是创设积极氛围策略。该策略主要是针对如何情感性优化物理环境问题而设计的一种课堂教学策略。教师在英语教学活动中充分利用物理条件，创设具有积极情感氛围的教学空间，使教学活动处于生动活泼的情境之中，提高学生的学习兴趣，激发学习的主动性。二是竞争合作策略。它是指在课堂教学中教师通过开展学生间多种形式的竞争与合作，营造一种团结紧张、你追我赶的积极心理氛围，激发学生的自尊心，提高教学效果。三是期待激励策略。它是指在课堂教学活动中教师应对学生的课堂表现持肯定态度，并让学生感受到这种态度以及教师对其的期望。该策略有助于学生获得成功的体验，并增强学生对学习的自信心和对自己能力的自信心。四是良性积累策略。教师授课时应注意运用肢体语言和目光接触促进师生交流，发挥目光和手势的期待、鼓励、赞许、提示等作用，使全体学生都处于一种感受到自己被关注和重视的积极心理氛围之中。它是指在教学活动中通过师生关系、生生关系及学生个体身上培育、积累人际关系中积极的情感因素，营造良性循环的心理氛围。该策略有助于创设民主、融洽、宽松的学习氛围，激发学生的学习热情，挖掘学生的学习潜力。

为了检验以上四种策略在高校英语实际教学过程中的可行性和有效性，拟以高校英语《21世纪大学英语》第一册 Unit Five Text A The Language of Compromise 为例，以具体的教学案例说明如何在高校英语教学实际中有效运用以上四种策略激发学生学习兴趣，提高高校英语教学效果。

21st Century College English Book Ⅰ

Unit Five Text A The Language of Compromise

1. 学习目标（Learning objectives）

（1）认知目标（Cognative objectives）

①Learn how the couple dealt with conflicts in their life

②Master the key language points，grammatical structures and useful expressions in the text.

③Conduct a serious of reading，listening，speaking and writing activities related to the text.

（2）情感目标（Affective objectives）

Learn how to deal with disagreement in students' daily life.

2. 热身活动（Warm-up activities）

（1）让学生阅读（Ask students to read the following story）

We Have got married for about 5years. For most of the time，we live happily. I seldom quarrel with my husband except when he comes back late in the evening. My husband is very warm-hearted and easy to get along with. So he has a lot of friends，who sometimes invites him to have dinner outside. After dinner，usually they have some recreational activities，such as playing cards or Majiang. In such a case he will not come back until midnight or sometimes even until the next morning.

I'm in the habit of being unable to fall a sleep if my husband does not come back at night. So in that case，I usually keep a wake until he comes back. You can imagine what will happen! A quarrel is unavoidable.

（2）问题（Questions）

①How to deal with such a situation？

②Can you give me some examples to show how your parents settle their disagreement in life？

这是一位英语教师婚姻生活中发生的真实的故事，也是她多年来与丈夫无法解决的一个问题。学生们读了这个简短的故事后，都急于给英语老师提供建议。教师这时可以抓住有利时机，因势利导，组织学生原地改变座位形式，彼此靠拢座椅，适当缩小距离，形成三至四人的讨论交流圈。学生们急欲交流的兴奋情绪，在及时、适度缩小的教学空间中得到合理而尽情地宣泄、满足。各个交流圈内亲切、融洽的情感油然而生，整个教学空间洋溢着轻松、活跃的气氛。

在学生热烈讨论的过程中，教师应经常改变自身的空间位置，巡视于学生交流圈之间给予指导。由于师生之间的空间距离大大缩小，交流的姿态比较轻松，课堂中很自然就弥散着有利于教学进一步深入的亲切随和的气氛。通过该活动，一方面不仅大大丰富了教学内容，活跃了课堂气氛，锻炼了学生说英语的能力，另一方面，学生也学会了在合作中学习。

在讨论第一个问题的基础上，学生们可以恢复原先座位形式就第二个问题进行自由交流。不同的父母处理生活中相互间的矛盾也不同，所以学生们的回答五花八门，每个学生的回答都能吸引大家的注意力。

3. 阅读中的任务（While-reading tasks）

（1）回答问题（Questions to answer）

How did the couple in the text deal with their conflicts in life ?

做完热身讨论之后，很自然就可以和课文内容联系起来。通过对该问题的自由讨论之后，学生对整篇课文的结构层次就有了基本的了解。

Paral：Taking the middle course/giving way a little is a good way to keep out of trouble in marriage.

Paras.2~18：The writer supports the opinion with two examples.

Example one（paras.2~3）：A young couple had different opinion on where to take their holiday and they solved it by compromise.

Example two（Paras.4~18）：Another problem arose.They had disagreement in giving name to their first baby and they solved it again by compromise.

（2）学习新单词和词组（Words and phrases study）

①compromise

②content

③arise（arose，arisen）

④name after

⑤have/with a good/bad/high/low opinion of

词汇学习偶尔也可采用传统的上课形式，特别是当课文中焦点词汇不多时。这样一方面词汇讲解不会花太多时间，学生不会产生厌烦、枯燥感；另一方面学生也可以在一种比较轻松、没有压力的氛围中学习词汇。因此采取何种形式学习词汇，要根据词汇内容、学生上课状态、课堂氛围等因素而定，不能千篇一律、生搬硬套。

（3）角色扮演（Role paly）

①Suppose you are the friends of the young couple and each of you wanted to give your advice about how to name their newborn son. So make a dialogue according to the information of the text（who you are and what is your advice，why）.

②Or your sister had a baby just two days ago and she asked you for advice about how to name the baby. You asked advice from your friend. Make a dialogue.

学生可以自由寻找搭档，任选一题进行对话。通过该练习，学生们可以意识到中西方人名命名的差异。在进行该环节练习时，教师应巡视于学生交流圈之间给予必要的指导（如提示学生中国人取名一般会遵守的原则，在不同时代取名有何差异和变化等），帮助学生充实对话的内容。另一方面教师还应对学生的表现给予及时的鼓励。即使学生的对话不是很流利，内容也不够充实，教师也应该根据具体情况给予及时有针对性的鼓励，激励学生超越自我，相互竞争。要让学生在参与的过程中，体验成功，从而增强自信。

（4）文章中结构和表达的运用（Useful expressions and structures in the text）

Para1：give one piece of advice；stay happily married；give way a little；take the middle course；take the advice

Para2：do something energetic；be on one's foot most of the time；hate the idea of；while；be content with；eat a leisurely meal

Para3：compromise over something

Para4：to complete their happiness；that was when；the problem arose；that was how

Para8：name after；a unique individual

Para11：spent every spare minute in her garden；couldn't resist a gamble；have a high opinion of somebody

这个环节可以让学生自己来辨别课文中应掌握的常用表达方法，教师可以把学生们找出的惯用表达方法罗列在多媒体屏幕上，敦促学生去背、去用。教师可以通过一些手段了解学生掌握的情况，如可以跟学生讲明课文听写都来自课文的惯用表达。这一环节主要是语言知识的输入，情感教学的味道淡一些。但必须重申一点，任何一个单元的传授都应该是知情的统一。

4. 阅读后的任务（After-reading tasks）

Situation：

You share a room with five classmates. Four of them suggest buying a TV set，but you and another student are strongly against the suggestion. So how will you settle the disagreement？

本环节可以采用辩论的形式进行。一方是主张宿舍里购买一台电视，因为看电视有许多好处；另一方反对购买电视，因为看电视有很多坏处。这可能是很多同学都曾经面临过选择的一个问题，因此很容易激发学生的参与热情。进行该环节练习时应注意以下几个方面。

（1）学生按照自愿原则分成正反两方。如果双方人数悬殊，可以按照抽签的方法确定正反两方的成员。在此基础上，教师根据学生英语水平、个体人格差异进行适当的调整来最终确定正反两方的成员。否则到时会出现正方占绝对优势而反方无力回击或相反的情况，辩论很难进行下去。

（2）学生在辩论前必须进行精心的准备。准备的内容教师可以进行必要的提示。由于全班同学只分正反两方，两组人数可能都会比较多，因此每个大组可以选出一个大组长，由大组长再细分成几个小组，每个小组有小组长。大组长和小组长具体负责准备工作的分工，务必做到每个小组成员都参与进来。否则会出现只有小组任务，没有个人任务的结果，影响辩论的效果。

（3）教师可以提供一些学生在辩论过程中可能会用到的单词、短语、句型以及表达方法。可能的话，尽量用一些课文中学过的焦点词汇。这样可以增加学生的自信心和英语表达能力，从而提高他们参与课堂讨论的积极性。

（4）在辩论时，可以通过同学们推荐或教师挑选请一名同学做主持。在辩论过程中，可以先双方各选代表陈述观点并简要说明理由，然后正反方再进入自由辩论阶段。学生发言时，教师要仔细观察和聆听，辩论精彩时点头微笑，给予及时的鼓励，辩论陷于僵局时给予必要的点拨，使辩论能够顺利进行下去。

（5）辩论结束时可以请全班同学评出最佳合作奖和最佳辩手奖等奖项。对于获奖的学生可以采用 10 制计分，作为平时成绩的重要参考并记录在册。发现辩论过程中表现不够积极的可以给予适当的惩罚，如扣除平时分等。

第四节 高校线上英语教学环境的教师情感投入处理策略及运用

行为主义学习理论的代表人物巴甫洛夫尤为强调刺激带来反应，环境决定学习。可见学习环境是影响线上学习性投入水平的关键因素，也是线上学习的重要组成部分。本研究包括以下三种学习环境。一是有形环境，指线上学习活动的基础设施、系统软件、设备等。二是社会环境，指师生和生生之间建立起来的交互学习环境。三是规范环境，指教学活动中的行为准则、法律法规、道德规范等。

一、优化有形环境

关于线上学习的相关学习支持工具（如交流协作工具、学习导航及学习工具等），多数学习者对线上学习的有形环境不满意。此外，有受访者表示，线上学习网速连接差，设备卡顿，平台操作复杂烦琐。因此，可通过优化有形环境提升线上学习性投入水平，提出以下建议。

一是优化连接网速，提升流畅度。使得线上教学活动顺利开展，避免中途意外或者卡顿，也可提升学习者的学习体验。

二是优化平台导航，简化操作步骤。部分学习者反映学习平台操作复杂，对此可设置导航减少操作难度，同时应该简化平台操作步骤，重点放在学习活动上。

三是完善学习工具。如线上做笔记，录屏，学习成长记录等功能，学习者可借助线上学习工具及时总结加以提升。

四是优化交互功能。大部分学习者表示线上教学交互性差，平台可针对性开展线上交流社区或其他线上协作工具，增强学习者的交互体验。

二、构建良好社会环境

在进行线上学习时，师生之间和生生之间的关系并没有非常融洽。此外，大部分受访者表示在线师生和生生关系的好坏会严重影响到学习者的投入水平。因此，可通过构建良好社会关系来提升线上学习者的投入水平，提出以下建议。

一是构建平等的师生关系。教师和学生作为教学活动的主导者和参与者，其地位是平等的，教师应做好学生的引路人，学生也要做好学习活动的主人。

二是教师要坚持一律平等的原则。对待学生无高低之分，以平等的眼光来看待学生。

三是学生要尊重教师和同学。在教学活动中，学习者应保持谦虚的态度，尊师重道，爱护同学。

四是在线分组合作。可通过线上划分学习小组的形式来开展教学活动，增加生生之间的交流互动，也可拉近生生之间的亲密关系。

三、创设规范环境

可通过创设规范环境来提升在线学习者的情感投入水平，提出以下建议。

一是多元化的评价方式。对于学习结果可通过自评、他评、互评等评价方式的结合运用。

二是注重过程性评价。不仅着眼于结果性评价，还应该注重学习过程中学习者的表现。

三是完善奖惩制度。对于表现好的学习者应适当奖励，对于表现差的学习者应适当惩罚。

四是量化评价和质性评价相结合。不仅可以通过试卷量化学习结果，还可通过访谈等方式进一步了解学习者的收获情况。

第八章　高校英语教学评价的教师情感投入处理策略

评价或评估在外语教学中有着非常重要的作用，任何一名从事外语教学的教师都要不断在教学中进行教学评价。但由于历史传统和认识上的局限性以及各种社会因素的制约，高校英语教学评价与其他学科的教学评价一样，存在重知轻情的现象。将考试作为语言学习的终极目标，在教学过程中错误地强调应试能力的培养，用单一维度的、针对语言知识的考试代替多元的教学评价目的、评价策略和评价手段，使测试等同于评价，对高校英语教学产生诸多负面的影响。评价作为高校英语教学系统工程中的一个有机组成部分，对高校英语教学效果起着非常重要的作用，甚至在某种程度上决定高校英语教学改革的方向、力度和效果。因此，如何在高校英语教学评价中体现以人为本的教学理念，使评价有利于学习者的发展，是广大英语教师必须认真思考的一个问题。

第一节　教学评价的相关研究

一、教学评价

教学评价是教学过程中一个不可或缺的基本环节，是对教学活动及其效果的价值判断。长期以来，关于教学评价这一概念一直没有统一的界定。有的学者认为"教学评价是指依据一定的客观标准，通过各种测量和相关数据的收集，对教学活动及其效果进行客观衡量和科学断定的系统过程（方可，2002）"。也有的学者认为，"教学评价有广义和狭义之分。广义的教学评价是对教学管理、教学组织、教学过程及其结果的评价，狭义的评价是对学生学业的评价，一般是指课堂教学评价（田汉族，

2002）"。语言教学专家加德纳认为，课堂评价是一个收集、综合分析信息的过程，是了解学生的各项技能发展水平和发展潜力等信息的过程。它可以达到两个目的：一是为学生个人提供有益的反馈；二是为学生所在的学校和社区提供有用的资料，有利于学校、家长和社区的合作，帮助学生进步（Gardner，1993）。教学评价的功能是多方面的，具体地说主要体现在以下几个方面。

一是检验证明功能。任何教学活动都有预定的教学目标和教学任务。通过各种形式的教学测试，如各种测验、期中考试和期末考试等就能够基本判定教学效果，作出教学目标和教学任务是否已经基本完成的一般性判断。

二是教学诊断功能。有效的教学取决于教师对学生的知识水平，学习兴趣、能力和经验的了解，在这一基础上教师才能有效地帮助学生达成预定的学习目标。通过诊断性测验，教师可以了解学生的学习准备状况，学生存在的问题。教师可以了解自己的教学方法和手段运用是否得当，从而有针对性地解决教学中存在的问题。

三是反馈强化功能。教学评价的结果一方面为教师判定教学状况提供了大量反馈信息，另一方面也为学生了解自己的学习情况提供了直接的反馈信息。肯定的评价一般会对学生的学习起到鼓励的作用。因为得到教师的肯定和欣赏，学生心理上获得满足感，产生自我提高内驱力，从而强化学习的积极性。否定评价能够使学生发现自己存在的问题，以便在教师的帮助下有效地解决问题。不过教学评价提供给学生的否定反馈信息要适度，否则学生会产生过度的紧张和焦虑。

四是教学导向功能。在日常教学活动中，各种形式的考试和教学评价往往起到指挥棒的作用。学生学习的方向、学习的重点以及学习时间上的分配常常要受测验内容与评价标准的影响。教师的教学目标和教学重点也会受到教学评价的制约。因此有效的教学评价应该反映教学计划和教学大纲的要求，能够体现学生全面发展的方向。

五是教学调控功能。教学评价的调控功能建立在对教学效果的验证、教学问题的诊断和多种教学反馈信息的获得等基础上，它是通过各种教学测验，如诊断性测验、形成性测验以及终结性测验来获得相关数据，并作出全面评价后进行的。教学调控功能具体表现在对教学方向和教学目标的调整、教学进度的控制、教学方法的改进以及对教学内容和教学环境的调整等。

教学评价的上述功能充分体现了它对教学活动的积极促进作用，但是如果教学评价运用不当，它可能会对教学活动带来负面影响。例如，通过教学评价给学生进行分类、分等级的做法可能会损害学生的自尊心和学习积极性。过多的否定评价可能会导致师生关系紧张，使学生无形中对教师产生恐惧和敌视的心理。因此必须要充分发挥教学评价的积极作用，消除教学评价可能带来的负面影响，使其真正成为教学活动的内在推动力。

二、国外教学评价模式

1. 泰勒模式

目前，我国教育评价工作相对是比较落后的。而在国外，早在 20 世纪 30 年代，泰勒（R.W.Tyler）就提出了以目标为中心的教育评价理论，这就是"泰勒模式"。泰勒模式是一个以目标为中心的模式，它把教育方案、计划的目标用学生的成就来表示，并把这一行为目标当作教育过程和教育评价的主要依据。根据这一模式，教育评价就是判断实际活动达到目标的程度。但第二次世界大战以后，由于新的教育思想的熏陶，许多人主张尊重受教育者的人权和人格，反对利用各种测验把学生划为优、上、中、下、劣的等级，反对用统一框框衡量所有的人，提倡使每一名学生的个性都得到充分的发展。在这种背景下，"泰勒模式"受到了多方面的批判，这种理论在教育评价中的传统地位及权威性受到了巨大的挑战。但在我国，泰勒教学评价模式还在一些学校盛行。

2. 斯塔弗尔比姆的"CIPP"模式

1966 年斯塔弗尔比姆（L.D.Sufflebeam）对泰勒模式进行了批判，并提出了把背景评价、输入评价、过程评价、结果评价结合起来而形成的"CIPP"模式。他认为，教育评价应当是一种有序性的活动。进行评价时首先应当根据社会政治经济大气候的需要对教育目标进行价值判断，这就是具有诊断性的背景评价。其次，应当充分了解各方面的条件，对教育方案、计划的可行性、合法性及道德性进行评价，这就是输入评价。然后，应当系统地收集、综合、整理大量的反馈信息及有用的情报资料，通过认真的分析、研究来探索教育方案、计划的实施过程中的潜在问题，并寻求解决办法，这就是过程评价。最后，通过调查而取得的大量定量性数据，并以此为根据来衡量完成定量目标的情况，这就是结果评价。

3. 斯塔克的"应答模式"

斯塔克（R.E.Stake）的"应答模式"是指从关心这一评价活动的所有决策者与实施者的需要出发，通过信息反馈，使评价的结果真正产生效益，促使教育活动结果能够满足大多数人的需要。斯塔克的"应答模式"强调要在整个评价过程中渗透着人的因素，了解被评价者的需要和他们对评价的看法、态度及价值观念，并以此作为评价的基础，为一切与评价有关的人提供服务和有用的信息。这是教育评价研究的一大进步。

4. 桑德的教育评价理念

20 世纪 70 年代，美国一些学者掀起了一场对于相对评价的批判，提出了一些与传统观念截然不同的看法。例如，教育家桑德提出，今后的教育评价应当向下列方向发展。

（1）过去那种带有惩罚性的测验，今后要成为引导、刺激学生继续学习和发展的评价。

（2）过去那种以书面测验为基础的评价，今后要发展为以观察法为重点、采取多样化方法的评价。

（3）过去那种以记忆为中心的评价，今后要发展成为以创造性及问题意识为中心的评价。

（4）过去那种单纯在课程结束时进行考试的评价，今后要成为与课程同时进行的合作性评价。

（5）过去那种只着眼于狭隘范围的测验能力的评价，今后要转变为考察认识、情感及应用能力的全面的综合评价。

（6）过去那种只由教师进行的评价，今后也应当提倡由学生进行自我评价。

（7）过去那种只由大学进行的入学资格审查评价，今后应由大学与高中合作寻求一种更为稳妥的评价方法。

5. 埃贝尔的教育评价观

1972 年教育家埃贝尔的专著《教育评价理论》问世。他在书中指出，当前世界上存在着关于学校教育的两种截然不同的见解，一种是传统见解，一种是进步见解。两者的区别在于以下几点。

（1）传统见解认为教育评价的目的就在于通过测验、评价而按成绩编班；进步见解认为教育评价的目的是促进学生学习，对学生的成绩进行诊断，指导学生改进学习方法、提高学习成绩。

（2）传统见解认为教育评价应着眼于课程要求、社会要求、思维能力、学习成果；进步见解认为教育评价应着眼于学生个人的要求、感知能力、兴趣发展、学习过程。

（3）传统见解认为教育评价应强调学生知道多少、理解多少、能完成多少工作、思维的控制性如何；进步见解认为教育评价应强调学生看到多少、有多少行动、有多大变化、有多少创造、思维的开放性如何。

（4）传统见解认为教师的作用应当是教学、给学生指引方向、以学问渊博者的形象出现于学生面前；进步见解认为教师的作用应当是唤起学生的学习热情、促进学生健康成长、以可亲近的朋友形象出现在学生面前。

（5）传统见解认为学生的任务就是听教师的话学习研究；进步见解认为学生应当有敢闯精神、有生活能力、积极参加各种活动。

6. 布卢姆的三种教学评价观

布卢姆是美国著名的心理学家，他认为反馈信息主要是通过评价发出的，因此教学和评价必须相互统一。布卢姆提出了三种教学评价方式：诊断性评价、形成性评价和终结性评价。诊断性评价指学生入学时对学生的认知和情感的评价。由于每个学习者的履历不一样，学习目的、动机、态度也千差万别，因此在教学之前必须把这些不同的履历诊断出来。当然，诊断的目的并不是给学生贴标签，而是为学生设计一种可以排除学习障碍的教学方法，从而使教学适合学生的特性和背景。诊断性测试不评分、不分等级，它不仅对学生的认知进行评价，而且要对学生的情感进行评价。布卢姆研究发现，认知成绩测试中多达 1/4 的差异是由学习者入学时的情感特点造成的（见姜思宏，1988）。形成性评价是指在课程编制教学和学习的过程中使用系统性评价，经过反馈调整以便对这三个过程中任何一个过程加以改进。教师教完一个单元后对学生进行评价，看学生经过这一单元的学习，知识的掌握和能力发展的程度，师生能从中吸取经验、教训，经过及时地查漏补缺使多数学生都能掌握这一单元，有利于下一单元的学习。终结性评价是在一门学科结束的时候进行的，主要针对总的教学效果，关心的是最终的目标达成与否。布卢姆指出，尽管终结性评价的这种判断活动会在师生中间引起极度焦虑和抵触情绪，但它也同样为教学所必需，是反馈信息的另一个重要来源。

三、教学评价的类型

教学评价是通过搜集学生日常学习、教师教学以及课堂学习气氛信息，帮助教师了解每一个学生的学习和需要而做出相应的决定，提高课堂效率的过程。在课堂里，由于学生的程度和能力的差异，教师需要作出各种各样的决定以适合学生的不同要求，所以教师评价学生的目的也就多种多样。有些是对学生学习的评价，有些是关于学生个人性格和社交方面的评价，有些是对个人进步的评价，有些则是对集体学习进展和集体行为的评价。因此，一般认为根据不同的评价目的，可以相应地有以下几种评价种类：起点评价（Sizing Up Assessment）、终结性评价（Summative Assessment）、诊断性评价（Diagnostic Assessment）、形成性评价（Formative Assessment）、教学性评价（Instructional Assessment）以及正式评价（Official Assessment）。

1. 起点评价（Sizing Up Assessment）

起点评价一般在学期或学年刚开始时进行，目的是为了了解学生，为良好集体的建立打下基础。布卢姆认为，学生之所以在学习某门功课上存在差异，很多是由于学生在成绩、动机和态度等方面不同的"履历"造成的。因此在教学前，必须把这些不同的"履历"诊断出来。进行诊断的目的并不是给学生贴标签，而是使教学适合学生的特性和背景。起点评价的对象一般包括：（1）学习该课程所必须具备的入门知识、行为和学习技能、习惯；（2）学生对有关学科的兴趣，对自己、对学校的态度；（3）一般的认知能力。为诊断这些内容，教师可以借助相关手段，如学生以前有关的成绩记录（如高考成绩）、开学前的摸底测验、有关学习技能、习惯和情感状态的调查等。因此起点评价可以使教师在短时间内对每个学生的认知水平、性格特征等有初步了解，同时可以发现有突出特点的学生，让他们在今后的教学中协助教师的工作，共同作出相关决定。

2. 终结性评价（Summative Assessment）

终结性评价是在一段时间的学习后进行的，目的是为了了解学生的成绩，关注总的教学效果是否已经实现。该评价通常采用固定的形式，如一个学期的期中或期末，学生经过集中复习，在固定的时间内完成一套试题等。在我国终结性评价虽然被广泛采用，但对终结性评价的研究却极其缺乏。有些教师只凭经验，而不是依据科学程序来编制终结性测验。他们对终结性评价的种类特点等了解甚少，对于如何根据测验目的、性质，科学地编选试题等有关问题考虑不周。这样的终结性评价缺乏必要的效度和信度，可能会在师生中间产生极度的焦虑甚至抵触情绪，这无疑对于随后的教学是极其不利的。

3. 诊断性评价（Diagnostic Assessment）

诊断性评价是指对问题的诊断（Airasian，1991：5）。学生在课堂学习的过程中不仅在学习上会遇到困难，如上课听不懂、注意力不集中等，还会有情感或社交方面的问题，如当天的心情、对老师的喜爱程度、与同学关系是否和谐等。作为教师应该首先找出问题所在，从同情理解的角度选择解决办法。诊断性评价帮助教师了解学生的能力和知识掌握情况，发现学生存在的问题及其性质、范围，从而采取相应的办法帮助学生解决问题，设计相应的学习活动来满足学生的需要。诊断性评价应该涵盖对学生认知状况和情感状况两个方面的诊断。

4. 形成性评价（Formative Assessment）

形成性评价作为教学和学习过程不可分割的一部分，主要考查学生在知识、技能、情感、策略等方面取得的进步，给学生提供反馈来帮助他们巩固学习，帮助教师了解学生的学习情况和确定下一步的教学计划以及学生的学习计划。因此形成性评价的基本思想是通过频繁的反馈，根据每个学生的实际情况和需要因人而异地帮助学生改正存在的问题。教师根据学生的不同特点提供必要的帮助，在教学中采取切实可行的教学措施，从而帮助所有学生达到统一要求。这种评价方式可以通过多种方式进行，如对学生学习研究报告的评论、座谈、采访、测验结果的分析等。柯含农（Kohonen）认为以过程为主的形成性评价有助于提高学习者的能力和自信心，因而对学习者的情感有影响。

5. 教学性评价（Instructional Assessment）

课堂如同一个复杂的社会场所学生和教师都是这个小小社会中的成员，在不同层面上交往。教师如同这个社会的领导人，带领学生一起建设它和营造它，使它成为一个良好的社会和学习环境。要做到这些，不仅需要秩序、纪律和合作，还需要正面指导。教师的决定和指导是为了建立和维持一个和谐、稳定、进取的课堂环境。因此教学性评价包括：备课评价——教什么，什么时候教，用什么材料；实施评价——把握课堂进度，对准备好的教案和计划好的课堂活动视情况作相应的调整。

6. 正式评价（Official Assessment）

正式评价指要求教师完成上级教务部门交给的成绩评价任务的职责，如评分、评语、家长座谈等。

艾若森（Airasian，1991）将起点评价、教学性评价、正式评价三种课堂评价进行了比较：

表 8-1　艾若森的三种课堂评价比较

	起点评价	教学性评价	正式评价
目的	给教师提供学生特点方面的情况	计划指导性活动，监控教学的进展	执行官方任务，如评分、排名次等
时间控制	开学后第一、二周	学年的每一天	学年期间定期进行
搜集信息方法	主要是日常观察	有目的，有计划地观察学生作业	正式考试、文章、报告、测验和作业
搜集信息类型	认知、情感、心理	主要是认知和情感	主要是认知
记录方式	教师心中有数，很少书面记录	书面备课计划，监控信息，无书面记录	教师有正式记载，学校存档

需要指出，以上几种评价形式并非彼此排斥，也不能简单地说孰优孰劣。关键是每当教师采取其中任何一种评价形式时，都应该让学生明白评价的目的、评价的标准以及评价的过程等。不能简单地用某种评价形式替代其他评价形式，例如对学生的评价采用单一的正式评价或终结性评价，忽视对学生学习过程的评价。这样的评价形式不能够完整地体现学生的成绩，不能体现"以人为本"的教育思想，不利于学生的全面发展。

第二节　高校英语情感化教学评价的提出

一、高校英语教学评价现

斯塔弗尔比姆认为，评价最重要的意图不是为了证明（prove），而是为了改进（improve）（瞿葆奎，1989）。第二语言课堂评价研究专家杰纳西和厄普舒尔（Genesee

& Upshur，1996）也指出课堂教学中评价的目的是强化学生的成功意识，促进学习。

然而目前我国教育评价工作是比较落后的。从教育观上看，我国的教育仍然十分强调选拔的职能，教育评价的基本任务就是识别和挑选能够完成中等学校学术性计划，继而进入高等学校的学生。在这种教育中，教师运用考试手段分出好学生、一般学生和差学生。评价的目的就是对学习者加以区别分等排队，对学生学习成绩及其教育前途作出关键性的和不可推翻的裁决。许多学校片面追求升学率的做法就是这种教育观和评价观的产物。其次，我国教育评价工作的另一个问题是忽视评价在整个教学过程中的地位和作用。在各级学校中由于考试的目的主要是区别学生的优劣和选拔尖子人才，其作用只是反映教学过程的结果。在教学过程中，教师不能有意识地利用各种评价手段，收集各种信息，对教与学进行价值判断和质量控制，及时发现问题并加以纠正。另外我国在教育评价方法上缺乏多样性、科学性和客观性。学校单纯以分数论质量的现象严重存在，不少教育主管部门和学校仍然把学校考分的高低作为衡量学校教育质量的唯一标准。

目前我国中小学以及大学教育中采用的主要是总结性、鉴定性的传统评价方式，即终结性的评价方式。尽管随着我国教育改革的不断深入，教育机关、学校以及教师对检测教学的手段和方式采取了各种改进措施，但至今仍然摆脱不了分数的困扰。分数在很大程度上仍是衡量学生的重要手段，分数在人们心目中仍然占据着很重要的位置，它甚至关系到一个人的升学、谋职和未来的命运，受教育在某种程度上就是获取高分数。例如学生的高校英语四、六级考试成绩已经被很多用人单位视为衡量学生英语水平和能力的唯一标准，许多大学生因为没有通过四、六级高校英语考试而丧失了很多就业机会。我们都熟悉这样的情景：数千人涌入一个大考场，坐下来焦急地等待密封试卷的拆封，紧接着是学生埋头用笔在答卷上画圈。这样一个半天或几个半天的考试结果通常将决定这些学生的未来。但是这却给一些学生造成了非常大的心理压力，对他们的自信心和自尊心都有不同程度的伤害，不利于他们的健康成长。

这种单凭几次考试成绩来衡量一个学生的评价方法并不能反映学生真正学到的知识以及真实的能力，考试的内容也往往不能代表学生日常的真实学习成就。事实上，终结性考试中的许多项目与学生所学和实际应用并没有联系，这样教师和学生只好为了考试，为了好分数去教去学，反反复复地做题。学生不知道考试结果与自己的学习态度、学习方法有什么必然联系，因此就不能主动地对自己的学习进行调控。学生成了考试的机器，教师成了阅卷专家。不幸的是，这样出来的"好成绩"不仅没有反映学生的真实水平和才能，还扼杀了学生的学习积极性和创造性。

另一方面，我国当前教学评价的研究重点仍集中在教学目标体系的构建和完善上，集中在某些教育事件的测量和统计上，集中在那些正式的或具有筛选性质的评价方式上，而往往忽视了教学评价定性方法的运用，忽视了评价者和被评价者之间的人际互动，忽视了被评价者由于评价而产生的种种内心体验及其对后继行为的影响。长期以来，在对学生进行评价时，许多教师只注意向学生提供认知方面的信息反馈而忽视了情感信息的反馈；有的教师虽然提供了情感信息的反馈，但向学生提供的是不良的情感信息，其中消极的成分较多，积极的成分较少，评价的口气大多是命令式和威胁性的，并将注意力过多地集中在学生的缺点错误上，不能全面地看待学生，很少考虑到学生的情感需要和情感体验，从而伤害学生的情感，影响了师生关系；还有些教师，尽管主观上也想向学生提供正确的认知信息和积极的情感信息，但实践中由于没有注意信息反馈的方法和途径，使得这两类信息在传递时遭到扭曲和变形，结果仍然影响了课堂教学的沟通，从而影响教学效果。

造成目前课堂评价标准相对单一性（即终结性评价）和评价的"重知轻情"倾向的原因是多种多样的。就高校英语教学来说，归结起来主要有以下几个方面的因素。

第一，高校英语教学同其他学科一样，存在重知识传授，轻能力培养的现象。将考试作为语言学习的终极目标，在教学过程中，错误地强调应试能力的培养，用单一维度的、针对语言知识的考试代替多元的教学评价目的、评价策略和评价手段，使测试等同于评价，造成了许多负面影响。

第二，高校英语教学的功利主义倾向。尽管有关教育机构反对毕业生的学位证书与四六级成绩挂钩，但许多高校并没有放弃，一贯的做法。相反，许多高校依然在四六级通过率上暗暗较劲，四六级通过率成为宣传学校的重要砝码。有些学校根据四六级通过率的高低对高校英语教师给予不同程度的物质奖励。在社会就业方面，许多用人单位评价毕业生能力的重要标准就是学生的学习成绩。就英语能力来说，评价标准就是四六级成绩。在学校和社会的双重压力下，教师和学生就围着考试指挥棒转，结果造成不利于学生全面发展的应试教育。北京外国语大学张中载教授（2003）曾经一针见血地指出，由于外语本身的功能以及市场经济功利的支配原则的强大导向性，外语教育在当前形势下极易倾向于重制器轻育人，重功利轻人文。因此对目前高校英语教学急功近利、忽视人文修养和人文关怀的现状必须引起高度重视。

第三，缺乏"以学生为本"的教育理念。现代教育主张"以学生为本"，强调受教育者个性的自由发展，提高受教育者的个人价值。长期以来，我国传统教育认为教师是教学活动的当然主体，教师不懂尊重学生，不重视学生的情感体验，误认为教育就是教师教、学生学，教师讲，学生听，教师说，学生做，教师就应当主宰教学活动的各个环节。高校英语教学表现为上课成为机械的语言知识的传授，知识成为师生交流的唯一纽带。这样教学评价就成为一个单向的、被动的信息反馈过程，从而导致评价中缺乏沟通和交流，学生的主体性和创造性得不到有效的培养和发掘。

第四，对教学评价中需要渗透情感的认识不足。有的教师认为，既然教学评价是一种对学生的各种教育表现的价值判断，那么，只要明确地向学生说明"对或错""好或坏"，根本就不需要渗透情感。在教学评价中，认知信息的反馈固然重要，但情感信息也不可缺少。例如，有时教师的一个微笑、一个眼神、一个手势都会给学生带来莫大的喜悦和鼓励。但在实际教学中，由于种种原因，许多教师过于吝啬自己的这些微笑、眼神和手势，在评价学生时，自己没有感情，评价冷冷冰冰，学生无动于衷。

二、情感性处理高校英语教学评价的必要性

张连仲先生在《第二语言课堂评价》一书的导读中指出：评价作为外语教育改革系统工程中的一个有机组成部分，起着十分重要的作用，影响甚至在某种程度上决定高校英语教学改革方向的力度与效度（2001）。目前的高校英语课堂教学评价主要以终结性评价为主，即以单一维度的、针对语言知识的考试来衡量一个学生的英语能力。这种传统的评价方式带来的一个必然结果是忽视高校英语教学中的情感因素，忽视学生的个性与需要。张连仲先生认为，要加大对高校英语教学评价的研究与改革的力度，当前特别要认识到以下几点。

（1）评价是对人的评价，对人的发展状态的评价；评价要服务于学生发展这一根本目的。

（2）评价应具有形成性、开放性与灵活性，起到激励的作用。

（3）课堂教学评价要有利于学习者提高学习兴趣，使其有信心、有成就感，进而产生学习动力。

（4）考试只是评价手段之一，不能用考试来取代评价。

可见，高校英语教师在教学过程中，在对学生的认知表现作出反馈的同时，还应从情感维度对教学评价的内容和形式进行优化，充分发挥课堂教学评价在情感方面的积极作用。

第一，高校英语课堂教学评价的情感性处理是当代人本主义教育思潮的必然要求。

20世纪六七十年代，在全球范围内兴起一股强大的人本主义教育思潮。人本主义认为，教育的目的是促进人的全面发展。当代人本主义教育思潮关心个人自我价值的实现，强调受教育者的个性自由发展，培养受教育者的开拓精神和创造才能。另一方面，这一思潮也非常强调对社会成员的社会责任感的培养，重视个体与周围环境的和谐关系。这一思潮必然要求评价不是简单的对教学结果的评价，相反评价应该是对人的评价，是对人的发展状态的评价。因此评价要服务于学生发展这一根本目的。

由于教育思想的转变，语言教学已经从以教师为中心转向以学生为中心，从以知识传授为重点转向以学生的体验和知识转化为重点。在这种背景下，高校英语教学必

须改变传统的单一以考试为形式的终结性评价方式。相反，评价应有助于学习者了解学习过程，了解自己，从而使学习者在学习中变得更熟练、更独立、更有责任心。同时，教师评价时应尊重每一位学生的价值和尊严，对每一位学生都充满信心，相信每一个人都是独立的个体，每一个学生都具有积极向上的潜力。以评价学习过程为主的情感性高校英语教学评价一方面可以使学习者把学习、评价和反思融为一体，成为一种全面的、以体验为主的学习过程，增强学习者的自主意识和自主能力，另一方面情感性的教学评价可以更好地鼓励、尊重和信任学生，更好地培养学生的个性，挖掘学生的潜力，促进学生全面健康地发展。

第二，高校英语课堂教学评价的情感性处理是应试教育向素质教育转变的必然要求。

由于多种原因，应试教育在我国的高校英语教学中还占据着极其重要的位置，它在很大程度上冲击高校英语正常的教学秩序，影响高校英语教学的效果。应试教育是一种淘汰性的教育，而素质教育是针对应试教育而言的，它是一种发展性的教育。素质教育着重培养学生良好的生理素质、心理素质和社会文化素质。素质教育的逻辑起点是人，而不是书本或者考试。它强调把个体发展的需要与社会发展的需要统一起来，把学生的特长发展与学生的全面发展统一起来。可见当前高校英语教学中盛行的以考试为主的终结性评价与素质教育提出的发展目标是背道而驰的。

第三，高校英语课堂教学评价的情感性处理是优化高校英语教学效果的必然要求。

目前我国高校英语教学评价以终结性评价方式为主。尽管它有其自身的一些优点，但它所带来的负面影响也是不容忽视的。由于这种评价方式是以考试成绩作为最终评判的标准，这无疑过分强化了考试分数的作用，致使相当一部分学生学习英语的动机和目的就是为了考试或升学。这种工具型的学习动机显然不易激发学生学习英语的积极性，也不利于保持其学习兴趣的持久性。相反，一旦学生成绩不理想，他们便会感到焦虑、自卑和自责，学习的自信心也会因此受到严重打击。加之目前各级各类英语考试的内容依然过分偏重对语法知识的检测，这在很大程度上误导了学生只重视语言知识的记忆与背诵，而忽视了语言运用能力和交际能力的提高。对于外语教师而言，这种评价体制也极大地挫伤和遏制了他们对高校英语教学内容与方式进行改革与探索的积极性。总之，传统的评价方式在很大程度上忽视了学生在学习中的主体性、能动性和创造性，而且也不利于高校英语教学方法和内容的改革。因此，要优化高校英语教学效果，发挥学生的积极性、主动性和创造性，必须改变传统的用单一维度、针对语言知识的考试代替多元的教学评价目的、评价策略和评价手段的局面。相反高校英语教学评价应重视对学生学习过程的评价和评判，通过多种渠道收集、综合和分析学生日常学习的信息，了解学生的知识、能力、兴趣和需求，着眼于学生潜力的发展。

它不仅应注重对学生认知能力的评价，而且也应重视对学生情感及行为能力的评价。只有这样才能培养学生学习英语的兴趣，增强其学习的动机和学习的自信心，从而提高学习效果。

第四，高校英语课堂教学评价的情感性处理是当代教育评价发展新趋势的必然要求。

教育评价学是一门较年轻的科学。20 世纪 30 年代，美国学者泰勒通过长期研究证明，如果把培养高级智慧技能作为教育目标的话，那么这些技能就必须加以测量。在此基础上，泰勒提出了以教育目标为核心的教育评价理论。教育评价学就是在泰勒的教育评价理论的基础上发展起来的。

20 世纪 50 年代以后，教育评价研究迅速繁荣起来，呈现出一些新的发展趋势。首先从早期重视终结性评价逐步转入更重视形成性评价。对语言学习的评价表现为以结果为主的评价（product evaluation）和以过程为主的评价（process evaluation）。以结果为主的评价主要是检测学习者某一阶段学习结束时的语言水平和技能，通常参照一定的标准进行评价。以过程为主的评价主要是考察学习者在一定时期的学习过程中，在知识、技能、情感、策略等方面取得的进步（Kohonen，1999）。其次，教育评价已逐渐从以决策为中心转向以人为中心，强调将被评价者看作是一个完整的有血有肉有个性的人，注重学生的自我评价，培养学生自我分析、自我评价和自我调节的习惯和能力。斯塔克于 1975 年提出了"应答评价"，它强调要在整个评价过程中渗透着人的因素，了解被评价者的需要和他们对评价的看法、态度以及价值观念，并以此作为评价的基础，强调评价要为一切与评价有关的人的服务，要为这些人提供有用的信息。

近年来美国、英国等许多教育工作者都在调整他们的教学评价观念、尝试各种评价方法，涌现了关于教学评价的一些具有代表性的论著，例如：科思（Andrew D.Cohen）等的 *Assessing language Ability in the Classroom*（1994），汉蒙（Darling Hammond）等的 *Authentic Assessment in Action*（1995），杰纳西和厄普舒尔（Genesee & Upsher）的 *classroom-based Evaluation in Second Language Education*（1998）等。这些论著都认为教师应尽量使评价"真实"地反映学生所做的努力和其真实的行为表现，教师通过不断收集学生的资料，与学校、社区和家庭进行交流，设计切实可行的学习机会，让家长、其他教师以及学生自己参与评价，帮助学生健康地成长和发展。

情感性地处理高校英语教学评价与当代教育评价的这两大趋势相吻合，既强调教学评价的"真实性与形成性"，也充分考虑到学生的需要、情感和价值观念。

三、高校英语教学评价情感性处理的内涵及作用

众所周知，教学活动是教师和学生共同参与的涉及认知和情感两方面的动态过程。

教学评价作为一种教学信息反馈是否具有真实性、全面性及情感性对评价接受者的后继行为会产生不同的影响，进而产生不同的教学效果。例如，以测试为主的传统评价方式并不能真实地反映学生的知识水平和实际的语言运用能力，考试题也不能概括学生的日常学习状况。传统测试中的许多题目考查的只是学生们靠临时抱佛脚才记住的与所学内容不太相关的语言知识点。传统的课堂评价方式因其缺乏真实性和全面性而有失公正，不能激发学生的学习自主性和创造性，而一些考试成绩差的学生则会失去信心和前进的动力，甚至放弃学习。

另一方面，在课堂评价中教师扮演着非常重要的作用。教师评价无论是其评价内容还是评价形式是否带有情感性对学生的后继行为同样会产生影响。教育心理学认为，一般来说，从情绪的性质上看，快乐、兴趣、喜悦之类的正情绪有助于促进认知活动，而恐惧、愤怒、悲哀之类的负情绪会抑制或干扰认知活动；从情绪的强度上看，中等强度的情绪最有利于认知活动开展。例如，当某位同学就某一话题发表观点后，教师可以只是礼节性地说一句："Thank you, sit down"。也可以面带微笑，充满希望地说："Your answer is really out of my expectation"。这位学生会因这两种不同的评价而产生截然不同的或失落或愉快的情感体验，并有可能出现两种截然不同的消沉或奋进的后继行为。除了口头赞扬，教师可以用五角星，巧克力等象征性的强化物来进一步激发该学生愉悦的情感体验，这是情感性的课堂评价所产生的积极效果。

因此高校英语教学评价的情感性处理是教师从情感维度对高校英语教学评价进行优化处理，确保评价的真实性、公正性、情感性，使教学评价在对学生教学中的反应作出认知反馈的同时还给予情感上的影响，充分发挥课堂教学评价在情感方面的积极作用。要确保高校英语教学评价的真实性和公正性，教师和学生都应参与评价，要确保教学评价的情感性特征，激发学生积极的情感体验，教师要遵循"以鼓励为主、要有针对性以及充分发挥强化物作用"的原则。

要实施课堂教学评价，教师和学生必须都积极参与收集并综合高校英语教学过程的各种信息资料从认知和情感两个方面作出反馈。信息资料的收集手段主要有课堂观察、学生档案、师生对话等。不论采取什么方式收集资料，教师都应该做到以下两点：一是经常与学生见面，二是随着学生的变化进一步调整评价标准。

1. 课堂观察（Classroom Observation）

课堂是师生交往最主要的场所，课堂观察是收集有关教学信息资料的最主要的方式。杰纳西和厄普舒尔（1998）认为，通过课堂观察，教师可以了解学生是否取得预期的进步，及时发现某些学生的问题并制定恰当的计划帮助他们，学生是否觉得教学有趣、有价值、有用。例如，通过课堂观察发现一部分学生口头表达能力较弱，那么教师可以有意识地多给他们一些表达自己的机会。他们表达流畅时，教师应及时给他们赞扬和鼓励；若是他们说得不够流利，就多给他们一些提示，多花时间去引导他们。教师对学生有不同的期望，相应地采取不同的教学指导方式，学生各取所需，从而使不同程度、不同领域的能力有所提高。

2. 学生档案（Student Portfolio）

学生学习档案是教师和学生系统收集的资料，它们不是学生成绩的简单记录，而是显示学生家庭背景、成长环境、个性特征、学习态度、努力程度、进步程度、学习过程及结果的依据。与传统的考试相比，学生学习档案有以下一些优点。

（1）学生学习档案能够充分展示学生在某一主题领域内的成果和进步，而传统的考试反映面往往比较狭窄，不一定能代表学生的真实水平。

（2）学生学习档案能让学生参与评价，而考试则只能机器阅卷或由教师判卷，基本没有学生的参与。

（3）学生学习档案记录了学生的个体差异，而考试则以整齐划一的标准去测量学生。

（4）学生学习档案鼓励师生间合作，而考试完全由教师控制。

（5）学生学习档案的目标是学生的提高、努力、需要，而考试只关心最后的结果。

（6）学生学习档案把评价和学习过程结合在一起，而考试则是将两者分离。

3. 师生对话（Teacher student Interviews）

师生对话的缺乏是造成目前高校英语教学现状的主要因素之一。相关调查已经显示，高校英语教师对学生缺乏必要的了解与沟通。有一半学生认为教师对自己的英语学习状况"不太了解"或"很不了解"，而大多数的学生（78.6%）认为教师对自己的性格特征知之甚少。大多数的教师（75.4%）和学生（93%）一致认为师生课间、课外接触、交流"不多"，多达一半的学生认为师生课外接触"几乎没有"。在这样的一种师生现状基础上仅靠几次标准化考试而作出的对学生的评价必然缺乏真实性、公正性。

要做到对学生评价的真实性和公正性必须重视师生对话。它能帮助教师找到学生为什么在某些方面取得好成绩的原因，可以诊断学习困难引导学生学习进步和帮助学生找到好的学习方法。因此，师生对话可以促进师生间的相互了解，可以帮助教师了解学生的英语学习状况，性格特征，学生之间的个体差异，从而有利于教师对个人成就和需求作出公正、积极和较为真实的评价。

因此，如果教师在教学中重视对学生各种信息的收集，做到教学评价的真实性、公正性和对教学评价的情感性处理，就可以起到以下的作用。

第一，重视学生真实表现和情感需要的课堂评价给教师和学生提供有关教与学及其效果方面较为系统的第一手资料，而这些资料不仅有利于教师反省自己的教学，同时还有利于培养学生的自省意识、与他人积极沟通以及解决问题的能力。学生根据教师的教学反馈信息判定自己的行为效果，对自己的行为活动作出调整和控制；同时学生还可根据教学反馈信息调整个体学习行为和策略，端正学习动机，修订学习目标，改变学习习惯，改进学习方法等。学生的人格特征、年龄特点以及个体心理发展的一般规律反过来又制约着教师的教学行为过程，针对不同个体的差异运用不同的教学方法，有效地达到教学目的。

第二，通过积极、公正的教学评价，学生可以从中获得成功的体验，感受到教师和同学对自己的期望和尊重，从而提高其自尊水平，提高学习兴趣，为进一步的健康和谐发展营造一个良好的心理环境。

第三，真实、公正的评价可以更好地加深师生之间或生生之间的相互沟通和理解，可以在教学活动中建立良好的人际关系（包括师生关系生生关系），营造出一种积极的心理氛围，增强课堂交流的积极性，从而更好地培养学生的个性，挖掘学生的潜力，促进学生全面健康地发展。

第三节　高校传统英语教学评价的教师情感投入处理策略及运用

一、高校英语教学评价的情感性处理的手段

在目前的高校英语教学评价中，教师是当然的评价主体，学生只是被动的评价客体，评价方式单一，缺乏真实性和全面性。要实现高校英语教学评价的真实性和公正性，教师和学生都必须积极参与评价过程，通过自我评价、相互评价、教师评价，使学生不再只是被动的语言知识的接收者，而是积极的、善于自我指导的学习者和评价者。

（一）学生参与评价策略

培养学生的主体性是素质教育的重要目标。教育活动的主体是学生而不是教师，这一点已经成为现代教育与传统教育的重要分野。在以往的教学评价中，无论是高校英语教学评价，还是其他学科的教学评价，教师是当然的评价主体，学生只是被动的评价客体，没有评价的主动性和积极性，造成了学生对教师的严重依赖，大大削弱了学生自我评价、自我发展的能力。

学生参与评价（Student-involved Assessment）策略就是在高校英语教学过程中，通过学生的自我评价和同伴评价，让学生作为评价的主体参与高校英语课堂教学评价

过程，以提高学生自我评价能力和自主意识，增强学生学习英语的自主能力，提高学习英语的兴趣。

1. 自我评价（Self-assessment）

如果学生在学习过程中是积极的学习者，他们就必须构建自己的学习目标，设计自己的学习路线，并随时检查自己的进步。这样，他们学会为自己的学习进度和学习方向负责，从而逐步成长为一个自主和自立的学习者，为终身学习打下基础。

为了准确地评价自己，学生首先应了解自我评价的依据。自我评价可以是很随意的，如回答"告诉我你怎么"这样的问题；也可以很正式，如学生分析自己的成绩以及知识掌握情况。当然在自评的开始阶段，学生每次可以只从学习的一个方面进行评价，然后逐渐建立一套自评方法和技巧。如学生首先可以对自己的基本写作能力进行评价：写作前是否思考、句子是否完整、表达是否符合英语习惯、自己的英语表达能力如何等。学生还可以对自己的阅读、听说和语言交际能力进行评价。这样，学生对自己的各种语言能力有一个基本认识，知道自己的优点和弱点，有利于他们确定自己的努力方向和发展目标。当学生具备一定的自我评价能力，可以客观描述自己的表现时，他们就可以用事实来说明自己的成绩。这些事实可以是作业样本、磁带、资格证明书和正式记录等。

自我评价可以培养学生为自己的学习负责的能力，鼓励他们自己思考，了解自己的学习状态，看到他们自已取得的成绩以及需要提高的地方，从而为下一步的学习制定目标。另一方面，学生的自我评价为教师提供了诊断性信息，为教师对学生作出公正、全面的评价提供了基本保障。值得注意的是，在整个自评过程中，学生需要教师、家长以及同学的支持。

2. 同伴评价（Peer Assessment）

自我评价只是学生参与课堂教学评价的形式之一，同伴评价是学生参与评价过程的另外一种表现形式。同伴评价可以通过简单的活动来实施，例如，如果一组学生要完成一项任务，组中每个成员都要做出贡献，共同完成任务。每个成员都要评价自己和他人的贡献。

对学生课堂表现的有效评价需要建立在互相信任的基础之上，因为它需要同学之间的互相合作来完成。例如，老师可以让几个学生评价一个学生，每一个评价者为某个学生的课堂表现写评语，重点在于评价其优点以及改进的建议。反过来，被评价的学生将根据同学和老师的评语写一个总结，确定自己的目标。评价学生的课堂表现时可以参考以下六点。

（1）缺席次数和迟到次数。

（2）完成作业情况。

（3）对课堂作业的理解。

（4）与同学合作的情况。

（5）注意力是否集中。

（6）交际能力进步幅度。

评价过程是系统化的，同时又是个人化的，因为每个学生都不一样，都有不同的需求。学生互评的成功和学生自评的成功一样，需要教师提供榜样，展示优秀的互评范例。通过评议使学生充分理解评价的标准，发展"我也能做"的态度。同时让他们学会信任、诚实、公正对己和对人。互评中最重要的一点是要了解学生的学习，包括学习经历，让学生意识到"同伴文化"（Peer culture）的力量以及友好气氛在学习过程中的重要性。同伴互评鼓励学生合作和向他人学习。通过与同学的讨论，学生可以说出他们的忧虑，听取他人的观点从而确定自己努力的方向。

总之，学生在教师的指导下进行自评和互评。一方面可以发展学生的自我意识，提高自我评价的能力，学会与同伴合作，确定自己努力的方向。另一方面，也可以消除由教师评价所引起的焦虑情绪，从而营造一种安全的心理氛围。而教师作为学生自评和互评过程的引导者和指导者，应充分发挥以下几个方面的作用。

（1）为了能更多地为学生提供互相评价和自我评价的机会，教师可以根据教学内容多安排一些小组讨论、大组交流，也可以安排一些学生做小老师，让其他学生对他们的讲述作出评价。

（2）教师在指导学生进行自评和互评时，要提醒学生多一点行为描述，少一点主观臆测，多一点积极的期待，少一点消极的判断。学生在进行相互评价时，要注意对被评价者的动机、态度、人格特征不宜作价值判断，更不宜妄加批评，以免对方产生防卫心理，中断交流，甚至损害双方的友善关系。

（3）学生在进行互相评价时，教师要鼓励他们可以有一些情感描述，即清楚而具体地描述自己的情感，好让对方了解自己现在内心的感受。这样，就可以避免对方的不理解或误解，也可以避免对方的猜疑。

（二）教师评价策略

高校英语教学评价中学生的自评与互评必须与教师的评价结合起来。在对学生的行为表现进行评价时，教师的作用是多层面的。他要示范学习的方法和评价的方法，帮助学生自评，管理学生学习；当学生制定和应用评价标准时，他还必须给予指导和支持，和学生一起反思学习过程，确定目标；更重要的是教师与学生一起讨论学习的目的，定期评价学生的进步，抽查学生的自评和互评，仔细检查他们自定的改进目标，给学生提供反馈意见。

教师评语应该简短、具体并具有针对性。评语应包括优点和缺点两个方面。可以将评语附在学生的作业本上，以便使学生获取诊断性信息。教师评价还可以采用日常记录方式或与学生座谈的形式。这样，教师和学生共同协作建立起与学习目的、学生个人需要以及整个班集体需要的评价方式。需要指出，不管教师采用何种评价方式，必须注意以下三个原则。

1. 鼓励为主

现代教育思想认为，每一个人都具有积极主动的、自我实现的内在倾向或潜能。教育的目的不是为了在考试中考倒学生，而是为了促进学生的变化和学习，是为了培养能够适应变化和知道如何学习的人，教师应该是一个"促进者"的角色，帮助学生最大限度发挥自己的潜能，而学习潜能的发挥显然离不开学生积极的情感活动。因此，教师在对学生的行为表现进行评价时，要从鼓励的角度出发，充分给予学生以积极的评价，使学生产生积极的情感体验。教师通过情感性地评价学生课堂上的行为表现，来表明教师对学生在教学过程中做出的各种反应的积极肯定态度，增强学生自信心，激发他们的内部动机。

此外，教育心理学的研究也发现，奖励与惩罚都有助于学生态度和行为的改变。奖励的形式是多种多样的，可以是分数、口头或书面的表扬、物质奖励（如巧克力）、象征性性刺激物（如五角星），甚至可以是带有鼓励色彩的面部表情。适当的鼓励和奖励有利于加强学习者对语言学习的信心以及提高语言学习兴趣。尽管人们也认识到必要的"惩罚"，如不及格、批评式的评语、责备的表情等也是纠正学习者语言习惯的必要手段。但是惩罚的程度要适度，否则将起到消极的作用。简而言之，奖励可以激发学生的创造力，提高他们的自信心，而惩罚的作用则十分有限。因此教师一方面要允许学生在学业上或其他方面出现落后现象，另一方面应该尽量寻找学生身上的闪光点，尽量将学生往积极的方向引导。

因此，高校英语教师在对学生的行为表现进行评价时应遵循以鼓励为主的原则。当学生取得成功时，要及时予以强化，当学生遇到挫折时，要尽量让他们看到自己的进步，这样就可以使学生产生愉悦和自信心，激励他们向更高的目标挑战。

2. 要有针对性

现代教育思想认为，每个学生都有自己独特的个性，学生的个性应当也必须得到尊重和发展，每一个学生都有自己的优势和劣势。因此，高校英语教师在评价学生时应着重指出其身上能区别于他人的特点和优点，使学生产生一种真正被老师重视的情感体验，从而提高其自尊和自信水平。为了使评价具有特色性和针对性，教师在具体实施时必须注意以下几点。

（1）教师对学生行为表现的评价要具体，有针对性，即教师对学生进行评价时应依具体情况给予表扬，同时还要依成就不同而有所变化。否则，若是无原则地对学生进行表扬，或是不注重学生的具体表现，表扬缺乏个性，都会让学生感到教师是在敷衍他们，而不是真正重视和关注他们。

（2）教师要真正了解学生、关心学生，找准学生身上的"闪光点"。为了能做到这一点，教师必须在平时细心观察学生的一言一行，发现其"闪光点"，然后及时以适当的方式告诉其所具有的优点和特点。若是教师缺乏对学生深刻的了解，就不可能真正了解学生身上的特点和优点，只好给予一个空泛的甚至是夸大其词的评价，评价效果就会大打折扣。

（3）在对那些学习方面存在困难的学生进行评价时，可以针对其学业范围以外的优点和特点进行评价，增强其自信心。

（4）评价应充分考虑到学生在年龄、性别、性格等方面的差异，对不同的学生施以不同的评价。

3. 发挥强化物的作用

教师对学生的行为表现进行评价时应充分发挥强化物的作用，即当学生出现教师希望出现的行为或取得希望出现的学习效果时，教师可以给予其各种星、旗、章等以表示肯定，这些代币积累一段时间后可以作为教师对学生考核的重要依据之一。

星、旗、章等象征性刺激物一般在个体出现合乎要求的行为后以某种奖赏物的形式，由于强化物的出现非常及时，同时由于强化物是一种物化的形式，非常直观，因此强化物可以引起学生积极的情感体验，很好地满足学生的自尊需要并影响其后续行为。当然，教师在发挥强化物作用时要依据具体情况加以灵活运用，同时也应注意以下几点。

（1）教师要注意观察学生，并及时对那些良好的行为予以强化。

（2）为了让尽可能多的学生都获得强化，教师在课前应精心设计不同难度的问题，以适应不同能力水平的学生，使每一层次的学生都有获得代币奖赏的机会。

（3）教师在发挥强化物作用时，注意不能长期使用某种固定不变的强化物，而要经常更换，以引起学生强烈而持久的兴趣。

（4）教师还应注意强化物不要使用得过于频繁，也不要让学生不经任何努力就能得到强化物。

（5）强化物的选择要注意适合学生的年龄特点和心理特征。

（三）师生互评策略

评价过程是一个系统化的过程，由多种评价模式构成。除了学生参与评价（包括学生的自评和同伴间的互评）和教师评价（教师对学生的评价），师生互评也是评价过程极其重要的一种表现形式。各种评价方式结果不仅给学生，也给教师提供了教与学的信息。学生得到个人反馈，明确努力方向；教师得到学生反馈以便改进教学；提供给学生更有意义和有用的指导。因此师生互评是高校英语教学过程中发现问题的一种重要途径，它为学生和教师明确了努力的方向。

要实现有效的师生互评，师生之间必须要有足够的信息反馈。师生互评所需的资料可由教师和学生共同完成，其主要手段有以下几种。

1. 课堂观察

课堂活动包括教师的教学和指导学生的学习和反馈、课堂气氛等。所有这些活动实际上都可以成为收集、解释和综合信息的过程。通过课堂观察，教师可以了解学生是否取得预期的进步，及时发现某些学生的问题并制定恰当的计划帮助他们，学生可以根据教师的课堂语言行为、教学内容的呈现形式等方面对教师作基本的评价。

2. 学生档案

师生互评过程其实是学生建立学习档案过程的一部分。学生通过建立自己的学习档案，对自己在一个时期内所学的知识和技能有一个全面的了解，对自己的学习成绩也有一个正确的态度和评价。同时，他们在这一时期内有机会不断回顾自己档案中的内容，不断改进自己的学习，从而摸索出适合自己的学习方式。通过教师和学生就学习档案进行阶段性的双向交流，有助于教师了解学生的学习发展情况，为学生及时提出合理决策。学生档案的内容可以包括学生机会执行情况、学习日记抽查、课堂表现情况、作业互相批改记录、年度学习总结报告、教师评语，以及学生学期考核成绩等。

3. 师生座谈

师生座谈是教师收集学生资料的重要形式之一。它可以促进师生间的相互了解，可以帮助教师了解学生的英语学习状况、性格特征、学生之间的个体差异，从而有利于教师对个人成就和需求作出公正积极和较为真实的评价。

4. 学生给教师打分

让学生给教师的教学工作打分，是学生对教师教学质量较为普遍的一种评价方式，目前许多高校都实行了这种做法。不同的高校实施的具体细节也不完全相同。就笔者所在的浙江工商大学来说，学生给教师打分有一套比较完整的实施体系。具体实施时学校规定，在每学期的考试前，由学校组织每个班组学习成绩前十六位的学生参与打分。打分的内容包括作业布置、严格要求，教学内容、教学方法、总体印象这五项指标。同时，对于学生的评价分，实行教学督导组专家、教研室主任与系主任相互配合的修正制度，以使评价更趋公正与合理。修正后的评价分记入教师的教学档案，并与教师的考核、职称评定和课时津贴等挂钩。对连续三次评价在本部门均排名末位、且评价分数偏低的教师实行分流。因此学生给教师打分无形给教师增加了巨大的压力，迫使教师时时反思自己的教学行为，根据学生的打分情况有针对性地改进自己的教学行为，提高教学质量。

因此要实现高校英语教学评价的情感性、全面性和公正性，首先，教师要善于采用多种评价形式，以便能全面了解学生、公正客观地评价学生，如起点性评价、诊断性评价、形成性评价、终结性评价等。但是不管教师采取其中任何一种评价形式，都应该让学生明白评价的目的、评价的标准以及评价的过程等，不能简单地用某种评价形式替代其他评价形式。其次，应改变教师是当然的评价主体，学生只是被动的评价客体的现状，让学生和教师都成为评价的主体，开展学生自我评价、同伴评价、教师评价以及师生互评等多种方式。通过不同形式的信息收集和信息反馈，实现学生互助、师生互助，从而提高学生的英语学习能力和学习自信心，实现共同的教学目标。

二、教学评价情感性处理在高校英语教学中的运用

教师在高校英语教学过程中对教学评价的情感性处理可以采用三种策略。一是学生参与评价策略。它是指在高校英语教学过程中，通过学生的自我评价和同伴评价，让学生作为评价的主体参与高校英语课堂教学评价过程，以提高学生自我评价能力和自主意识，增强学生学习英语的自主能力，提高学习英语的兴趣。二是教师评价策略。在高校英语教学过程中，教师应通过课堂观察、学生档案、学生座谈等多种渠道收集信息，对学生的课堂表现和课外表现作出及时具有针对性的评价，以便使学生获取诊断性信息，作出合理决策。三是师生互评策略。在高校英语教学过程中，除了学生参与评价（包括学生的自评和同伴间的互评）和教师评价（教师对学生的评价），还应进行师生互评。师生互评不仅给学生，也给教师提供了教与学的信息。

为了检验以上三种策略在高校英语实际教学过程中的可行性和有效性，拟以《21世纪大学英语》第二册 Unit Six Text A A brief history of Stephen Hawking 为例，以具体的教学案例说明如何在高校英语教学实际中有效运用以上三种策略激发学生学习兴趣，提高高校英语教学效果。

21st Century College English Book II

Unit Six Text A A brief history of Stephen Hawking

1. 学习目标（Learning objectives）

（1）认知目标（Cognative objectives）

①To know something about the greatest genius in late 20th century.

②To master the key language points, grammatical structures and useful expressions in the text.

③To conduct a serious of reading, listening, speaking and writing activities related to the text.

（2）情感目标（Affective objectives）

①To learn something from Stephen Hawking.

②To make students realize that mind power is something more important in one ssuccess.

2. 热身活动（Warn-up activities）

Question：

What do you know about Stephen Hawking?

这是一个比较大的问题，要充分地回答这个问题，学生需要收集一些资料。但往往他们又不知道从哪里着手，这时英语教师有必要给学生适当的引导，比如可以告知学生从互联网上收集一些关于霍金的资料，然后以童年、大学、疾病科学研究、中国之行等方面进行相关信息的归类。这样学生比较容易理清思路。该活动的具体实施可以以个人为单位，也可以以小组为单位。下面以小组为单位加以具体说明。

第一步，遵循"优差兼有，个性各异，自由组合与教师分配相结合"的原则将全班同学进行分组，每组设有一个小组长。

第二步，以"自由选择和教师分配"相结合的原则，每个小组就某一话题收集相关资料，做到有的放矢。课后以小组为单位进行准备。

第三步，课堂多媒体演示。每组选派一至两名同学上台演示收集成果。其他小组可以对该小组的任何成员提相关话题的任何问题。

第四步，各个小组演示结束后，以小组为单位进行成果互评。同时教师也参与成果评价活动。

不管是学生参与评价还是教师评价，都应遵循一些基本的原则。例如学生在进行相互评价时，要注意对被评价者的动机态度、人格特征不宜作价值判断，以免对方产生防卫心理，中断交流。相反，实施评价行为时应清楚而具体地对对方的综合表现进行描述，让对方了解自己的内心感受。教师对学生课堂表现的评价应以正面的鼓励为主，同时还应富有特色，即应着重指出学生身上能区别于他人的特点，使学生产生一种真正被老师重视其情感的体验，从而提高其自尊心和自信水平。当然对某些课堂表现良好的行为应给予及时的强化。选择一些适合学生年龄特点和心理特征的强化物，而且强化物要经常更换，以引起学生强烈而持久的兴趣。

通过各种形式的评价，可以发现一些问题。第一，有些小组只有小组任务，没有个人任务。在某些小组，收集资料的任务是由个别成绩较好的同学或组长代劳，其他成员并未真正参与活动。第二，学生评价时主要以小组为单位，对个人表现评估较少。这样由于个人表现没有得到充分的肯定，会挫伤一些课堂表现良好的同学的积极性，而那些惰性大的同学却有可能因为小组的良好表现而受益。第三，有些小组吸收、整理信息的能力较弱，只是原封不动照搬互联网上搜集到的信息，无法使其他同学在较短时间内吸收足够多的信息，影响课堂效果。这些问题的出现，为同学和教师提供了改进的方向，有助于提高教学效果。

3. 阅读中的任务（While reading tasks）

（1）学习新单词和词组（Key words and phrases study）（略）

（2）问题：What can we know about Stephen Hawking from the text?

本环节可以以学生自由发言的形式进行，同样从童年、大学、疾病、科学研究等角度进行逐个回答。同学之间相互补充，教师对学生的回答作出及时、有针对性的评价，并依据一定的标准给予适当的多种形式的奖励。学生做完该练习之后，很容易就能把握文章的结构层次。

Paras.1~2：Introduction of Stephen Hawking as a great scientist

Paras.3~5：his parents and his birth

Paras.6~10：his education

Paras.11~12：his disease

Para13：his scientific research

Para14：conclusion

（3）讨论主题（topic for discussion）：Stephen Hawking in my eyes

为了避免单调的学生个人发言，该环节可以通过另外一种方式完成。

第一步，遵循基本的分组原则，根据班级人数把学生分成 5 至 6 个小组。

第二步，词汇练习。要求各小组列出尽可能多的足以展示霍金各方面特征的词汇，填入教师预先画在黑板上的图表里。哪组列出的词最多，哪组就获胜。

注意每个小组填写的词语必须各不相同。在此可以采取竞赛方式，哪一组先派代表到黑板上填词，哪一组就是第一组，以此类推，后面的组不能重现前面一组所选定的词。这样在学生中就造成了一种竞争的氛围，谁主动谁占优势，后续者必须为自己行动迟缓付出代价。

第三步，学生互评。在各组学生列出了所选词汇之后，请各组成员留意其他小组所选之词，如有疑问立刻向那一组的同学提出，那一组的同学必须对其他组提出的疑问作出可以令人接受的回答。

曾有一组学生选用 rich 一词，这一词招致另一组同学的发问：Why do you think Hawking is a rich man? 这一组同学的回答是：Because his book is a bestseller. 就有同学马上反驳：Can a bestseller always make a person rich? 几个回合之后，就有同学拿出了撒手锏。据他所读的有关霍金的传记，霍金并不是一个有钱人。这迫使那组同学去掉这个词。当然教师也可以通过多媒体屏幕展示自己列出的有关词汇，请学生提问和评价。通过学生互评、师生互评，不仅使学生加强了对一些焦点词汇的记忆，而且大大活跃了课堂氛围。

第四步，口头陈述。根据黑板上列出的单词，要求每组从另外一组（各组搭配可以自由选择或老师指定）挑选至少10个单词口头组成一篇介绍霍金的文章。小组发言时，每个成员必须参加，相互合作，按一定顺序共同完成这个任务。每个小组完成之后，学生和教师分别对小组和个人表现作出评价，对于表现良好的学生给予一定形式奖励。

第四节　高校线上英语教学评价的教师情感投入处理策略及运用

一、高校英语教学评价的基本内容

教学评价的内容及其结构是由评价的要素决定的。但是关于教学评价究竟由哪些要素构成，在评价学界却很少有人涉及。范晓玲等认为教学评价由三个要素构成，即评价者、评价对象和评价过程。基于这些要求，我们将教学评价的具体内容作如下架构，即教师评价、学生评价、过程评价、管理评价和课程评价。

（一）教师评价

教师是教学过程的主导者，教师素质的高低直接影响着教学效果，影响着学生的健康成长。因此，对教师素质的评价就成为教学评价的重要内容。具体来说，教师素质的评价主要包括政治素质评价、教学能力素质的评价、教学工作素质的评价和教师可持续发展素质的评价等。在教学活动评价中，对教师素质的评价通常关注教师的政治理论水平、工作态度、教书育人、遵纪守法、坚持四项基本原则、参与民主管理、为人师表、良好的文明行为等方面的表现。教学工作能力评价包括完成教学工作量的能力和独立进行教学活动的能力。教学工作成绩的评价主要包括课堂教学质量、教学改革的成果、教学经验总结或教学研究论文、学生学习质量等方面。教师可持续发展素质的评价包括教师接受新理论、新方法、新技术的能力，教师自觉寻求发展的能力，教师教学发展的潜能，教师自学能力的提高等。

（二）学生评价

教学评价首要考虑的问题是从教学的基本目标和教学过程中的各种目标出发，对学生的现状以及到达目标的程度进行考查。根据当代社会对人才素质的要求，对学生的评价应当侧重于对其综合素质的考察，具体内容包括学生学业评价、学力评价及品德与人格评价。

1. 学业评价

学业评价是根据学科课程标准所规定的学习目标和学习内容，对学生个体或群体的学习过程和成果的评价。学业评价通常有补救、促进和协调的功能。学业评价通常以测量为基础反映学生个体学习的进展和学习效果，由此作价值判断。为了全面评价学生的学习状况与结果，学业评价可以采用安置性评价、形成性评价、诊断性评价和终结性评价等评价方法，并采用相应的测量工具，如预备性测验、自我报告清单、教师自编的掌握性的测验或标准参照性测验、诊断性测验、成就性测验等。

在当前学业评价的实践中，存在着诸多的困惑与矛盾，集中体现在评价理念的把握和评价方法的运用上。为了能够使学业评价更加清晰明了，应关注学业评价的四种模式，即目标模式、诊断模式、过程模式和主体模式。学业评价的目标模式将评价看作学生学习的结果与预期教学目标相对照的过程。在这种模式下，将学校视为工厂，强调课程目标价值。其功能主要是为课程决策服务，通常使用终结性评价的方法。诊断模式是将学生评价看作诊断与改进教和学的过程。它将教师视为诊所，强调教学诊断的价值。其侧重形成性评价方法的使用，主要为了改进教学服务。过程模式是将学生学习的全部过程纳入评价范围的学业评价模式。它将教学视为旅行，强调教学过程的价值。其注重过程性评价的方法，以此实现为学生社会化发展服务的功能。而主体模式则将学业评价视为评价者和被评价者共同建构意义的过程。其视学校为花园，强调学生的主体价值，为学生自主发展服务，通常采用自参照的评价方法。

2. 学力评价

我国学者钟启泉认为："学力同人类观、发展观、教育观、学校观密不可分，受到时代与社会对教育与学校的要求的制约。"由此可见，随着时代的发展和社会的变化，学力的内涵在不断地变化发展，这也造成不同时代、不同社会形成不同的学力观。但是，对学力的认识有两点是趋同的：一是强调学力是对知识、技能的掌握，以此形成某种能力；二是强调学力是教育、教学的结果，注重学校、教育的作用，换言之，学力的形成注重后天的培养和教育。据此，笔者援引下面这个定义："所谓学力是指学生在学业上达到的程度。"包括两层意思：一是指学习者通过学习所达到的在知识、能力、技能技巧等方面的水平；二是指在现实水平上所具备的今后学习的潜力，即学习的实际可能性。学力评价的目的是调查了解学生的学习能力状况及个别差异，为完成既定教育目标提供有用的信息资料，为培养学生各方面的能力服务。开展学力评价不仅有利于教师的教、学生的学，而且有利于培养学生的元认知监控。学生学力评价可使用的方法有观察法、实验法、评定法，其中标准学力测验和智力测验是最常用的方法。

3. 品德与人格评价

作为教学评价的内容，需要从多个侧面，采用多种方法对学生的品格和人格进行全面的测验与评价。而在教学中的品格和人格评价则着重于教学内容的科学性、思想性等对学生思想品德和人格形成与变化的影响的测定与评价。

（三）过程评价

过程评价是形成性评价在我国特定教育环境下的延伸与深化。在当前教育改革中，过程评价是针对教育评价只注重对教育结果、学生学习成绩的评价而忽视在整个教育过程中学生获得整体素质的提升而提出的。过程评价与国外形成性评价概念有共通之处，都是要体现对学生发展、教育整体过程的关注，同时也有我国具体教育环境、具体教育问题的特色，是对以目标为价值取向的形成性测量评价概念上的一个突破。教学过程的评价主要是对师生双方通过教学达到目标的情况进行评价。

（四）管理评价

英语教学管理是指根据英语教学的规律和特点，对英语教学工作进行计划、组织、控制和监督的过程。而英语教学管理的评价就是对这一过程及其结果进行测定，判定其效果，从而使教学管理工作不断得到加强和改进。教学管理评价包括学校和其下属单位的教务管理方面的评价、第二课堂的评价，等等。教学管理评价是学校英语教学工作和英语教学评价的重要内容之一，它对英语教学管理只有指导功能，使英语教学管理工作具有明确的目标和方向。为了很好地实现英语教学管理的评价，建立评价指标也是该项评价工作的关键部分。通常，评价指标包括教学计划、教学规章制度、教学工作的具体实施、教学制导系统、教学制导以及教务工作等方面的内容。

（五）课程评价

英语课程评价是以英语课程为对象，以判断其价值以及功能为目的的实践行动。具有代表性的课程评价模式有三个，分别是泰勒的行为目标模式、斯塔弗尔比姆的 CIPP 模式和吉斯克里芬的目标游离模式。行为目标模式即以确定目标为中心，来组织教学活动和教学评价。按照这一模式，预定目标决定了教学活动，而教学评价就是判断实际教学活动达到目标的程度，再通过信息反馈促进实际的教学工作尽可能地逼近教学目标。斯塔弗尔比姆的 CIPP 模式提出以决策为中心，将背景评价、输入评价、过程评价和结果评价结合起来的评价模式，其认为作为泰勒模式中心和依据的目标本身也应该受到评价。目标游离模式是一种从检验方案的结果来判定其价值，而不考虑目的或目标的评价模式。

二、教师情感投入背景下的高校英语线上混合式教学评价设计

基于线上课程平台的混合式教学模式的教学评价相比于传统的课堂模式的教学评价更加复杂，其评价目的、评价主体、评价机制均有不同，评价内容更是相比于传统教学模式的教学评价内容增加很多，混合式教学模式的教学评价内容包含对在线课程平台本身的评价和对课程教学的评价。针对线上课程平台本身的评价更基于课程建设时的评价，主要评价课程制作水平、平台运行情况、技术服务水平等。

课程教学的评价分课程教学过程的评价和课程教学效果评价。课程教学过程评价主要评价过程规范性、教学大纲、教学进程表、教案等文本的规范性，教学过程中课前、授课、课后的环节设计规范，符合教育教学规律。教学效果的评价分教学内容掌握效果评价和师生能力发展效果评价。

（一）混合式教学模式评价的分类

在混合式教学模式中，评价应该由专家、学者、教师、同伴以及学生共同完成。混合式教学模式的评价真正要实现定量评价和定性评价、形成性评价和总结性评价、对个人的评价和对小组的评价、自我评价和他人评价之间的良好结合。常见的教学评价有以下几种。

（1）诊断性评价，指在某项教学活动开始之前对学生的知识、技能以及情感等状况进行的预测。

（2）形成性评价，指在某项教学活动过程中，为更好地达到教学目标而不断进行的评价。

（3）总结性评价，指在教学活动告一段落后，为了解教学活动的最终效果而进行的评价。

（二）高校英语线上混合式教学的情感化评价形式

教学评价关注的是对学生学习情况的鉴定、调节。通过混合式教学模式的评价，教师能够了解学生真正的学习难点，从而以此指导课内教学活动的设计。混合式教学模式的评价也非常关注学生的学习过程，如学习安排、学生的问题选择、独立学习表现、小组学习表现、结果表达和成果展示等。高校英语线上混合式教学的情感化评价形式主要有以下几种。

1. 在线测试

在线测试主要是通过网络技术进行学习效果的检测。网络平台能自动收集学生的测试结果，并能自动完成测试批改和分析等工作。根据混合式教学模式的学习目标，可以采用的在线测试形式有低风险的自我评价、在线测验等。

（1）低风险的自我评价。它主要用来帮助学生判断自身对自主学习内容的理解程度，是一种能快速反馈的评价方式。

（2）在线测验。它采用了单项选择、多项选择和填空题的形式，主要考查学生对学习内容的识记和理解。

2. 课堂概念测试

这是一种简短、具有针对性的非正式学习评价方式，通常针对一个知识点设置1～5道多选题，学生通过举手、举指示牌或按选择器回答问题。概念测试的主要目的在于获得学生对当前讲述知识点的理解程度，以便教师进行教学调整，这是一种低风险的评价方式。

3. 概念图评价

概念图是一种用节点代表概念，用连线表示概念间关系的图示法。它能反映出学生的思维与知识点之间的关系。例如，教师可以针对课外学习内容给出一份不完整的概念图，让学生填补空缺的概念及概念间的逻辑关系，以此了解学生对所学概念的理解程度，并适当地安排进一步的教学活动，加深学生对某些薄弱概念的理解。

4. 同伴评价

同伴评价是由合作学习的同伴对学习者做出的评价。它有利于学习者更好地参与到小组学习活动中，能够培养学习者的合作精神。

（三）高校英语线上混合式教学的情感化评价策略

教学评价往往借助于评价工具来收集资料。以下是线上英语教学的情感化评价常用的一些工具及策略。

1. 结构化观察表格

结构化观察是人们通过感觉器官或借助一定的仪器，有目的地对自然状态下的现象进行考察的一种方法。这种方法主要用来收集学生的学习行为反应信息。表 8-2 是用于观察学生在课堂中出现不集中注意行为的表格。

表 8-2　学生出现不集中注意行为的观察记录表

	0—5	5—10	10—15	15—20	20—25	25—30	30—35	35—40
S1								
S2								
S3								
S4								
S5								

2. 态度量表

态度量表是针对某件事物而设计的问卷。被试者对问卷所作的反应，反映了被试者对某事物的态度倾向。态度量表主要用来收集学生的学习态度反应信息。表8-3是为了了解学生对课堂教学的态度所设计的量表，针对的问题是"您对该节课感不感兴趣"。

表8-3　态度量表设计实例

很感兴趣	感兴趣	不感兴趣	很不感兴趣

3. 形成性练习

形成性练习是以各种形式考核学生对本学习单元的基本知识的掌握程度。表8-4是一个形成性练习设计实例。

表8-4　形成性练习设计实例

知识点	学习水平	题目内容
什么是限制性定语从句?	理解	判断（正确就打√，错误就打 ×） It is Mount Tai that lies in Shandong Province.

4. 同伴互评量规

同伴互评是开展合作活动常用的过程性评价，其实施可以借助类似表8-5的互评量规进行。

表8-5　小组活动互评表

评价内容		较满意	满意	很满意
我觉得 我们组	1. 自觉完成了教师布置的任务。			
	2. 与伙伴们相处融洽。			
	3. 我们组学到了一些知识。			
其他同学认为我们组	1. 能自觉完成教师布置的任务。			
	2.大部分时间里提出的意见对小组有帮助。			
	3. 对我们组的总体表现是喜欢的。			
老师夸我们组	1. 乐于完成学习任务。			
	2. 在活动中积极表现自己的想法。			
	3. 喜欢与其他组沟通交流。			
我们组得到了	颗星			

参考文献

[1]杨丽娟，吴文娟.情感教育初探：以农村中学生英语课堂为例[J].内蒙古农业大学学报（社会科学版），2015（2）：81–85.

[2]方佳明，唐确玢，马源鸿，等.社会交互对MOOC课程学习投入的影响机制[J].现代教育技术，2018，28（12）：87–93.

[3]荣芳.大学生英语实践能力培养的网络教学交互研究：基于社会网络分析的视角[J].外语电化教学，2014（160）：63–70.

[4]高洁.在线学业情绪对学习投入的影响：社会认知理论的视角[J].开放教育研究，2016，22（2）：89–95.

[5]高欣峰，喻忱，李爽.大学生网络通识课学习投入调查研究：以青岛农业大学为例[J].中国远程教育，2020（5）：38–45，53.

[6]郭继东.英语学习情感投入的构成及其对学习成绩的作用机制[J].现代外语，2018（1）：55–65.

[7]郭继东，李玉.外语学习能动性投入量表的编制与验证[J].外语教学，2018（5）：66–69.

[8]郭继东，刘林.外语学习投入的内涵、结构及研究视角[J].江西师范大学学报（哲学社会科学版），2016，49（6）：181–185.

[9]韩晔，高雪松.国内外近年线上外语教学研究述评:理论基础、核心概念及研究方法[J].外语与外语教学，2020（5）：1–11.

[10]胡小男，徐欢云，陈泽璇.学习者信息素养、在线学习投入及学习绩效关系的实证研究[J].中国电化教育，2020（3）.

[11]黄庆双，李玉斌，任永功.探究社区理论视域下学习者在线学习投入影响研究[J].现代远距离教育，2018（6）.

[12]李静，张棋，苗志刚，等.中学信息化课堂教学交互行为研究：基于质性分析的视角[J].中国电化教育，2014（2）.

[13]李爽，喻忱.远程学生学习投入评价量表编制与应用[J].开放教育研究，2015（6）.

[14]梁云真.基于量规的同伴互评对在线学习认知、情感投入度及学习成效的影响研究[J].电化教育研究，2018（9）.

[15]刘斌，张文兰，刘君玲.教师支持对在线学习者学习投入的影响研究[J].电化教百研究，2017（11）.

[16]柳文华，高岩.关联主义：数字化时代大学生有效学习的新维度[J].黑龙江高教研究，2019（10）.

[17]刘新龙.远程教育师生交互途径探索[J].中国成人教育，2009（19）.

[18]吕婷.外语课堂提问策略探析[J].教学与管理，2014（6）.

[19]吴亚婕.影响学习者在线深度学习的因素及共测量研究[J].电化教育研究，2017（9）.

[20]马婧，韩锡斌，周潜，等.基于学习分析的高校师生在线教学群体行为的实证研究[J].电化教育研究，2014（2）.

[21]马婧.混合教学环境下大学生学习投入影响机制研究：教学行为的视角[J].中国远程教育，2020（2）.

[22]马力，姜蓓存，杨瑞.师生关系对大学生学习投入的影响研究：基于北京市属高校的调查数据[J].思想教有研究，2017（7）.

[23]饶爱京，万昆.在线学习准备度对大学生在线学习投入度的影响[J].教育科学，2020（2）.

[24]宋佳，冯吉兵，曲克晨.在线教学中师生交互对深度学习的影响研究[J].中国电化教育，2020（11）.

[25]王小梅，田艳.多模态互动分析视域下的大学英语多模态互动教学实证研究[J].黑龙江高教研究，2020（1）.

[26]汪雅霜.大学生学习投入度的实证研究——基于2012年"国家大学生学习情况调查"数据分析[J].中国高教研究，2013（1）.

[27]汪雅霜.大学生学习投入度对学习收获影响的实证研究：基于多层线性模型的分析结果[J].国家教育行政学院学报，2015（7）

[28]王志军，赵宏，陈丽.基于远程学习教学交互层次塔的学习活动设计[J].中国远程教育，2017（6）.

[29]文书锋，孙道金.远程学习者学习参与度及其提升策略研究：以中国人民大学网络教育为例[J].中国电化教育，2017（9）.

[30]吴明隆.SPSS统计应用实务[M].北京：中国铁道出版社，2000.